临沂大学学术专著
LINYIDAXUE XUESHU ZHUANZHU

U0592348

曾昭鹏　许汝贞　李学芝

——— 著

临沂商城
转型升级研究

LinYi ShangCheng

ZhuanXingShengJi

YanJiu

山东人民出版社

国家一级出版社　全国百佳图书出版单位

图书在版编目（CIP）数据

临沂商城转型升级研究/曾昭鹏，许汝贞，李学芝著.-济南：山东人民出版社，2015.11
ISBN 978-7-209-09335-4

Ⅰ.①临… Ⅱ.①曾… ②许… ③李… Ⅲ.①商业经济-转型经济-经济发展-研究-临沂市 Ⅳ.①F727.523

中国版本图书馆CIP数据核字（2015）第279504号

临沂商城转型升级研究

曾昭鹏 许汝贞 李学芝 著

主管部门 山东出版传媒股份有限公司
出版发行 山东人民出版社
社　　址 济南市胜利大街39号
邮　　编 250001
电　　话 总编室（0531）82098914
　　　　 市场部（0531）82098027
网　　址 http://www.sd-book.com.cn
印　　装 山东省东营市新华印刷厂
经　　销 新华书店

规　　格 16开（169mm×239mm）
印　　张 14
字　　数 260千字
版　　次 2015年11月第1版
印　　次 2015年11月第1次
ISBN 978-7-209-09335-4
定　　价 36.00元
　　　　 如有印装质量问题，请与出版社总编室联系调换。

前　言

　　临沂商城，发端于草根，成长于祖国改革开放的大环境，经过 30 多年的风雨历程，历经"地摊式农贸市场——大棚市场——专业批发市场——临沂批发城——中国临沂商城"五个发展阶段，从无到有、从小到大，从摆地摊逐步到"买全国、卖全国"，再到"买全球、卖全球"，原本"土货不出、外货不入"的封闭之地，现已成长为全国规模最大的专业市场集群、中国北方最大的物流基地，成为影响全国乃至全球的大市场。

　　商贸物流业是临沂的优势产业、特色产业。近年来，临沂商城在政府的领导下，取得了突破性进展，基础设施不断改善，经营规模持续扩大，竞争力、影响力明显增强，内陆"无水港"——临沂港高效运营，航空口岸获准临时开放，临沂综合保税区设立，国际贸易便利化水平不断提高，临沂商城国际化步伐进一步加快。临沂商城已经成为临沂区域经济发展的最大优势，临沂市最亮丽的一张名片。

　　但是，在一批国内国际贸易城市迅速崛起、新兴业态广泛兴起的背景下，临沂商城集约集聚发展水平不高、现代化信息化程度低、外贸服务和采购体系不健全等问题日益突出。由于批发市场在技术上没有进入壁垒，使得区域内以及周边同类功能、同类商品的市场大量重复建设，市场之间对经营群体、消费群体的争夺日益激烈，直接引起了一些优势市场的辐射范围受限，市场区域分割加速形成，限制了临沂专业市场进一步发展的空间。早在 20 世纪 90 年代，在临沂周边城市如徐州、连云港、济宁、淄博、潍坊等地借鉴临沂与其他著名批发市场的经验，扬长避短，建设了一批起点高、规划好、设施配套、管理先进的大型市场，并有针对性地制定了一些优惠的政策。周边市场的兴起，对临沂批发市场形成包围之势，不仅导致临沂批发市场客户大量流失，而且成为临沂批发市场向全国辐射的屏障，对临沂批发市场造成了较大的冲击，也使部分市场萧条和萎缩。

　　近年来，新兴业态迅速发展，传统商业模式面临挑战，尤其是电子商务的异军突起，传统批发市场在电子商务的冲击下，辐射范围逐步缩小，增速趋缓，市场环境倒逼临沂商城组织模式和技术形式的彻底转变升级。

大市场催生大物流，大物流带动大市场。从最初"为车找货，为货找车"的信息中介，到配载站、货运市场，再到现代化物流园区，崛起于 20 世纪 90 年代初期的临沂物流业已走过了 20 多个春秋，多年的培育发展使临沂的物流业具备了相当的规模，并形成了价格低、速度快、覆盖面广等三大优势，使临沂物流业在全国有了较高的知名度，吸引了众多厂商及外地物流来临沂分拨货物，临沂也因此被业内人士称之为"旱码头"。目前，临沂拥有 2000 多条国内配载线路，每天发送货物 8000 多车次，覆盖全国所有的县级城市，通达全国所有港口和口岸。由于具有不可比拟的规模优势、效率优势，当地物流价格比全国平均低 20% ~30% 。

虽然临沂物流业的不断发展壮大，但各物流企业发展阶段参差不齐，物流企业规模小且专业化程度低，几代发展模式同时并存，与义乌等全国楷模物流城存在明显差距。物流各个环节如运输、仓储、配送的成本、劳动力和设备成本以及整个物流过程的综合成本过高，物流业信息化、标准化程度低，成为制约临沂市现代物流业发展的主要障碍。不仅如此，临沂物流时刻面临被周边地区赶超的压力。

加快临沂商城发展，是建设社会主义"大、美、新"临沂最为重大而紧迫的任务。临沂商城正处在转型升级的关键阶段，改革转型是大势所趋，否则过去积累的发展红利会逐步被消耗掉。临沂作为革命老区和相对欠发达地区，在脱贫致富、转向发达的过程中，逐渐探索出了以商贸推动城市发展的路子。实践已经充分证明，这是一条新颖、独特、正确的路子。当前，临沂市已进入经济发展的"新常态"，城市建设、经济社会发展、群众生活改善能不能保持继续前进势头，取决于临沂商城能不能更好更快更强地发展。临沂商城要发展，转型升级是必然选择，大市场、大物流、大电商是独特优势，开展省级国际贸易综合改革试点、争取国家级试点是重大机遇。要抢抓机遇，大胆探索创新，牢牢抓住国家"一带一路"和中韩自贸区建设等发展战略带来的难得机遇，无缝对接中央、省对临沂商城全方位的政策支持，扎实推进国际贸易综合改革试点。

加快推进商城转型升级，必须在关键环节上取得重大突破。要坚持国际化、电商化、集约化"三化并举"，市场、物流、仓储、加工、服务"五位一体"，重点处理好新老市场的关系、产城融合的关系、当前和长远的关系。把电商作为核心工作加以突破，坚持以精细化、专业化、品牌化为导向，强化主体培育、平台支撑、跨境引领，做好"互联网＋"这篇大文章，让电商融入商城发展的"血脉",把物流作为绝对优势加以放大,积极适应新形势发展,加快整合资源、提升业态、拓展空间,把临沂商贸物流的独特优势放大并充分发挥出来,把会展作为重要产业加以培育,依托产业优势和商贸物流特色,加快建设区域性会展中心城市。

　　本书试图从宏观的角度,在系统梳理临沂商城发展经验、分析转型升级的时代背景的基础上,就临沂商城转型从发展电子商务、商城国际化、地产品加工、会展业、第三方物流、绿色物流、物流信息化、物流标准化等八个方面进行了比较系统的阐述。然而,由于作者水平所限,书稿中存在错误在所难免,请读者批评指正。最后,我们希望关心支持临沂商城发展的同仁们就临沂商城的可持续发展齐心协力,共同打造一个国际化、信息化、标准化、智能化、低碳化、高效率的临沂商城。

曾昭鹏

2015 年 9 月 1 日

目　录 | CONTENTS

第一章 | 临沂商城发展回顾

第一节 临沂商城发展历史溯源

山东，自古即为齐鲁大地。春秋战国时期七国争雄，齐桓公想称霸天下，苦于国力不足而采用宰相管仲的献策。桓公曰："甲兵既定，财用不足如何？"管仲曰："销山为钱，煮海为盐，其利通于天下，因收天下百物之贱者而居之，以时贸易……。"管仲以商兴国的理念，终使齐桓公"九合诸侯，一匡天下"，成为春秋首霸。这表明山东是全国小商品批发的鼻祖。临沂深受齐鲁文化的影响。齐长城末端在今临沂市沂水县境内。自古以来，临沂就有重视商业的传统。春秋时期，临沂境内方国众多，见于《春秋》的就有启阳、中丘、费等20多个古国，这些大城邑的出现，是经济文化发达的标志；汉代为琅琊国国都；后历代为邑、郡、州、府、道治所，多元文化在这里交汇融合。临沂陆路、水路交通发达。秦朝，即为秦始皇东巡通道之一；自元开始，临沂成为联系京师与八闽、江浙、两淮的必经之路。沂河为境内第一大河流，流经处建有多处码头，河内百舸竞流，樯帆如林，入运河后上可抵京、津，下可直达宁、沪、江、浙，成为临沂客货运输的黄金通道。远在三四千年前，境内就出现贝币、骨币，商贸渐趋活跃。唐代以来，临沂的酿酒业就很发达，曾留下李白醉卧兰陵吟美酒的千古佳话。清末民初，城内商贸繁荣，大批苏、徽、晋、豫等地商贾纷至沓来，在临沂城或周边县城、集镇，设商号、建会馆。临沂城内有京货、广货、杂货、铁货、酒店、酱园、鞋帽等店铺120余家，钱庄百余家。清光绪三十三年，沂州商会成立。

1914年，在山东省第一届物品展览会上，沂州府所属7县有322种物品参展，分别有3种获金奖、19种获银奖和15种获铜奖。1915年2月，临沂县兰陵美酒公司的兰陵美酒获巴拿马太平洋万国赛金质奖牌。1917 年，临沂县乙种商业学校创办。当时，乡村集市贸易也颇具规模，有记载称："每集则百货俱陈，四远竞凑，大至骡、马、羊、牛，小至斗粟、尺布，必于其日聚焉。"

改革开放以后，有着经商基因的临沂人民，依靠自发的力量，在临沂市政府的领导下，从摆地摊起步，办起了全国规模最大的临沂商城。临沂商城经过30 多年的培育，已成为全国著名的商品批发交易中心和苏、鲁、豫、皖地区最大的商品集散地，享有"南有义乌，北有临沂"之美称。临沂商城的兴起强有力地拉动了区域经济的发展，促进了商业文化的繁荣和人们思想观念的更新。商贸物流发达已成为临沂经济的一大亮点，成为鲁、苏、豫、皖商品集散地和人流、物流、资金流、信息流中心。2014 年临沂商城全年实现交易额2687 亿元、出口 54.45 亿美元，同比分别增长 28.2% 和 69.6%；商城货运周转量 249.45 亿吨公里，同比增长 17.3%。电子商务、会展经济、现代物流等新兴市场业态发展迅速。可以说，临沂商城已成为临沂的一张最有影响力的城市名片。

第二节　临沂商城的发展阶段

临沂商城从无到有，从小到大，从简易到逐步提高，主要历经了五个阶段。

一、起步阶段（1987 年以前）

20 世纪 80 年代初，改革开放的春风吹醒了沉睡的沂蒙大地，几十名农民率先在临沂市西郊紧靠长途汽车站摆起了地摊。

1982 年原县级临沂市委、市政府见微知著，看到了这一新生事物的巨大潜力，大胆冲破计划经济体制的束缚，在其他地方没有大力兴办市场的情况下，顺应民意、抢抓机遇、用活政策、因势利导，由工商部门投资 27 万元，在临沂长途汽车站以北原以经营布匹、小商品为主的集贸市场上，建起了占地60 多亩、拥有 800 多个摊位的棚式小商品批发市场，由 5 日逢集变为天天逢市，这就是在临沂家喻户晓的"西郊大棚底"，也是临沂第一个批发市场。小商品批发市场建成后，附近农民和四面八方客商纷至沓来，交易十分红火，摊位很快供不应求，急需扩建新市场。但面临着缺资金、无场地的问题，原县级临沂市委、市政府勇于打破常规，于 1985 年由兰山办事处水田居委出地出资，工商部门协助建成一处占地 50 余亩的纺织品交易市场，开业当月就实现成交额 500 多万元，闯出了一条兴建专业批发市场的路子。

二、建设阶段（1987 年至 1995 年）

纺织品市场的建成，为其他单位树立了榜样，并在当地引起了轰动，水田、西关、前园等居委纷纷把建市场看作发展经济的重要门路，出钱出地建市场，驻城厂矿企业、机关、学校也纷纷要求办市场。面对各方面纷纷要求办市场的热情，原县级临沂市委、市政府因势利导，提出了"政府领导、多方投资、联合建设、工商管理、共同受益"的市场建设新思路，掀起了市场建设的高潮。短短几年间，相继建成了成衣、五金、百货、鞋帽、家电、塑料、家具、副食等一批规模比较大，档次比较高，辐射能力强的专业批发市场，形成了以中档为主，高、中、低互为补充的专业批发市场群。造就了一个人流、物流、资金流、信息流高度集中，繁荣兴旺的临沂批发城。

三、巩固提高阶段（1996 年至 2004 年）

为了保持临沂批发城的竞争优势，市委、市政府、区委、区政府一方面按照专业化和区域配套的要求，继续新建、改建、扩建专业批发市场；同时严格控制重复建设、无序竞争，制定了积极支持发展的政策和措施，以此巩固市场的长期繁荣和发展，有效促进了批发城规模、档次、效益的进一步提高。

四、改造提升阶段（2005 年至 2011 年）

临沂市委、市政府高瞻远瞩，审时度势，在 2005 年初就提出用 3~5 年的时间完成临沂批发市场的改造提升任务，并将打造中国现代物流名城列为创建滨水生态城、历史文化名城三大任务之首。

临沂市委、市政府提出了建设"中国物流名城"，打造"中国商贸物流基地"的目标，为此，临沂市政府成立了"临沂商城管理委员会"，又下发实施了《中国临沂商贸城总体规划》《关于临沂商城市场管理办法（试行）的通知》《关于严格临沂城区批发和物流市场规划建设审批程序的通知》《临沂市"十一五"现代物流业发展规划》《关于严格禁止临沂城区批发市场不正当竞争行为的通知》《临沂市"十一五"现代物流业发展规划》等一系列文件，并积极引进现代管理理念和业态，对临沂商城实施了统一规划、引领和管理，进行了全面科学的整合、改造和提升。截至 2011 年底，临沂商城累计投入资金150 亿元，完成旧村改造拆迁 200 多万平方米，整合搬迁、改造提升市场 60 余处，基本完成了市场改造提升任务；临沂各大物流站场（园区）内国内配载线路达 2000 多条，物流网络辐射除港澳台以外的 30 个省、市、自治区，实现了国内全覆盖；2011 年，临沂商城商品成交额达到 850 亿元；临沂市获得了"中国物流之都""中国市场名城"等荣誉称号。

此时的临沂商城，已开始了从以人流、物流、信息流为主体的传统专业批发市场向以信息流为主体的现代专业批发市场的转变，同时也加快了从市场兴办者自发型、商品集散型、周边地域型，向政府主导型、产地型、展贸型、外向型的转变；已开始实施市场股份制改造，完善法人治理结构，建立现代企业制度，推动企业上市；已建成临沂商城物流园区、陶瓷商城物流园区、五金机电物流园区、河东现代物流园区等大型现代化物流基地和大批第三方物流公司；电子商务、网上营销、会展营销、连锁经营、物流配送、品牌直销等新型经营方式提升了专业批发市场的经营业态水平。

五、转型升级阶段（2011 年底至今）

为打通通向国际市场的瓶颈，开辟国际贸易的便捷通道，临沂市围绕打造区域性商贸物流高地，大力实施商贸强市战略，在 2011 年底提出了推动临沂商城国际化的发展思路，得到了国务院领导、国家有关部委和山东省相关部门的重视支持，相关配套设施建设正在加快推进。从此，临沂商城发展开始了其转型升级版——商城国际化，即由以往的国内市场商品交易转向国内外市场的内外贸一体化，由以往的"买全国卖全国"转向"买全球卖全球"。近几年，经各方面的努力，临沂商城国际化已取得了一些成就，并使其已初具"国际范儿"。

"十二五"以来，临沂市政府着力推进临沂商城以内贸为主向内外贸协调发展转变，形成经济全球化形势下参与国际经济合作和竞争新优势。2013 年临沂市人民政府印发《关于推进临沂商城转型升级加快建设国际商贸名城的实施方案》的通知，通知要求坚持以科学发展观为指导，以省级国际贸易综合改革试点为契机，以改革创新为动力，按照"质量好、成本低、便利化"和"一年打基础、两年出成效、三年大见效"的要求，着力提高临沂商城国际化、信息化、品牌化水平，加速商流、物流、资金流、信息流"四流融合"，拉长产业链、完善供应链、提升价值链，打造临沂商城"升级版"，全力建设"国际商贸名城"，构建现代产业体系建设的先导区、流通体制改革创新的先行区、大型商贸物流企业总部的首选区、中国北方最大的商品集散地。

第三节　临沂商城发展近况

一、临沂商城商贸业基本情况

临沂商城起源于改革开放初期，是我国创办最早的专业批发市场之一。经过30多年发展，已成长为全国知名的专业市场集群、重要的物流周转中心和商贸批发中心，形成了"南有义乌、北有临沂"的商贸市场发展格局。近年来，临沂市被评为"中国市场名城""中国物流之都""全国流通领域现代物流示范城市""中国板材之都""中国十大市场强市"；临沂商城被授予"中国最具影响力的品牌市场""中国十强文明市场""全国公平交易（诚信）行业十佳单位"等称号。2013年11月，习近平总书记视察临沂商城和物流基地，对临沂市物流业发展给予充分肯定，对发展现代商贸物流业作了重要指示。2014年5月，王岐山同志到临沂商城考察调研。

市场持续繁荣活跃。截至2014年底，城区专业批发市场达到128个，经营总面积1055万平方米，商位6.9万个，从业人员23.3万人，日客流量30万人次，商城经营产品多达6万个品牌，涵盖小商品、五金、建材、板材、园林机械、劳保用品等25大类，基本覆盖了生产资料和生活资料主要门类。2014年，临沂商城实现市场交易额2687.42亿元，同比增长28.2%。其中，地产品交易额964.78亿元，占全部交易额的35.9%。2015年，临沂商城市场交易额预期目标是突破3000亿元，并积极争创国家级国际贸易综合改革试点。

国际贸易增势强劲。2013年1月，山东省政府第139次常务会议审议批准临沂商城开展省级国际贸易综合改革试点，并建立联席会议制度，推动临沂商城国际贸易发展；海关总署批准临沂商城实行旅游购物商品出口监管模式，质检总局出台了市场采购地检验检疫等扶持政策，国家税务总局批准以旅游购物商品报关出口的货物适用增值税免税政策；省工商局出台了系列扶持政策；市政府出台了《关于健全完善临沂商城国际贸易服务体系的意见》等3个文件，推动加快临沂商城国际化进程。目前，在临沂商城101个专业批发市场中，已有75个开展国际贸易业务。2014年临沂商城实现出口54.45亿美元，同比增长69.6%。

配套服务体系完善。年设计操作量50万标箱的临沂港开始运营；面积3.7平方公里的临沂综合保税区一期工程推进顺利；临沂商城国际贸易服务大厅实现在7个工作日内办结外贸公司登记，为境内外客商提供市场开拓、信息咨询、货运代理、出口保险、交易技术服务、银行业务、法律咨询、航空售票等服务。设立临沂国际友人俱乐部，定期举办各个专业领域的工作交流活动；确定临沂市人民医院北城新区医院等医院为全市涉外定点医院，与境外学院合作设立临沂外国语学校，依托民族饭店设立穆斯林餐厅，为国际友人和境外客商营造了商务、生活、休闲环境。

电子商务加快推进。开通了阿里巴巴合作平台，电子商务、连锁、直销等现代经营业态迅猛发展。培育了临商网、01批发网、沂蒙优质农产品交易中心等一批电子商务平台。2013年，临沂商城共有市场网站26个，商户网站3224个，网店19600个，网商人数超过9.5万人，临沂小商品城等60个市场已经实现网上运营。

会展经济蓬勃发展。成功举办了临博会、板交会、汽车用品、太阳能等大中型博览会。中国（临沂）国际商贸物流博览会，是全国唯一以"市场贸易、商贸物流"为主线的国家级品牌博览会，自2010年首届举办以来，已成功举办了五届，五届博览会共设展位2万余个，参会人数近百万人次，实现现场成交额200多亿元。商博会的成功举办，对临沂市对外开放乃至经济社会发展发挥了积极的促进作用。

二、临沂商城物流业发展情况

临沂是中国市场名城和物流之都，商贸物流是最大的城市特色。近年来，临沂商城物流业为适应市场发展的需要不断发展壮大，同时又有力地支持了市场的发展和繁荣。截至2014年底，临沂商城物流占地面积383.1万平方米，物流公司、经营业户共2094家，从业人员2.22万人，货运车辆1.78万辆。现有物流园区22个，园区经营面积149.38万平方米，园区内物流业户1522家，园区内从业人员1.68万人，园区内货运车辆1.2万辆。2014年，临沂商城物流总额为4055.83亿元，同比增长17%。

（一）发展现状

1. 物流配送体系发达。临沂商城物流具有周转快、运费低、辐射广三个显著特点。一是货物周转快，日均货运配载车辆2万多车次，货物发送量20余万吨，车辆运载效率高，可实现600公里以内当日或次日到达，1500公里隔日到达，3000公里以上3至7日到达。二是价格低，货物周转速度快，压缩了等货、装卸、仓储等成本，降低了物流配送价格，临沂商城物流价格比全国平均低20%～30%。三是辐射范围广，临沂商城物流网络辐射面广，北至漠河，西至新疆，南至海口，拥有2000多条国内配载线路，覆盖了全国所有县级以上城市，几乎通达全国所有港口和口岸。

2. 现代物流发展迅速。近年来，立晨物流、华派克物流、荣庆物流等大型物流企业为适应社会化分工和现代化物流发展的需要，充分发挥自身优势，大力发展第三方物流。其中，立晨物流公司是全国物流百强企业（具有国际运输资质）、山东省最大的第三方物流企业有限公司，现有仓储总面积24.89万平方米，可调用社会运输车辆2000余辆，形成了覆盖全国23个省份的运输网络，为中石化、中储棉、中国重汽等知名企业提供第三方物流服务，年货物周转值450亿元；华派克物流是中国石化、中国石油、美国家乐氏等企业在华北地区的仓储运输中转配送基地；荣庆物流是全国最大的冷链物流企业（具有国际运输资质），年货物周转值400亿元。金兰物流、荣庆物流、灵动科技等分别在商城设立物流信息平台，"满易网"成功列入国家重点推进的十大物流信息服务平台。

3. 大物流格局初步形成。临沂商城物流业依托发达的商贸业，经过科学布局规划，精心培育发展，逐步形成了以金兰物流、天源物流、立晨物流、荣庆物流等为代表的十几个各具特色、规模较大的物流基地。这些物流基地规划起点高、建设规模大、网络系统完善、服务功能齐全，同时，工商、交通等部门入驻办公，提供现场一条龙的优质服务，集聚了社会资源，提高了物流效率，形成了临沂商城大物流的发展格局。

（二）存在的问题

临沂商城物流业虽然有了较大的发展，但由于受观念、体制等因素制约，发展过程中也存在一些问题。

1. 物流园区外物流小散户经营混乱。临沂城区挂着物流配送招牌的小散经营户数量多，大都无证、无照，财务混乱，相互压价，无序竞争，流动性强，一旦出现亏损，很容易引发携款携货逃跑案件。

2. 监管措施需进一步加强。目前，临沂商城物流业还没有出台统一的规范提升意见，政策措施不配套，相关职能部门在对物流业具体监管的过程中存在漏管现象，部分无照、无证、无备案、无税务登记的经营户仍在经营，甚至出现停车场流动配货的现象，一旦发生携款携货逃跑等违法行为，逃跑业户以各种方式逃避法律制裁，使追讨货款、长期拖欠货款等问题很难快速有效解决。

3. 专业化程度较低。物流园区管理者仅扮演着"场地出租户"的角色，物流经营户也只局限在公路运输等传统物流经营模式中，服务层次较低，附加值较低，盈利能力较低，真正第三方物流比例还很小，具有为大型企业管理整套供应链能力的第三方物流更是屈指可数，制约了临沂商城传统物流业与现代物流业的接轨。

4. 物流专业人才匮乏。临沂商城物流业从业人员绝大多数未接受过物流专业培训，对现代物流、国际物流的了解匮乏，凭借的仍是价格低、速度快的优势，采取传统模式从事日常经营。大多数经营户在谈及今后发展时，没有发展思路，只停留在维护好现有客户、现有线路的层面。在面临燃油、人工、场地租赁等行业经营费用一路上涨的窘境时，物流经营户没有积极的应对措施。

（三）建议对策

1. 规范提升物流园区平台建设。一是配合做好物流园区的规划布局，按照"用好存量、优化增量"的原则，配合做好物流节点规划。二是配合做好物流园区的改造提升，加强监管，围绕重点，对规模小、功能单一、设施陈旧、管理水平低的物流园区采取多种形式，进行改造提升。

2. 积极培育壮大骨干物流企业。以"扶大、扶优、扶强"为原则，选择一批具备一定规模实力，发展潜力较大，经营能力较强的运输型、仓储型、服务技术型、综合型物流骨干企业发展壮大。鼓励从事传统物流业务的企业重组改造，通过扩大经营、延伸服务、与大企业结成战略联盟等方式向专业化现代物流企业转型。运用供应链管理理念、方法和技术，支持有条件的物流企业通过技术创新、管理创新和组织创新，加快发展第三、第四方物流。进一步放宽物流企业经营范围，鼓励优势物流业企业连锁经营，支持物流企业做大做强。

3. 大力引进大型物流企业。根据国际国内物流产业转移动向，紧紧依托临沂优越的物流区位条件，鼓励有实力的物流企业进入临沂物流业市场进行资源整合，利用其物流组织体系、信息平台、发展理念和管理模式来提升临沂物流业现代化水平，最大限度地发挥其示范带动效应。鼓励支持国内外大型物流企业在临沂市设立总部、分部，建设采购中心、区域分拨中心、配送中心以及二级分支机构等。结合特大项目和产业集群招商引资，引进一批国际国内知名物流企业来临沂，鼓励外来企业参与临沂商城物流企业兼并重组，合作经营。

4. 积极扶植发展中小物流企业。加大对中小物流企业扶持力度，积极推进中小物流企业创新物流服务模式，加强资源整合，激发活力。着力整顿和规范物流市场秩序，提高企业诚信运作和专业化服务的水平。通过骨干企业的发展，带动中小企业提升能级，实现互利共赢，共同发展。建立物流企业信用评价体系和物流企业诚信监督制度，引导物流企业健康发展。

5. 加快物流公共信息平台建设。鼓励重点物流园区、重点物流中心加大信息化投入，搭建具有开放性、通用性、标准化的信息平台。进一步发挥和完善现有的平台功能，加大物流信息资源整合范围，建设"临沂市物流公共信息平台"，整合电子商务和金融、税务、海关、商检、交通运输、邮政以及产品质量技术监督等行业信息系统和信息资源，实现跨部门、跨行业物流信息共享，业务协同。

6. 加快人才培养与引进。采取多种形式宣传普及物流知识，提高全社会的物流意识和知识水平。推动物流企业与临沂高等院校、科研单位开展多种形式的合作，建立多层次、多元化的人才培养体系。采取各种方式，强化对物流从业人员在职培训，提升物流人才队伍专业水平，培养造就一批与物流业发展相适用的技能人才。

第四节　临沂商城发展的主要经验和历史地位

一、主要做法和基本经验

临沂商城在建设工作中，立足本地实际，充分发挥地理交通、资源等优势，抢抓机遇，用活政策，严格考察，科学培育，突出一市一品特色，市场规模不断壮大。主要坚持了五先五后原则：

一是先成市后建场。即在传统集贸市场或群众自发形成市场的地方建设市场。二是先繁荣后规范。即采取放水养鱼的方针，先上车后买票，以市养市。三是先综合后分离。即将大型市场内具备进一步扩大规模、具有发展潜力的专业市场，从原市场分离出来，新建一处专业市场。四是先分散后集中。即把分散在各处、经营户较多、具有较强发展后劲的行业集中起来，兴建专业市场。五是先简易后提高。所建市场大多是简易市场，费用低，相对减轻了经营户的负担，增强了竞争力，有利于市场的快速繁荣。

二、历史地位和作用

临沂商城的发展与繁荣，对兰山区乃至全市经济和社会发展起到了巨大的带动和促进作用。

1. 增强了广大干部群众的商品意识和市场观念。打破了计划经济体制下人们"左、旧、小"的传统思想的束缚，促进了大市场、大流通、大开放观念的树立，增强了干部群众的商品意识、开放意识和发展意识，临沂人日益走出农门。

2. 促进了产业结构的调整。首先，带动了第三产业的繁荣活跃。据不完全统计，围绕临沂批发市场从事餐饮、运输、旅店等服务业的从业人员达20万人。其次，带动了加工业的发展。市、区政府以市场为依托，积极实施引商兴工战略，积极引导鼓励经商大户在当地兴办加工企业，促进了加工业的快速发展，据统计仅兰山区围绕市场搞加工的从业人员就达 30 万人。

3. 助推了城市的发展，增强了地方经济实力。"城市围着市场建、工业围着市场办、三产围着市场转"。临沂城市建设的异军突起，不能不说是市场带动了人们观念的更新和经济实力的增强。专业批发市场的发展壮大，带动了个体私营经济的异军突起。仅兰山区个体工商户达到 5 万多户，私营企业逾万家。

4. 在指导生产、形成价格方面发挥了重要作用。随着批发市场信息网络的建立，各类批发市场通过市场供求信息的传递，及时向生产厂家提供了市场供求动态，为生产厂家调整产品结构提供了依据。2014 年 12 月 24 日，临沂商城综合指数经过试运行、专家评审后，正式对外发布。作为全国重要的物流中心，临沂辐射全省、全国的大型市场超过 70 家，临沂商城价格指数将其划分为 6 大板块、21 个大类、4275 个中类、22301 个小类，所编制的指数能够全面反映商品价格趋势的变动情况。与其同时编制的景气指数也是兼顾商城特色的综合性指数。

5. 在就业再就业、促进稳定和社会保障方面发挥了重要作用。前些年，在国有生产、流通企业经营困难，普遍出现亏损，职工大量下岗和农村劳动力大量剩余的情况下，批发市场为其提供了广阔天地，据统计，商城市场核心区已带动起各类加工企业 2.5 万家，从事餐饮、运输、旅店等服务业的人员 30 多万人，围绕市场搞加工的从业人员达 100 多万人。其中相当一部分来自下岗职工。经济实力的增长，推动了社会福利事业的发展。各市场主办单位，以市场为龙头，大力兴办第三产业，居民收入大幅提高，西关、水田、前园、宋王庄、曹王庄等居委，人均收入超万元，村级收入超亿元，从而促进了社会和其他福利事业的发展。上述居委已分别为居民实施了五免制和退休制，即免费供应粮、油，子女免费入托、入学及免费就医，居民达到退休年龄办理退休手续，享受退休养老待遇。宋家王庄 2009 年仅老年公寓一项工程就投资 890 多万元。

6. 促进了与外地区的交流与合作，扩大了临沂的知名度。目前，临沂专业批发市场以其独特的优势和规模，扩大了临沂的影响，加速了与外地区的经济交流和往来，在全国形成了"南有义乌，北有临沂"的市场发展大格局。同时也引起了各级领导和其他地区的重视，纷纷组团前来参观、考察、交流，加深了对沂蒙山区的认识和了解。韩国、俄罗斯、英国、美国、新加坡、中国香港等国家和地区的商界人士多次来临沂考察，扩大了对外界的影响，提高了临沂的国际知名度，促进了招商引资和经济社会各项事业的发展。

第五节　临沂商城商贸业及现代物流业发展展望

临沂商城批发市场经过30多年的培育发展，已形成了汇聚全国各地商品，服务全国各地市场的业务网络和交通网络，初步形成了连接全国各地的陆、海、空立体现代化交通格局，批发市场的发展前景十分广阔。但也面临改造提升的重大课题，如何实现批发市场的战略性调整、创新与发展是摆在各级政府面前的首要任务。临沂市委、市政府高瞻远瞩提出了建设大美新临沂和中国现代商贸物流城的宏伟战略目标，研究制定了临沂专业批发市场整合改造提升总体规划，一个设施完善、功能配套、环境优美的现代化商贸城正在建设崛起之中。但是，临沂批发市场是传统物流占主体的交易方式，随着时间的推移，市场的基础设施不配套，经营、仓储、物流配送功能分区不合理，信息传递、物流手段落后，交易成本高等越来越不适应现代经济发展要求的弊端日益显现。如何应对经济全球化的挑战，转变发展观念，提升市场档次，已成为摆在我们面前的首要问题。大力发展现代物流，实施市场提升改造，构建现代商贸物流中心已迫在眉睫。

在今后工作中需要重点把握的四个关键是：一要政府引导，正确决策，科学规划，宏观控制；二要布局合理，避免重复，资源重组，一市一品；三要政策优惠，方案可行，多方配合，推动有力；四要管理先进，理念先进，注重质量，打造品牌。批发市场与物流配送相辅相成，相得益彰。在新的商贸城建设中应注意打造四种功能的市场。

第一，地产品型的市场。大力发展地方加工业，努力提高地产品占有率，确保临沂市场长期繁荣发展。由集散型向产地型转变，依托临沂工业园和金锣科技园，通过引商兴工、招商引资，积极引导市场经营大户和国内外知名企业投资建厂，实行前店后厂，产销一体，力争使批发市场地产品占有率达到50%以上。

第二，外向型的市场。加大对临沂市场的宣传力度，打造临沂商城品牌，叫响"天下物流，中国临沂"的口号，提高临沂批发市场的知名度和外向度。整合市场宣传资源，各市场受益单位包括市、区政府，财政、工商、市场主办单位，都要按比例拿出部分资金，由商城管委会统一到全国各大媒体，公共场所打造临沂市场广告，建设临沂商城标志性广告和建筑，建设临沂市场发展博物馆，同时积极开发市场旅游资源，扩大临沂市场知名度，提高市场的竞争力。由内销型向外向型转变。大力发展会展经济，通过举办展销会、订货会、交易会等形式，吸引更多的国内外客商来临沂市从事营销活动，开展采购业务，使更多质优价廉的产品打入大中城市市场、大型超市网络和国际市场，尽快提高批发市场的外向度。

第三，超市化的展贸市场。在市场开发上要坚持新建改建相结合，外资内资相结合，传统市场与现代物流相结合。在经营方式上要大力引进现代经营业态，大力发展电子商务、总经销、总代理、连锁、直销、展销等经营模式，吸引国内外知名品牌厂家来临沂经营。可依托100多个专业批发市场，常年滚动举办专业产品博览会，大力发展会展经济，努力开拓国际空间，使临沂市场由周转型、集散型，向展贸型、国际型转变。

第四，形成旅游购物型的市场。在市场建设和管理中，把旅游和购物紧密联系在一起，充分发挥临沂作为全国旅游先进城市的优势。城市设计、规划更加人性化，方便游客休闲、购物，把临沂商城打造成旅游胜地、购物天堂。

临沂发展现代物流具有多方面的优势。地理环境优越，规划科学合理，政策环境宽松，市场规模和档次提升，管理经验比较丰富，并逐步向现代管理模式迈进；居企分离，组建商城集团整体包装上市已初露端倪。物流成本占全市国民生产总值的比重下降到15%，已建成高效、便捷、立体化的交通网络：京广高速与日东、临枣、东红三条高速公路形成"井"字形布局穿境而过。发达的陆路交通网络，把临沂与全国东、西、南、北、中更紧密地连在一起。临沂长途汽车总站投资3.36亿元，总建筑面积75000平方米，日发车班次4000个，日均旅客发送量6万人次。临沂飞机场的改造扩建已列入规划，正在实施。2013年4月21日，年设计操作量50万标箱的内陆"无水港"临沂港试运营，标志着临沂商城发展国际贸易进入了提速增效、加快发展的新阶段，年可为企业节约通关等费用1.5亿元。临沂机场游客吞吐量已达近100万人，临沂与日照共同构建临港经济，推动欧亚大陆桥桥头堡蓝图的实施。这些都为发展现代物流业，创造了良好的基础条件。经过多年的发展，临沂物流企业有较为雄厚的基础。临沂将充分发挥区位、交通和商贸物流的比较优势，全面整合社会物流资源，构建现代化的物流基础设施和物流公共信息平台，建设功能配套、安全快捷、经济高效的现代物流配送基地。

临沂商城潜力巨大。用中国批发市场研究专家、中国市场物流策划网首席执行官齐端章先生的话说，"临沂批发市场开花早，结果迟，危机大，前景好，只要把握机遇，选准路子，三年将必有成果，五年必将走出省门、跨出国门，大有作为，大见成效"。建设大临沂、新临沂的新一轮发展浪潮蓬勃兴起，又为临沂商城建设带来了前所未有的发展良机。随着商城规划的实施，一个经营国际化，销售与生产加工一体化，国际物流与国内物流相结合，人流、物流、资金流、信息流四流合一，产地型、外向型、展贸型、旅游购物型的现代化商贸城正在临沂这片充满活力的热土上跃然崛起，必将有力地推动区域经济更好更快发展。

第二章 | 临沂商城发展转型的宏观背景

第一节 批发市场兴起的背景和成长条件探析

一、批发市场兴起的背景考察

各类批发市场能在中国蓬勃兴起，是有其深厚的社会背景的。研究这些背景，有助于解答为什么在发达国家并不存在的一些批发市场能在中国兴旺发达的具体原因。而这些原因，可能在今天仍然对中国批发市场的未来发展趋势有着重要的影响。

各类批发市场兴起的首要原因是改革开放之初大量乡镇企业的兴起，他们的产品当时进入传统的国企销售渠道存在很高的制度壁垒，这些企业主要通过推销员直接促销的方式来解决产品销售问题。但是，这种方式由于缺乏营销的规模经济和市场的秩序性，带来了很高的推销成本。对于当时体量规模偏小的乡镇企业而言，很难想象通过销售公司、专卖店等方式建立独享型的销售网络。批发市场的出现，为他们提供了一个只需支付少量费用便可享有的大规模的销售网络，使企业可以共享销售方面的外部规模经济。如企业可以不必投资于自己的品牌、商标，而依靠批发市场整体的知名度和营销功能来拓展市场范围，从而大大降低了产品的销售费用。于是，传统的工业品批发市场便应运而生。

其次，商业业态的不完整和发展不均衡也是批发市场得以兴起的重要原因。改革开放后，我国工业生产领域虽然发展很快，但商品流通领域却一直滞后，尤其是现代流通组织，如现代零售组织、现代批发组织均发展迟缓。面对大量商品进入流通领域，与批发市场功能相同的仓储式商店和大型综合超市等商业业态直到本世纪初才开始发展,商品结构相似的商业业态的发展迟滞使批发市场长期没有竞争对手,这就为批发市场的发展提供了机遇和发展条件。

当然,中国群众的低收入水平也助长了批发市场的兴起和蔓延。尽管中国经济30多年来一直保持着高速增长,但长期以来中国大部分消费者的收入水平一直比较低,大部分消费者买不起高质量的名牌产品,尽管这种情形目前正在改变,但早期低收入水平的大众消费为小商品批发市场的发展提供了可能,提供无品牌、仿名牌、低质低价商品正是传统批发市场这一业态的优势所在,这种经济收入水平为批发市场大量倾销最初意义的广货提供了良好的机会。

二、批发市场的成长条件分析

批发市场兴起的背景在中国是普遍存在的,这并不能说明为什么有些地区的批发市场能够迅速崛起并长盛不衰,而有些地区的批发市场在经历一段时间之后便销声匿迹,这其中,批发市场在成长过程中还需要其他因素的诱导。通过这几年对国内一些地区的调查分析,我们发现影响一个批发市场形成和发展的基本因素主要有以下几种:政府有意识的引导、自古已然的风俗传统、辐射周边的区位交通。当然也有名人掌故、自然资源的因素,甚至一个偶然事件也会促成一个产业的形成。

政府有意识的引导对当地批发市场的发展起到了关键性的作用。如果说在批发市场的前期发展阶段是以自发形成为主要形式的话,而在20世纪90年代中期以后,政府的扶持与引导对批发市场的发展就成为至关重要的因素。即使在批发市场形成初期,一些比较关键、稀缺的要素如土地、资金、技术、人才、信息等都需要政府这种强势力量参与,否则就很难成功;另外,市场环境的规范也需政府强力来保证,也就是说,政府必须对这些"幼稚产业"进行扶持、规范、引导,否则很难发展壮大。因为任何要素的"稀缺性"都不如政府政策支持的"稀缺性"高。只要有了政府的政策支持,其他关键要素如资金等都会以较低的成本获得。

批发市场成长的另一个条件是地理位置优越,具有较强的辐射周边的区位交通优势。与任何一种流通组织形式相类似,批发市场的地理位置条件也成了影响其发展的一个重要因素。即使一个批发市场在形成过程中具有先发优势甚至传统优势,但如果其地理位置成为其辐射周边区域的一个障碍,则其地位很快会被同类型的其他批发市场所替代,这种情形已经大量出现。如河北清河地理位置就十分优越,清河地处冀南,京九铁路、京深高速穿市而过,正好形成蒙古羊绒原料的中转站。华北又是全国的中心地带,因此有辐射全国的天然交通优势。因此,在成本优势和销售辐射优势、规模优势、技术优势、先发优势、地理优势被清河发挥得淋漓尽致的情况下，市场的进一步扩大更加奠定了清河羊绒产业走向世界的信心，"国际羊绒之都"端倪初现。

当然，先天的地理位置优越自然十分重要，但一个批发市场能够注意完善后天的配套服务，也同样可以保持其竞争优势。例如著名的义乌"中国小商品城"经过几十年的日积月累，苦心经营，可以说已经把触角伸到了全球的每个角落。它有南方联托和北方联托两大货物托运市场，集装箱中转站和铁路货运站各一个，南北方的联托线路130多条，在管理上采取个体承包线路、政府统一协调的方式，经营上采取"一票到底，一次收费、全程负责"的经营方针，商家只要把商品送到相应线路的托运处就可以了。现在全国20多个铁路大站在义乌设立了中转托运站。公路托运业务涉及全国30个省（市），180个大中城市，直达客货车东到温州、宁波，南达深圳、广州，西至成都、昆明、乌鲁木齐，北抵沈阳、哈尔滨。早在1991年，义乌民航机场正式通航。优越的交通条件和现有的立体式物流配送系统为市场快速持续的发展提供了强有力的支持。

以上这三个因素是专业批发市场形成初期比较重要的影响因素。进入发展阶段后，随着专业批发市场的进一步发展，商户聚集越来越多，生产技术越来越成熟，其他影响因素的影响力度也就越来越重要，此时综合交易成本的节约和市场集中度就成为吸引客商的关键因素，市场建设如何从"硬环境"转变为健全、完善"软环境"建设，如市场诚信体系是否健全、信息交流是否畅通、市场经营环境是否规范等，这些因素对一个批发市场最终成长为国际化的商品交易中心将越来越关键。

第二节　国内批发市场的发展困境

一、传统批发市场经营困境的表现

随着我国经济体制改革的深入发展以及流通领域的全面开放，批发市场面临的内外部环境发生了巨大变化，产业集群的进一步发展有赖于专业批发市场的不断创新。进入21世纪以来，我国批发市场的发展出现两极分化阶段，一方面是新兴批发市场不断涌现，另一方面是传统批发市场步入困境，效益日见衰退。国内批发市场发展面临困境主要有以下几种表现：

（一）一些地区兴建的批发市场出现"有场无市"状况比较严重

由于产业集群与批发市场的联动效应，许多地方政府为了发展自己的特色产业，不惜花巨资建设现代化的批发市场，或者放手投资者兴建市场。尤其在一些已经创出一定名气的批发市场周边，大量同质化低档批发市场犹如雨后春笋般冒出来，结果导致市场总量过剩，形成了一大批"空壳市场"。例如，有资料介绍，郑州市目前有200多家批发市场，过去生意比较红火，但目前市场告别"开了就能挣钱"的年代，而是发展到"活着就是奇迹"的地步。前几年，郑州市场越建越多，使原本就已经狂热的市场建设出现了大量的"有场无市"的局面，即所谓的"空壳市场"，其中最具代表性的就是十八里河小王庄的果蔬批发市场、河南图书文化广场、航海路中药城，以及航海路摩托车配件市场等。同时，市区的一些集贸市场也不同程度地存在"空壳迹象"。郑州这一现象在全国都有上演。据不完全统计，2010年，全国有场无市的"空壳"市场2150家，其中建成后两年没有开业的约1300家，开业无成效的900家。例如，仅广东就有30家市场开业后3年没有成交额、有533家市场的摊位出租率不足50%，其中105家的摊位出租率不足20%，那些传统的批发市场尤甚。

（二）批发市场经营规模小，利润趋薄，一些市场交易逐年萎缩，甚至出现严重亏损

目前我国批发市场的市场集中度普遍较低，市场主体的经营规模普遍较小，市场成交额较为分散。我国资产额上千万元、年销售额上亿元的批发商为数极少，而资产仅几万元、年销售额仅十几万元的小商贩遍地都是。从全国来看，平均每个批发商的年成交额只有90多万元，每个摊位营业面积平均为47.7平方米，平均每平方米承载的年成交额不过1.92万元。其中，大城市批发商年平均成交额114.9万元，中等城市年平均86.6万元，小城市年平均67.8万元。尽管一些传统批发市场仍在经营，但在激烈的竞争环境下，利润已经越来越稀薄，有些批发市场的利润多年呈负增长趋势，而一些批发市场已经出现亏损，勉强维持经营。许多批发市场的商户由衷地感叹"生意越来越不好做了"。例如山东临沂市批发城32个骨干市场共闲置摊位3000多个，总闲置率达20%左右，小商品市场原有1300个摊位，曾经一度闲置800多个，实际纳税的有400多户，文体市场原有1130个摊位，萧条时期经营的只有490多个，有的市场甚至出现了想方设法退摊位的现象。对批发市场进行调研中发现，尽管少数批发市场仍然红火，但大多数传统批发市场却在走下坡路，经营日见困难。主要表现在商户数量越来越少，较低的利润已经不断把原先的商户逼向更有发展潜力的新兴批发市场，或干脆放弃原先的经营另谋职业。一些批发市场的档铺空置率不断提高，即使出租出去，只租3个月或半年的短租现象比较普遍，这从一个侧面反映了批发市场的功能不断萎缩，经营日见困难。

二、批发市场经营困境的原因分析

中国批发市场发展到 21 世纪初出现了一个"拐点"：资金缺，市场只是提供简单的物业管理，主营收入是摊位费，赢利能力差，缺乏持续发展的后劲；规模小，市场摊位的承租者大多是个体经营户，缺少有实力的批发商或经纪人，小商户的分散经营不能形成规模优势；品牌少，市场很少有自己的品牌形象，商品五花八门，服务参差不齐；品质次，由于商品的进货渠道众多，难以控制，使产品质量得不到保证。市场管理者对经营者缺乏约束和监管，致使假冒伪劣产品屡禁不止，声誉难以建立；信息弱，市场的信息功能停留在简单的原始数据统计上，经营商户各自为政，信息获取难度大且不能共享，再加上多头管理的制约和城市规划的影响，批发市场的发展进入了新的竞争时代。造成批发市场经营困难的原因是多方面的，我们从以下几方面给予一定的剖析。

（一）缺乏合理规划和布局，重复建设严重

在批发市场建设上，20 世纪 90 年代以来，伴随着兴办开发区热、房地产热等，国内也出现了"建市场热"。在有些地区政府出台的一些管理办法中，并没有对专业市场的开办进行合理规定，也未对专业市场的布局和数量进行引导和控制，甚至在一段时间内，把建市场数量的多少当做衡量各地官员政绩的一个主要标准，导致在批发市场发展过热时期失去控制，各地政府和开发商不顾实际需要，不统筹规划，盲目发展批发市场，以致出现了在一个市镇就有大大小小几十个同类市场的奇怪场面。这种普遍的市场重复建设现象不仅导致了许多市场空置或半空置，资源浪费严重，造成批发市场之间互相争抢客源，进行恶性竞争，使得本来不景气的市场被更多开发商瓜分而越来越萧条。更为严重的是，市场重复建设导致了商品分散，市场信息集聚优势弱化，使批发市场最为基本的信息优势受到了威胁，但是一些地区仍然存在热衷于办有形市场的现象，仍重视市场载体建设，忽视流通服务、市场主体的培育及市场规则等软件建设。

（二）摊位式经营，缺乏规范化管理，导致无序竞争

国内批发市场目前大多数还处于低级运作状态，经营主体主要采取摊位式经营和对手交易方式，不仅组织形态明显落后，而且交易方式仍然沿袭过去集贸市场的做法，不符合现代化流通的要求。目前，许多批发市场内的有些经营者经营规模已相当大，但仍是以个体或家族式经营为主，经营主体的经营机制和经营观念仍十分陈旧，没有在建立规范的企业组织形式和企业制度上努力创新，使一些批发市场始终摆脱不了低水平、低档次的经营现状。另外，市场管理人员总体素质偏低，专业人才匮乏，只能是负责消防、交通、治安等工作和

协调经营户之间的矛盾，批发市场的功能拓展和制度创新不足。由于市场缺乏规范化管理，导致无序竞争、市场混乱、假冒伪劣商品盛行、市场信息失真等，从而制约了市场机制的正常作用。

（三）市场环境差，功能单一，制度不健全

一些批发市场在发育中始终存在市场环境差、管理水平低、功能不完善、制度不健全等问题。许多市场场地狭小，批发规模小，有些市场是利用闲置的仓库和待建土地临时建成，场内布局凌乱，安全性能差，卫生条件差，配套设施明显不足，经营方式落后，现代化水平低。许多市场管理行为与交易行为不规范，没有一套完善的规章制度，没有一个专门负责的管理部门。多数批发市场功能单一，仅仅发挥了交易的功能，反映出传统批发商业的属性。这些问题在市场发育初期表现得不明显，但随着市场交易规模的扩大和市场参与主体的逐步成熟，对批发市场的管理水平、制度建设和功能作用提出了更高的要求。但一些摊位制批发市场仍局限在出租摊位、收取费用方面，市场管理制度和管理规则没有完善，市场信息指导、综合服务等功能没有得到有效发挥，使市场缺乏吸引力。

（四）一些专业市场缺乏产业支撑，经营的商品质量差、技术含量低

目前，多数批发市场经营的产品仍为低档次的日用消费品和生产资料，其特点是商品质量差、技术含量低、商品价格低。这种低质低价的商品结构在改革开放初期，迎合了刚刚解决温饱的农村居民和城市中低收入居民的消费需求，从而获得了较大的发展空间。但是，随着城市居民收入和消费水平不断提高，原先的商品定位已经不能满足城市居民的需要，市场空间正在不断缩小。而多数批发市场由于缺乏足够的产业支撑，商品质量提高和结构调整缓慢，与迅速提高的消费者收入水平和快速转换的市场消费热点难以适应。更为严重的是，由于一些批发市场管理不到位，对场内假冒伪劣商品的打击力度不够，由此带来的"柠檬市场"效应极大地阻碍了品牌商品进入市场，阻碍了批发市场商品结构的调整和升级。从我国批发市场发展情况来看，尽管经过30多年的创新发展，批发市场从硬件到软件都有了较大的变化，适应了同期社会生产和消费的需求，但在发展过程中仍然存在诸多问题没有解决，有些矛盾和冲突甚至在不断激化。随着21世纪信息时代的到来，批发市场经营如果仍然保持原有的状况将会受到来自各方面的冲击和压力。毫无疑问，在新的冲击和压力面前，一些传统的不思进取的批发市场必将被淘汰，而一些新型的不断创新的批发市场将保留下来，并继续得以发展。

第三节　批发市场转型的必要性

关于我国批发市场未来的发展趋向，理论界颇有争议，不少人认为批发市场进销渠道分散，是一种小商业运作方式，不能适应现代化大工业生产的规模化需求，因而批发市场是一种落后的商业组织形式，是与落后的商品流通和工业生产相适应的。的确，现代经济需要现代流通方式，现代大工业生产需要现代大流通产业的支撑，但这并不意味着现代化大工业生产就必须完全由大规模商业组织来实现其商品流通，即使是发达国家，大批的中小企业成为国民经济的重要支柱，人们也并不因其规模小就否认它们在整个工业经济体系中的基础性地位。现代商品流通体系是由规模化流通企业和众多的中、小批发商和零售商共同构成的。规模小并不是衡量一个企业有无竞争力的标准，而服务水平和经营理念才能体现企业的竞争力。无论多有实力和规模的制造商，在选择供应商和销售商的时候，服务水平必然是他们考虑的首要因素，因此不能说规模小就不适应现代化大工业生产的需要。

从长远来看，批发市场特别是工业品批发市场也许并不是永存的，其为新的交易方式所替代是一种历史的必然。工业品批发市场是我国特有的产物，它是在我国经济体制转轨过程中、在经济发展的一定阶段出现的，是与我国农业生产方式和大量分散的乡镇工业的存在和发展相适应的流通形式。在今天，国内许多批发市场已经是万商云集，形成了一个庞大的商业运行网络，这是非常重要和非常宝贵的商业资源。如果我们能够不断提高这些市场的科技含量，大力加强市场信息化建设，突出专业化服务的品牌和特色，那么就不是一个批发市场能不能与现代工业大生产相适应的问题，而是在推进新型工业化道路的过程中，能不能充分利用和合理配置批发市场资源的问题，从而最终实现全社会商业流通规模的最大化。

近年来不少人在批发市场问题上还流行着这样一种说法：先进发达地区搞先进模式，落后地区搞落后模式。批发市场可以存在，但只能到乡镇不发达地区发展，是城市或经济繁荣地区现代流通方式的一种补充。这种思维方式的前提是判定批发市场是一种落后流通形式，因此只能在经济落后的地方生存和发展。而我国目前的情况是，越是发达的地区，批发市场发展越快，越规范，高度的经济发展水平带来的往往是批发市场经营水平的高效率和高度规范化。这正是为什么我国成熟规范并且具有较大规模的批发市场主要集中在广东、浙江、江苏、山东等地。因为在现代社会，商品流通追求的是网络化、信息化，哪里有市场需求，哪里就会产生批发市场，哪里的需求越旺，哪里的批发市场就越有效率越规范。因此，批发市场并不是落后经济下的产物，批发市场不是在经济发达地区有没有生存空间的问题，而是如何转型适应当地经济发展的问题。通过对我国批发市场存在问题及原因的分析，我们可以得出结论：我国批发市场必须要转型。因为当前批发市场所面临的困境既有内部自身原因造成的，也与外部环境密切相关。作为批发市场来说，要在竞争中生存并取得一定的相对优势，就必须调整原有的经营模式以适应当前新的环境，同时也要提升管理水平以解决自身存在的问题。

现阶段，批发市场与我国目前的经济发展水平总体上是相吻合的，因为其存在的经济基础，即小乡镇、私营、个体企业数量仍然众多，即使有由于竞争产生而生产集中的趋势，小企业的绝对数量还是相当多的，只要这种生产方式存在，批发市场这种流通方式就有存在的必要，而且还会在相当长的时间内继续发挥作用。但是，从各国经济发展和批发市场的实践过程看，批发市场本身从形式到内容也在不断地发生演变。因此，想要更好地发挥批发市场在商品流通领域中的作用，就有必要积极促进其转型，原因如下：

第一，批发市场转型是深化流通体制改革的需要。市场经济的实质是交换经济，商品市场是市场体系的基础，不仅需要充满生机与活力的零售市场，还需要一个沟通内外、连接东西、四通八达的现代批发体系和分销网络。我国批发体制改革滞后是当前商品流通体制改革的突出问题，不仅适应社会主义市场经济的批发体系没有建立，甚至成为生产的瓶颈，制约着流通的扩大和市场的开拓。因此，加快批发市场的转型，建立完善适应市场经济发展需要的批发市场，是深化流通体制改革的重要任务和当务之急。

第二，加快批发市场的转型是提高我国经济总体运行质量的需要。目前我国批发业与零售业销售总额之比约为3∶1，国家通过批发这一环节，在全国甚至全球建立广泛的经济联系。如果批发环节不畅，不能有效连接供给和需求，国民经济的整体运行势必受到严重的影响。批发市场作为我国批发领域重要的组织形式和运行场所，必然也会对我国经济的健康发展产生影响。

第三，批发市场转型是应对激烈的市场竞争的需要。流通业是竞争激烈的行业，批发市场不仅面临着来自于生产领域的竞争压力，也面临着来自零售领域和本行业内部的竞争压力。一方面生产企业为了控制分销渠道的主导权，不惜投入大量资金建立自己的分销体系，扩大直销比重；另一方面零售企业实施连锁化经营，建立自己的配送中心，越过批发环节直接与生产企业交易，再加上外资分销体系的建立、民营批发的兴起等等，使得传统批发方式四面楚歌，陷入内外夹攻的困难境地。同时，批发行业内部的竞争也非常激烈，总代理、总经销、仓储会员店等新型批发形式不断涌现，给批发市场带来了巨大冲击。而批发市场之间也存在着替代性的竞争关系，当前我国批发市场出现明显的两极分化现象，一部分批发市场经营红火，营业额持续快速增长，但也有一些批发市场存在"有场无市"的问题，经营状况良好的批发市场大都定位准确、经营方式灵活并不断进行业态创新。由此可见，要想在激烈的竞争环境中生存，批发市场就必须转型。

第四，批发市场转型是流通现代化的内在要求。流通现代化是世界性的发展趋势，是21世纪20年代我国商业必须实现的战略任务。科技、信息和服务是决定我国流通产业未来发展的三大因素，通过增强现代观念，重视科学技术和先进设备在流通领域中的应用，整体地提高商业素质以适应经济发展的客观需要。批发商业是商品流通的主体之一，是流通过程的闸口和转换器，处于生产与生产、生产与零售之间的中介地位，直接关系着流通业的规模与效率，只有实现批发业的网络化、信息化和数字化管理，才能建立起多层次、多方位、多形式的商品流通体系，完成流通现代化的进程。因此，提升批发市场的现代化水平是实现流通现代化的重要环节。

第五，加快批发市场的转型是全方位、宽领域、多层次对外开放的需要。随着中国国际化步伐加快，所有的企业都面临着"请进来、走出去"的双重挑战。外国资本纷纷进入流通领域，开商店、设工厂、建立物流配送中心和分销体系，在多方面压力的冲击下，中国批发市场处于生存的紧要关头，实现与环境相适应的转型迫在眉睫。同时，中国产品、资本和服务同样要走向世界，也要借助批发、代理建立通向国际市场的分销通路，这也迫使批发市场转型创新，与国际市场全面接轨。

第四节   批发市场转型的思路与对策

我国现有批发市场存在着以下问题：功能单一、经营方式和交易手段落后、管理水平较低；摊位式经营，交易主体组织化程度低；现代信息技术的应用水平不高；市场基础设施较落后，配套服务不够完善；缺乏统一规划，布局不够合理；市场管理政出多门，企业和交易者负担较重。传统批发市场向现代采购和展贸中心转型就是要用现代信息技术和管理手段提升和强化批发市场原有功能，改革原有经营方式和交易方式，提高市场管理水平，积极培育现代批发商作为市场主体，更新改造市场基础设施，进行合理布局规划，使我国现有批发市场体系更为现代化、信息化和国际化。

一、转型的总体目标

批发市场转型后应该达到以下目标：

1. 批发交易总量规模及单体批发市场的交易额均有较大幅度的提高。

2. 现代化程度明显提高。基本实现对大中型批发市场的现代化升级改造，使这些市场的设施设备、技术手段、环境、交易方式、功能及配套服务、经营管理等基本与现代商贸流通要求相适应。

3. 组织化程度明显提高。批发市场入场商户50%以上由批发企业、一级代理商和生产企业常驻机构组成，由现代化、规模化的企业组织逐步取代传统个体摊贩。

4. 结构发展协调合理。初步形成包括工业消费品、生产资料和农产品在内的，有形市场和无形市场相结合、期货市场和现货市场相衔接，多种经济成分并存、多种经营方式融合、多种配套功能齐全，适应产业结构和消费结构不断升级的批发市场结构体系。

5. 市场信誉彻底改观。杜绝假冒伪劣商品进场，在整个行业树立起诚信经营观念，确立起批发市场无假冒伪劣商品的声誉。

6. 良性竞争格局基本形成。基本消除重复建设、无序竞争、过度竞争的局面，将批发市场之间以低层次的价格竞争转移到以高层次的品质竞争、特色竞争、服务竞争、品牌竞争、功能竞争上来，推动同类批发市场的联合发展。

7. 高效的引导、促进、调控、管理机制逐步形成。建立健全批发市场进入、退出的"优胜劣汰"机制，形成市场引导和政府宏观调控相结合格局，改变直接管理为法规管理；完善批发市场管理、调控的基础工作，运行状况的信息收集、整理和发布工作等。

二、转型的主要任务

加快批发市场向现代采购和展贸中心转型的主要任务，概括起来就是：实现"四个转变"、强化"五方面现代化"建设。

（一）实现"四个转变"

1. 实现市场建设重点由"外延扩张"向"内涵提升"转变。引入现代批发商场理念，完善市场功能，开发无形市场，引进新型交易方式，提高市场经营管理水平和商户组织化程度，从外延式规模扩张转移到内涵式能力提升，不断扩大市场的辐射力和影响力。

2. 实现市场调控方式由"自发型"向"市场＋调控型"转变。要彻底改变过去的市场自发性发展状况，既注重市场机制作用的发挥，又重视强化政府宏观调控的作用，综合利用"有形的手"和"无形的手"，引导传统批发市场向两个中心过渡，这在批发市场发展处于全面转轨阶段尤其重要。

3. 实现直接调控管理向法规调控管理转变。政府对批发市场的宏观调控要改变过去"输血式"的直接扶持方法，逐步推行以法规制度为主要内容的间接管理方式，加强市场发展规划，建立宏观管理调控机制，完善市场管理法规，规范市场主体行为，引导市场发展方向。

4. 实现批发市场由单一交易功能向多功能转变。批发市场要成为现代流通组织的重要组成部分，仅仅只有交易功能是不够的，必须由原先单一交易功能向多功能转变，如交易功能、展示功能、信息功能、价格形成功能、物流配送功能等，才能真正发展成为现代采购中心和展贸中心。

（二）强化"五方面现代化"建设

1. 强化批发市场企业制度现代化建设。要积极推行市场股份制改造，完善法人治理结构，建立健全董事会决策机制，完善市场运行机制，健全内部管理制度和激励制度，尽快向现代企业制度转化。对于有条件的大型批发市场，要积极鼓励发展成为上市公司。

2. 强化批发市场管理现代化建设。要改变"市场管委会"只负责收租、卫生、安全的单一功能，要提升其发展、服务和监管功能。大力引进先进的管理理念、管理手段和管理方式，将"市场管委会"逐步改造成由市场的投资者、经营者共同组成的，自我约束、自我管理、自我监督的市场管理组织。

3. 强化批发市场功能现代化建设。广泛导入各种现代市场功能和手段；建立完善市场的配套服务体系。积极实现"一站式采购，一站式服务"的目标，以降低交易成本和服务成本，提高批发市场的整体流通水平和竞争力，从而全面提高吸引客商的能力。

4. 强化批发市场经营主体现代化建设。一方面，要大力整顿和规范市场内现有经营者的经营行为，引导他们按照现代流通方式，转换经营业态，做大做优做强，朝着现代企业方向发展；另一方面，要有计划有步骤地引进大生产商大批发商入场经营，特别是那些在国际和国内都享有很高知名度的品牌企业，通过他们的规范经营，带动批发市场整体素质的提高，带动市场的品牌效应。

5. 强化市场信息技术和设施现代化建设。一是要加强无形市场的建设，引入电子商务，将传统的对手交易和现代网络交易方式有机结合起来，提升有形市场的影响力；二是要加强市场内部信息化管理系统建设，将批发市场建成一个权威性的专业化的情报、信息收集加工处理中心，引导市场商户的经营发展，从而促进整个市场的发展壮大。

批发市场转型的重点是找准转型的市场类型和做好转型的工作。加快批发市场的转型，可从目前经营状况良好、市场基础条件较好的批发市场开始着手，积极促进具备一定条件的批发市场先行转型，为整个批发市场体系的转型奠定基础、积累经验。大中型专业批发市场、农产品批发市场可以作为转型的重点类型，因为从目前来看，专业市场的经营状况要好于综合性市场，而农产品批发市场较之工业品批发市场具有更广阔的发展前景。重点批发市场的转型是我国批发市场体系建设的重头戏，是推动批发市场体系提高现代化、国际化、辐射力、影响力的关键环节。在批发市场向现代采购中心和展贸中心转型的过程中，重点工作是根据现代采购中心和展贸中心在特点、功能、适用性方面的差别选准转型的方向，并相应调整批发市场的经营管理方式以及改善设施设备。

三、转型的具体措施

（一）大胆创新，制定科学的批发市场转型的发展战略

我国批发市场转型实质上是市场经营主体对批发市场发展的战略管理的过程。当今的时代是"战略制胜"的时代，在错综复杂的国内外竞争环境下，批发市场要成功实现转型，并得到发展壮大，必须实施科学的发展战略。各批发市场应该根据本市场的具体情况，客观评估市场发展的战略环境，确定具体的战略方案，并制定详尽的战略实施计划。需要强调的是，尽管由于各个批发市场拥有的内部条件和面临的外部环境各不相同，转型的具体过程也不一样。但批发市场的转型是一个循序渐进的发展过程，具有阶段性。每个批发市场应针对自身的条件选择最适合的转型方向，如物流基础较好的市场可以考虑向采购中心转型，基础设施较先进的市场则可以向展贸中心转型。

（二）明确市场定位，培育批发市场核心竞争力，提升市场品牌

首先，必须进行准确的市场定位。现代采购中心和展贸中心，作为批发市场发展的方向本身也代表了一定的定位方式。总体来说，采购中心应该注重品种齐全并强化物流功能，而展贸中心则应突出展示和信息功能。在此基础上，结合批发市场经营的商品类别、提供的服务等进一步明确市场的定位方向，以形成其经营特色。

其次，要培育批发市场的核心竞争力，这是批发市场转型的基础和条件，更是其成败的关键。所以提升批发市场的核心竞争力刻不容缓。批发市场要转型为现代采购中心就要增强在商品集聚、物流配送方面的核心能力，要转型为现代展贸中心就要提升在商品展示以及品牌塑造方面的核心能力。

再次，要提升批发市场的品牌价值。市场的经营管理主体要结合本市场的

具体情况，大胆进行创新，重视市场品牌建设和市场的品牌化经营，提升批发市场的形象，提高市场的国际知名度和美誉度。这是现代采购中心和展贸中心区别于传统批发市场的重要特征。特别要加强市场的规范化管理，杜绝假冒伪劣商品，提高商品质量和档次，提供更完善的服务，才能打造良好的社会形象，提升批发市场的品牌价值，并进一步增强批发市场的核心竞争力。

（三）大力引进现代批发组织入场，提高批发市场经营者的组织化程度

我国传统的批发市场要转型为现代化的流通组织的目标，不可能依靠个体摊位式的小批发经营来实现。未来的商贸业不应该是个体小摊贩的集合，而应该是大中型批发企业的集合、公司的集合。市场竞争必然走向集中，优胜劣汰的规律首先表现在经营者规模、经济效益上的较量，竞争必将导致许多小规模经营者无法支撑而退出市场，批发业最终将是集中与规模经营。

批发市场的经营者必须从现在起意识到这一问题的严重性，即场内经营者的档次决定整个市场的档次，经营者的规模决定整个市场辐射规模，经营者的成长决定未来批发市场的发展高度。现代化的批发市场应该由现代化的企业和企业家所支撑，因此必须尽快提升批发市场内经营商户的组织化水平。

首先，要积极扶持市场内龙头商户迅速成长壮大，帮助他们不断提高经营管理水平，向外界和客商大力宣传和推广龙头企业，将培育龙头企业的发展作为市场经营管理的一个重要工作来抓。

其次，在条件成熟的情况下，可以考虑对批发市场进行股份制改造，解决好投资者、管理者与经营者之间的关系，吸纳经营者入股，把租赁形式逐步转变为参股形式，使投资者、管理者、经营者利益融为一体，合力拓展市场，建立以股份制为核心的现代企业制度，争取公开面向社会发行股票和上市。

再次，要大力引进有一定规模的批发企业和一级代理商、生产企业分销机构入场经营，尤其要引进一些国外代理商进入，利用这些有一定规模和影响的企业带动整个市场组织化程度的提高。另外，要建立市场准入门槛和淘汰机制，对于不符合条件的商户或经营毫无起色的商户要及时清理出场。

（四）引入先进的企业管理经验，实现市场内部管理创新，建立健全现代企业制度

企业内部管理制度的创新是我国传统批发市场快速稳定发展的保证，是将批发市场转型的关键。其中又以产权制度、激励制度、决策机制创新显得尤为迫切。

产权制度创新。我国批发市场要做强做大，必须突破资金障碍，向现代化企业过渡。这里可以考虑采取股份制形式为核心的现代企业制度创新，实现投资主体的多元化。同时，集团公司的专业市场也可以考虑以优质资产"置换"

国有上市公司的不良资产，使集团实现"买壳上市"并登陆证券市场，以此实现产权形式的创新，适应现代市场经济的要求。

激励制度创新。批发市场要建立一套科学的岗位考核制度，对员工实行定期业绩考核，并将该考核结果与其经济收益挂钩，以激励员工的工作积极性。

决策机制创新。根据本市场的特点，建立一套科学的决策机制和程序，重大问题的决策要建立在充分调研和论证的基础上，避免个人独断专行，保证重大问题决策不出现失误。

（五）建立一套完善的信息管理系统，运用现代化手段将批发市场打造成信息中心

建立健全信息管理系统，通过电子网络监控经营运作状况，是批发市场提升自身管理水平的重要举措，也是批发市场打造信息中心的前提，更是转型的必然要求。我国重点批发市场要加快建立一套完善的市场信息管理系统，使市场的交易秩序、档位租赁、收费结算、信息统计、档位违章、经营者档案，以及市场治安、交通、消防、装卸、运输、仓储等管理实现电子化和自动化，快速提升市场现代化水平。通过信息中心收集业户的经营动态，用信息化管理系统进行市场管理运作，把各商铺的交易、市场的税收、场地租赁、转租状况等各项运作通过计算机网上管理实现市场管理规范化、制度化，并将供应商、货运商、消费者的信息进行动态跟踪和处理，把每天的实际交易情况排名公布。批发市场要转型为"两个中心"的现代流通组织，适应未来信息化发展的需要，必须在内部建立一套完善的信息管理系统。

第三章 | 临沂商城专业批发市场当前存在的问题和对策

第一节 临沂商城专业批发市场发展存在的问题

30多年来,全国各地抓住市场开放契机,大力发展各类专业批发市场。山东临沂市充分利用得天独厚的区位优势发展成了一座名副其实的批发商城,2014年,临沂各专业市场成交额达2687亿元。但由于诸种因素的作用和影响,近年来各专业市场的发展也遇到了一些困难,市场功能创新和可持续发展问题摆在了人们的面前。

一、市场组织化程度普遍较低,缺乏和加工业间的联动

临沂市场组织化程度较低的主要表现是:各专业市场基本上是"物业管理型"的,市场主办者仅收取摊位费,而不直接涉足商品流通经营,也不对市场内经营业户进行统一指导与管理;市场内经营业户也是单个体、分散、自主经营为主,基本谈不上规模效益。这就在客观上造成了市场内部信息、运输、仓储等资源的分散和浪费,市场内经营户的流动性较高,不利于市场的稳定。

另外,临沂各专业市场基本上属于集散型市场,除胶合板批发市场是由当地生产企业推动发展起来的外,其他均是"买全国商品、卖全国商品",缺乏具有较强竞争力和辐射力的当地市场主导产品支撑,严重影响了市场持续发展的后劲。

二、专业市场的传统竞争优势正在弱化

专业市场作为一种发端于短缺经济和传统流通体制的经营方式,随着市场

经济的发展，市场内外经营体制和政策上的差异在逐步消失，其传统优势逐步丧失。如原来政策对市场外个体从事商品批发业务有限制，现在早已放开；各市场内业户原来均实行定额税制纳税，经营户主要靠量大来摊低单位交易商品税负，但现在国家已经要求各业户必须建立健全会计制度，定额税收优惠将不再存在。同时，随着原来基本依托市场销售产品的中小企业规模的扩张，越来越多的企业建立独享式销售网络，从而基本上可脱离对专业市场的依赖，专业市场作为小企业共享式的销售网络功能趋于弱化。加之各种新型商业经营业态和流通方式的不断出现，特别是连锁超市的快速发展，使专业市场的传统优势进一步受到威胁。如依托临沂成衣批发市场起家的临沂某西服生产企业，现在随着生产规模和销售范围的不断扩大，销售渠道已转变为主要依靠独建的特许连锁系统进行，在批发市场内所设门面的销量已占较小比例。

三、专业市场辐射半径在缩小，发展空间受到限制

由于批发市场在技术上没有进入壁垒，区域内或周边同类功能、同类商品的市场大量重复建设，市场之间对经营群体、消费群体的争夺日益激烈，直接引起了一些优势市场的辐射范围普遍受限，市场区域分割加速形成，影响了临沂专业市场进一步发展的空间。

在临沂市专业市场的建设是由主管部门统一规划、审批的，因此在批发城区内不会出现重复市场，但在临沂周边地区如徐州、淄博、青岛等地均建立了同类批发市场，而且开出了比临沂更加优惠的收费条件，当地政府也给予税收上的减免政策。这对临沂的专业批发市场产生较大的冲击，也导致部分市场出现萎缩。

第二节　积极推进专业市场的组织创新和管理创新

面对上述不利因素，临沂专业市场发展开始进入或者说不得不进入巩固调整期，数量的盲目扩张已不足取。临沂的专业市场要不断壮大，关键就在于能否实现市场多角度、全方位的功能创新。

一、推进市场组织化和集约化，实现市场产权结构创新

首先是要尽快培育市场自身的"造血"功能，向专业市场植入现代企业制度。此举的关键是引导市场组织形式向公司制方向发展，鼓励市场主办单位和大中型生产企业、流通企业以及市场内的经营大户一起，在明晰产权关系的前提下组建多元化的企业法人。促使市场开发建设由"物业管理型"向参与

流通、投资实业的"物业+销售+实业"的综合型转变。

临沂的市场主办者早在 1998 年就在这方面做过积极的尝试，组建了两家规范的股份公司，山东兰田商场股份公司（注册资金 6000 万元）和山东华丰商场股份公司（注册资金 2 亿元），当时参股者有市场业户、生产厂家、内部职工等，发行股份募集资金用于建设批发市场，对促进临沂批发城的发展起到了积极的推进作用，也在一定程度上改善了主办单位的法人治理结构和提高了经营管理水平。但由于大股东对建立现代企业制度认识的局限性，以上两公司至今没有再进行增资扩股，也没有形成基于资本的市场建设联合体，在产权创新的问题上有待进一步开放与创新。

二、积极推进市场服务功能创新

目前，专业市场的主要功能是为经营者和消费者提供固定的交易场所，以降低信息搜寻费用，提高成交率。今后，市场主办者要从简单的物业管理服务模式，向为中小企业和经营户提供商品仓储、配送、信息咨询等现代物流综合服务方向转化。

临沂专业批发市场集中地兰山区政府及临沂市场主办者已经提出了"发展现代物流产业、提升批发市场功能"的实施方案，对现代物流产业的发展制定了"立足实际、统一规划、政府扶持、企业运作、循序渐进、稳妥推进"的原则，计划充分利用批发市场资源发展现代物流产业，通过现代物流的运作来降低批发市场经营户的交易环节和物流成本，从而达到促进批发市场持续繁荣的总体战略目标。

三、革新理念，加强监管，积极推进管理创新

第一是要引导市场经营者理念的创新。市场创办者要面对着两个不同层面的"上帝"，即经营户和消费者，消费者这一层面是基础，赢得了消费者便赢得了经营户，其中消费者永远是主体，经营户只不过是争取消费者过程中的一个媒介。市场在全力提高自身知名度的同时，要努力提高经营者的素质，提高他们的经营水平，引导经营户牢固树立让消费者满意的经营理念，"赢得消费者就赢得了利润"，着力于提高消费者对市场的满意度和美誉度。特别是生活消费品市场，如装饰材料市场、家电市场等，应在商品的售后服务管理上狠下功夫，消除人们对专业市场信用存在的偏见。

第二是要积极实行市场管理方式改革，逐步理顺各有关职能部门的关系，减少职能交叉。在条件成熟时，把一些市场监管执法机构加以合并重组，可以探索市场统一收费，有关部门间协调结算的模式，建立统一高效的市场监督管

理机构。

第三是要充分发挥政府的协调功能，推进市场整合再造。一方面，要在强化市场规划引导上下功夫，对新办市场一定要加强宏观调控，避免出现新的雷同市场，造成恶性竞争；另一方面，更要着眼于市场的长远发展，推进专业市场的整合，对缺乏竞争力和发展潜力的市场进行"关停并转"。在尊重市场经济规律和专业市场意愿的前提下，穿针引线，积极协调，鼓励"大鱼吃小鱼、快鱼吃慢鱼、活鱼吃休克鱼"，实现市场资源的科学重组和合理配置。

为加强对批发市场的统一协调管理，推动批发市场持续繁荣，实施商贸带动加工业的发展战略，临沂市已于 2001 年成立副县级建制的工贸开发区。开发区面积 31.5 平方公里，几乎覆盖了临沂比较活跃的各专业批发市场。工贸开发区已全面负责区内经济建设的组织工作，着重于建立批发市场的封闭式管理体制，发展区内加工业，搞好房地产开发和其他新兴服务行业等，致力于提高市场竞争力，尽快形成工贸一体的经济格局，促进临沂市经济和社会的发展。

第三节　积极推进专业批发市场的交易方式创新

专业市场要从自身特点出发，积极探索发展新型交易方式，进一步提高市场的发展后劲。

一、积极开拓连锁市场，发展现代物流配送业

现有优势市场在条件成熟的情况下，要积极发展连锁市场，从输出商品向输出市场发展。义乌中国小商品城正是通过遍布全国的连锁市场才牢牢地确立了全国小商品流通中心的地位。目前，在全国由义乌人创办或主要由义乌人经营的小商品市场有 50 多个，2001 年义乌小商品集团借鉴零售业连锁配送的经营模式，率先创立物流配送中心，在全国设立 7 个区域性配送中心，原来的市场网络变成了商品流通网络，市场从一个区域性物流中心跃升为全国的小商品流通中心。义乌小商品市场还把目光投向国际市场，目前已在南非、韩国、哈萨克斯坦、乌克兰、乌拉圭和尼日利亚等国家开设了分市场，实现了跨国连锁。从临沂市情况看，家电市场、汽配市场等可以通过兼并或同区内外其他市场联合的方式，积极向外拓展，逐步形成以临沂专业市场为中心，以周边地区中小市场为依托，既有零售又有批发的综合市场配送网络体系。

二、借助现代信息技术大力发展网上交易

近几年，网上交易等现代交易方式迅速发展，代表了有形市场逐步向无形

市场过渡的必然趋势，应当成为市场创新的一个方向。市场要通过有组织、高效率的信息服务，使经营户逐步认识到现代交易方式的重要作用，从而积极开展网上交易。临沂的市场主办者已经开始在尝试为业户提供网上交易平台，并已成立了专业的电子商务公司。具体实施上采取了分步走的办法，第一步是对有条件的市场进一步改进交易硬件，设立大型电子显示屏发布市场商品品种、价格信息，方便批零消费者进行交易。第二步是逐步建立市场信息中心，在与Internet 联网基础上，建立市场主页乃至经营大户主页，通过网络向外界发布市场的各种信息；同时与国内其他大型市场建立网络链接，向市场经营户提供相关信息。第三步是积极吸引国内外知名生产企业通过市场及其主页发布各类商品信息，最终使专业市场成为消费者和经营者搜寻信息最快捷、成本最低的媒介，以保持市场的持久生命力。

三、依托地域优势，发展总经销、总代理等商业模式

各专业市场要积极引导国内外大型企业、名牌商品生产企业进场经营，继续争取各类商品的区域总经销、总代理权，使市场从以个体经营户为主向各类总经销、总代理等为主的专业性营销公司发展，从根本上增强市场的综合竞争实力。在这一点上，成衣专业批发市场与日化市场招商工作做得最好，全国知名的服装生产厂家和日用化工企业将其鲁南或山东总代理放在了临沂。目前，这两个市场也是最有活力的市场之一。

四、探索培育市场的展销、展示功能

专业市场要积极争取筹办、协办区域性和全国性商品交易展示会，以吸引国内外客商前来进行大宗交易，从而扩大销售，提高市场知名度和美誉度。结合临沂市场特点，还应探索不同经营业态之间的联合，发展低交易费用的仓储式平价超市、电子化批发交易市场等新的营销形式和购销系统，降低流通成本，提高规模经济效益。

从以上分析可以得出，随着各种新型经营业态和流通方式的不断出现，特别是随着国际国内统一开放大市场的逐步建立和现代网络信息的发展，供需直接见面的交易方式使集散型专业市场面临严峻挑战，市场的辐射半径出现萎缩，交易量出现下降。为保证市场可持续发展和繁荣，必须改进市场的组织和管理模式，积极探索现代新型交易方式。唯有不断创新才能增强批发市场的辐射能力，保持批发市场的生机和活力。

第四章 | 临沂商城转型升级之一：发展电子商务

第一节　电子商务对传统流通渠道的影响分析

一、电子商务对传统流通渠道环境的影响分析

（一）传统流通渠道模式下流通环境分析

传统的以商流、物流为基础的流通渠道模式下，流通信息的传递渠道不畅，处于渠道环节上的各个经营者（诸如：生产商、批发商、零售商等）在商品的供求信息上相互封锁，都以自己掌握的信息为商业资本和私有财产，他们没有基于 Internet 的网络数据库，对自己所掌握的信息无法做到有效分析与检索利用，也无法达到信息共享的目的，首先获得信息的经营者可以借信息先机得到好处，但自己的渠道伙伴却因信息不灵而付出代价。渠道成员在信息上的互相保密增加了对方获取信息的成本，增加了商业交易中双方的不信任，双方为了在销售中不至于断货或积压都面临很大的经营风险。

传统流通模式的渠道成员关系以各自的利益最大化为目标，隐含的前提是使对方利益最小化，大多数情况下总是一方受益以另一方受损为条件。他们之间没有很好的协调工作机制，渠道成员所面临的是一个充满竞争而不宽松的外部环境。

同时，传统流通渠道环境由于缺乏 Internet 的支持，处于流通重要环节的企业往往只是被动地接受来自上一流通环节的信息，消费者更是很难了解到产品的真实用途及价格，只是盲目的接受供应商在电视或是其他新闻媒体上做的

广告，在这样环境下，处于流通环节中的批发商或是零售商可以很方便地操纵价格，单方面的维护自己的利益。同样，在这样的环境下，消费者的各种需求信息也很难通过环境渠道传递到生产商手中，从而生产商生产出的产品不能很好满足消费者的现实需要，整个流通渠道环境变得不协调，流通渠道受阻。

（二）电子商务下流通渠道环境以网络信息化为基础

电子商务时代流通渠道的技术环境是以计算机技术、通讯技术和网络技术为支点的技术要素平台，对流通渠道环境形成一种根本性的、全方位的深刻变革。信息化、网络化的优势，使流通信息在整个渠道环节中方便的传递，没有任何障碍，同时，处于流通渠道中的各方率先使用网络数据库，与联盟者和商业伙伴分享商业信息，从而使整个流通渠道变得协调，流通渠道畅通。作为相互协作的企业伙伴之间也运用 EDI 等先进技术，适时的进行数据的传递与交换，达到信息共享的目的。

对于上游的生产类企业而言，他们可以掌握准确的市场信息，同时，公开的信息渠道使他们方便地选择合适的原材料供应商与批发代理商。而对于批发商以及零售商而言，GPS、RF、POS 等先进技术的应用，使他们可以准确跟踪货物的动态信息，可以实现车辆、货物追踪管理，准确掌握配送信息，轻松获得客户产品清单、发票、发运标签、该地所存产品代码和数量等资料；随时了解市场销售信息，根据获取的相关信息，及时和供应商、生产商取得联系，及时根据市场变化调整生产计划。交易各方的协调工作，宽松的流通渠道环境，无疑给流通渠道的功能和效益带来很大帮助。

（三）消费者在电子商务流通渠道环境中占据主导地位

在以往传统流通渠道模式下，生产者与消费者合二为一，因此生产什么完全依据消费者个人的意愿，这一时期我们可以看作消费者主权经济的雏形。后来随着这种原始产品经济的纵深发展，即过渡到简单的商品经济以及后来相对成熟的商品经济，消费者主权在弱化，生产者主权逐渐在社会中占据着主导地位。由于社会生产能力和资源利用能力的制约，用于满足消费需求的商品相对稀缺，所以，生产者在经济活动中占有绝对的主宰地位，他们完全可以根据自身的状况组织生产，由此，生产者主权必然要在经济活动中占主导地位。

而市场经济首先是一种消费者主权经济，即消费者在经济活动中具有主宰的权力，表现在生产者从消费者的需要出发，生产什么、生产多少要服从消费者需求的变化。但是由于技术因素的制约，生产者不可能同消费者直接对话以获取足够的消费者信息，充其量只能根据中间商提供有限的消费者信息组织生产，所以此时的消费者主权只能停留于理论。而消费者主权在实践上的实现也因此成为各界人士关注的热点。人类需求的渐进是技术创新的根本动力，只要动力存在，技术创新就只是一个时间问题。信息技术革命也就是在这种背景下爆发的。在信息技术、网络技术的支撑下，渠道成员被紧密地联系在一起，快捷、低成本的信息获取与处理使得流通渠道成员与最终消费者可以进行双向交流，生产者完全可以根据消费者个性化的需求进行定制生产，消费者主权地位也终于真正得以实现。

（四）电子商务强化了流通渠道功能和地位

电子商务改变了传统的流通格局、业务模式，使传统商业的某些功能出现萎缩，部分批发商、代理商、零售商不断接受互联网带给他们的挑战，他们开始放弃传统流通中的部分业务，转而进军互联网开始新的商业交易。但这并不意味着传统流通渠道本身作用的削弱。相反，由于它增强了流通的直接性，大大扩展了流通的领域和范围，并强化了现代流通对生产和整个社会经济生活的功能作用，因而进一步提升了流通在社会经济生活中的地位和作用。电子商务使流通对生产活动的服务和组织功能增强。流通业借助网络技术不断向生产活动渗透，使得传统产业、行业间的分工模糊化，产销合一、批零一体的产销模式大量出现，凭订单采购、零库存运营、直接委托送货等业务方式开始形成，流通已渗透到经济生活的各个领域，发挥着经济运行的组织协调作用。新形势下的流通渠道功能更加完善，在商品流通中的地位也得到很大提高。

二、电子商务对传统流通渠道成本的影响分析

（一）传统流通渠道中商品流通成本分析

在传统流通渠道模式下，商品的传递经历了由生产商到批发商，再到零售商，最后到消费者手中的复杂过程，商品流通时间的增加势必增加流通中的各项管理费用，这其中包括商品的库存保管费用、运输费用、包装加工费用等。同时，由于信息传递不及时，往往会进行一些不必要的重复或是往返的运输工作，这些都会增加整个商品流通的成本。

流通信息的传递不畅，批发商、零售商针对消费者盲目接受商业广告的宣传效应，随意操纵价格，使消费者购买产品所耗费的资金远远大于产品本身的生产成本与价值，商品的流通成本增加，不可避免地出现部分商品处于短暂的滞销状态，而不能及时传递到消费者手中。商品流通渠道环节的增加，各级批发商或是广大的零售商为了自己的利润需要，对出厂的产品层层加价，使产品的零售费用大幅度上升，也直接导致整个流通渠道不畅，增加了商品流通的时间成本。

（二）电子商务降低流通渠道的时间成本

电子商务通过无纸贸易，大量减少商务活动（咨询、交易、财务、统计等）中时间的消耗，网上贸易在商务中的广泛应用，使企业能够在最短的时间内对商务信息作出反应，对具体的商务活动进行安排，以此提高了企业的运营水平。

电子商务减少了流通信息获取的时间。基于 Internet 的电子商务技术，充分利用网络化的优势，将信息传递的渠道变得更加直接与迅速，交易双方通过互联网发布供求信息，企业与企业之间还可通过 EDI 技术进行商务信息的直接交流，GPS 技术、GIS 技术对流通活动的有效监控，使有关货物运输时间、位置、批次等有效信息第一时间传递到企业。

电子商务减少了流通信息处理的时间，并减少错误信息的响应时间。RF 射频技术，POS 终端获取的商品条码信息，计算机自动对其进行处理，使得企业在同样业务的情况下，不必再像传统流通渠道中用纸笔的记录方式处理信息，使企业可以用更少的时间去处理业务，实现无纸化的交易活动。他们第一时间完成物品的发货、配送与运输工作，从而大大提高顾客的满意度。

电子商务减少了出错机会。传统纸质商业文件中一个错误可能要付出很大的代价，订单遗失也会给企业带来损失。使用网上贸易后，在网上贸易系统中大部分数据都是一次性录入，重复击键录入的次数很少，从而使出错机会减少提高了工作质量。同时网上贸易系统本身一般都具有一定的数据检错功能，一些信息源上的数据输入错误可以及时被发现，加上网上贸易在收到信息后就会发给信息发送者一份收到通知，可以及时发现漏发信息或信息中途遗失的情况。

电子商务缩短了商业交易时间。使用网上贸易后，文件处理速度得到很大程度的提高，信息交换的准确性也得到了改善。同时与邮寄（或其他形式的传递）有关的时间延迟被消除了，因而减少了发货延迟时间和订货周期，缩短了整个贸易周期，提高了工作效率，增强了企业的竞争力。

（三）电子商务节约流通交易费用

电子商务导致流通费用节约的革命集中体现在交易速度加快和流通时间缩短上。电子商务环境下新的流通模式通过网络将全球的生产者和客户（消费者）联系在一起，交易双方空间上的距离顿时消失了，交易者在网上解决从收集信息、签订交易合同到支付的整个过程，实体商品则由专业化的物流企业以最快的速度直接送至客户手中。

电子商务减少了信息搜寻的费用，在电子商务流通渠道中，互联网成为交易各方信息获取的主要渠道，他们不再需要经过复杂的商务交流活动，无论是生产商、批发商还是最终的消费者，他们都能够通过互联网搜寻到来自全球的商务信息，这对企业生产、配送以及销售工作是极大的帮助。

同时，网络交易的发展减少了文件处理费用。网上贸易通过电子单证和磁盘文件取代了传统的纸质文件，既节省了大量的纸张开支，又省去了对纸质文件打印、审核、修改、邮寄等花费。同时数据的传送由计算机网络来完成，也减少了数据的重复录入，因而降低了商业文件本身的成本及其处理成本。

网络化的流通渠道使商业贸易机会增加。交易各方直接在网上接受洽谈，可以很方便地完成商业协议的签订工作，网上贸易不仅仅是一种商业信息的快速传递手段，它在贸易中的应用直接导致了贸易方式的变革。这种贸易方式的变革促使企业内部改善了经营管理，树立了良好的企业形象，使企业在整个贸易过程中与贸易伙伴建立更友好更密切的合作关系，使企业可以选择更多的贸易伙伴，得到更多的贸易市场。应用网上贸易后，由于贸易程序的简化，商业交易周期的缩短，人工处理费用的减少以及资金周转的加快，产生了巨大的经济效益。

在电子商务出现以前，"用时间去消灭空间"并没有真正实现。经济全球化使市场越来越远，流通渠道不断被拉长，人类虽然拥有电话、传真等先进的通讯工具，但交易方式没有根本改变，传统的流通模式使流通时间难以提速，而电子商务真正实现了"用时间消灭空间"，使交易过程中所需要的信息流、商品流、资金流在网上一次性完成，流通时间大大缩短，它从根本上节约了流通中垫付的资金，极大地加快了资金周转速度。

传统流通模式具有资金密集型的特点，需要大量的投入，形成了高额的流通费用。电子商务环境下的流通模式使流通过程极大简化，中间商的减少使各种中间环节所需的费用省却了，结果是流通费用大幅度降低。

三、电子商务对传统流通渠道效益的影响分析

（一）传统流通渠道中流通效益分析

在传统流通渠道模式中，参与流通的企业面临的是一个"外部不经济"的环境，渠道成员的关系是以牺牲对方的利益来实现自己的利益，利润来自于向对方压价或抬价，如零售商与供应商之间的关系是一种利益对立的关系。零售商与供应商在供货价格上始终处于一个不稳定状态，零售商在零售市场竞争日益激烈、销售毛利率趋于下降的情况下，不断地向供应商进行压价，把供应商的让利作为自己利润来源之一。另外，零售商还不断地拖欠供应商的货款，进行无本经营，实现"拖欠出效益"。供应商则隐瞒自己的真实成本，以各种理由和手段变相涨价，以实现自己的利益最大化。双方在价格上进行博弈，都把渠道伙伴作为产生利润的来源，相互之间不能建立信赖的协作关系。

同时，渠道成员（供货商、中间商、零售商）在交易价格上不断地进行

博弈，各企业为了在与外部打交道中不至于陷入被动，都尽量完善自己内部的物流系统，都设有自己的库存，当一方增大库存时，其他渠道成员为防止自己在价格博弈中处于不利，不得不采取防范措施，增加了商品资金和库存费用。渠道成员之间的互不信任使其难以形成长期稳定的协作关系，各方在市场供求关系稍有波动或力量对比发生变化时就要进行重新谈判，各方为收集信息、谈判、签约、履约等交易费用很大。从而使整个流通渠道效率低，企业效益严重下降。

（二）电子商务提高流通渠道整体效益

电子商务环境下的渠道管理实现的是一种新的理念，即从追求单个企业自身利益最大化转变为追求包括所有渠道成员在内的供应链整体利益最大化，从单赢变为双赢或多方共赢。新的渠道管理是供应链管理，它不是从链条上的每个成员追求自身利益最大化出发去实现渠道资源的最优配置，而是从追求整个供应链管理的最优化来实现链条上每个环节成本最小化和利益最大化。电子商务导致流通企业重新建立相互之间的关系，局域网和供应链管理把渠道成员的利益联系在一起，在此环境下，每个成员的任何一个生产或销售信息都可以通过网络迅速地传递到所有成员那里，其他成员都可以据此调整自己的生产或库存，这种非常即时的信息共享使所有成员受益。这种新型关系给经营主体带来的利益有：（1）极大地降低了信息搜寻成本；（2）减少了企业为预防供求变化而设置的库存；（3）使渠道成员维系一种长期稳定的协作关系，减少因经常谈判、签约以及监督和执行合同而付出的成本。这是因为在网络经济中，参与的企业越多，网络的效率就越高，也就是说，当一个企业加入网络，参与电子商务交易活动后，企业的行为不仅给自己带来了收益，而且给社会带来更大的收益。

（三）电子商务增加流通企业市场价值

实施电子商务的流通企业从那些传统的"砖块＋水泥"的竞争者手中快速地夺取市场份额。他们把重心转移到维护客户关系上来，因此能够维持甚至增加客户忠诚度。同时利用它们自身的核心竞争能力，同它们上游（在供应链中）和下游（在需求分销链中）的合作伙伴，组成一个紧密连接的价值网络。

电子商务扩展并增强了企业的客户服务，提高了客户的忠诚度。企业就能从客户手中获得巨大收入，并进一步延伸与客户的密切关系。通过拍卖和动态定价模型，电子商务使得定价更为合理化。提高与客户交互的质量将增加现有客户的满意度，并且使得企业的产品和服务对潜在的新客户更具有吸引力。减少订单完成时间和客户购买时间（包括搜索、选择和购买）全面增加了客户价值。电子商务增加的敏捷度使企业更具有灵活力和能力，执行适应变化的战略和行动，对变化不定的竞争环境做出迅速反应，巩固市场地位。更为扩展的市场延伸性就意味着在全球范围内与更多的客户建立更好的联系途径。减少产品上市时间扩展了产品或服务的生命周期，并且增加了新产品和服务出现的数量。

在电子商务环境下，企业领导制定和交流决策速度快，使企业能够更方便地向外扩展。通过电子商务的品牌以及将品牌引入金融市场的方式增加股东价值，使参与流通的市场主体可以获得比以前更大的收益。

第二节 电子商务环境下流通渠道发展的前景与对策

一、电子商务存在的问题与面临的挑战

尽管电子商务流通渠道是未来的发展方向，但基于电子商务的发展现状和人们购物习惯的制约，并非所有的东西都适合在网上销售，很多人仍习惯于传统的眼见为实、亲自接触、左挑右选的购物方式，买东西图个放心，这让很多人将网购拒之门外。由于受人们传统观念和消费习惯的约束，在相当长的时间里人们还是只习惯于面对面的交易方式，与简单的网络购物相比，许多人更愿意去享受商场购物的乐趣，而不是单纯的购买到自己所需要的物品本身。

同时，网络交易支付安全问题备受质疑，有关网络信息诈骗的事件更是屡见不鲜，让人们对网络消费产生了不应有的恐惧感，整个社会有关电子商务的法律法规还不是很健全，许多电子商务交易争端问题未能得到有效解决，这诸多问题的出现给电子商务的发展带来了很大的阻力；互联网等基础设施的不健全，更是从硬件层次上严重制约着电子商务交易方式的进一步发展。因此电子商务的发展不能一蹴而就，也许往后的电子商务会随着网络经济的复苏而更加趋好，但是短期内要想真正把电子商务的市场容量扩大到足以支撑整个行业良性发展的状态恐怕非常困难，因为各种现实因素制约了电子商务的发展，流通业也不例外。

二、电子商务下流通渠道发展的对策分析

（一）渠道成员以互动联盟的形式进行有效沟通减少冲突

通过电子商务整合传统流通渠道，使渠道成员深化从利益共同体到命运共同体的认识。流通渠道本身就是一个战略联盟，其中服务意识、服务内容、服务手段起着关键作用。供应商的服务从产品研发开始，通过对渠道的全面支持

最终到达用户，以获得用户的认同为指向，处于流通渠道环节中的企业的服务同时面向上一环节的渠道成员和下一环节的客户，这个服务的链条使流通渠道联盟更加稳固。如惠普公司通过"提供解决方案"等增值服务来增强流通渠道的专业化和创造力。

流通渠道整合还通过借助与外界的联系实现多赢策略。如用友公司的"中国计算机用户协会用友分会"，通过与消费者结盟，更好地识别并满足消费者的需求。还有同生产商、供应商结盟以降低成本，减轻企业自身技术开发压力；与科研机构结盟获得人才、技术优势；与政府结盟获得人力、财力支持，加大产品的市场影响程度。

流通渠道整合后企业可以充分利用学界、传媒和政府的能力，在流通渠道和用户中普及推广现代流通观念，营造高效沟通的机制。流通渠道是包含多重文化的系统整体，沟通会引出中西文化、地域文化、企业文化之间的交流和交锋，对不同文化进行系统整合，增进亲和度，可以使流通渠道文化资源成为促进渠道系统提升的动力。此外，在流通渠道网络日益广布、流通渠道沟通成本成为商家竞技焦点之一的今天，流通渠道内实现信息交换、知识传递数字化，实现电子商务成为当务之急。有数据表明，营销渠道成本通常占一个行业商品和服务价格的15% ~40%，这个数字反映了很多企业通过改善流通渠道经营，提高企业竞争力和利润率的潜力。流通渠道已成为企业间竞争的一个重要砝码，而良好的沟通与流通渠道的整合正是这样一个市场竞争的利器。

（二）通过电子商务促进流通渠道的集成化发展

传统的多层次的流通渠道网络瓜分了渠道利润，而且经销商不规范的操作手段如竞相杀价、跨区销售等常常造成严重的渠道冲突，更重要的是经销商掌握的巨大市场资源使厂家对销售网络可控性差。在市场日益成熟，竞争日益激烈的情况下，厂家必须把更多的精力用在最终客户端，降低价格，做好服务，不允许用更多的资源支持原有的中间商，所以流通渠道的扁平化成为一种趋势。电子商务的优势在于减少了瓜分利润的中间层，降低了成本，可以以低价拉动消费者。同时对消费者的需求能够迅速作出反应，调整产品策略，市场的应变能力增强，从而增强竞争力。

积极促进流通渠道扁平化，优化供应链，减少供应链中不增值的环节，在实施扁平化的过程中必须因地制宜。对于厂家来说，重要的是根据不同的市场情况确定相应的产品推广策略，提升通路管理水平，发挥渠道的特点和长处。例如：美的家电的扁平化模式是推行"大户激励机制"，在各个区域培养少数的销售大户，缩短整个销售通路的长度，厂商之间加强联系，将管理、营销等运作渗透到经销商，并强化合作与协调，提高网络的市场应变速度。同时将经营和通路管理的重心下移，从省会、经济发达地区逐步向地市县一级推进，筛选有潜力的二级经销商加以扶植成为经销大户。再如：海尔的模式是建设自己的分支机构，建立销售网络和产品流通渠道，发展零售商。由于各地营销中心的存在，海尔有能力严格选择零售商，并配合产品的销售与流通，举行多种宣传促销活动，为维护品牌形象和规模化发展打下了良好基础。这种模式可以取消了不必要的中间流通环节，有效降低了流通渠道成本，厂家真正拥有属于自己的流通渠道网络，有利于对流通渠道网络的控制与管理。

（三）加快电子商务软硬件设施建设并促进流通观念转变

当前，基础设施不完善给电子商务发展所带来的障碍是显而易见的，所以加快电子商务软硬件建设势在必行。网络交易支付手段多样化，支付体系的安全可靠性，将是推动电子商务发展的有效途径。网络商务信息获取的真伪性更需要有强健的法律制度与社会舆论信用体系作保障。

互联网是人们接触并使用电子商务的必要途径，互联网的发展与普及程度成为制约网民数量的关键因素，上网人数比例大小，将直接影响电子商务功能的发挥。只有让更多的人了解互联网，成为互联网的追随者，电子商务才能更好地发挥其在社会流通中的信息网络优势，推动流通渠道的良好发展。

开展电子商务不仅仅是建一个网站那么简单，维护网上业务的一系列服务体系，物流配送、客户关系处理等都是比较棘手的事。电子商务不是仅仅借助于网络这一虚拟平台或载体或媒介，而是依托于一个全新的开放式的不断变化的打破时空的商务环境。正像传统商品流通一样，服务是用户相对于价格、产品、技术、功能、品牌等因素而言更关注的买点一样，电子商务环境下，服务仍是不变的经营制胜法则。现阶段单纯的网络营销的推广和应用还带有超前性，所以面临的前景也不容乐观。完善物流基础设施建设，为电子商务提供有力的物流支撑，才能提高电子商务交易效率和服务水平。

片面夸大电子商务而放弃对传统流通方式的研究与探析，将会导致电子商务单纯的营销推广的超前性，而没有实质性的进展。电子商务与传统渠道的完美结合，营销主体的动力机制和压力机制才能真正启动，进而形成多元化的渠道经营策略，实现全社会商品的多渠道经营。这也是未来最主要的商业流通模式。

电子商务在流通渠道中的发展与应用的实践表明，以信息网络技术为代表的电子商务对流通渠道的影响绝不仅仅表现在交易方式的变化上，更重要的是，它将带来流通渠道成本的节约、流通渠道效益的提高。电子商务信息化优势，使流通的速率性、时效性较之于传统流通渠道有了较大的改善，传统的流通渠道结构面临调整，尤其是批发商、零售商、代理商地位的重大改变，它引发了从生产、配送以及销售领域演进而来的以互联网为信息传递中心的流通渠道革命。因此，企业传统流通业务必把互联网作为走向未来的媒介，提高自身竞争能力，创新经营，与时俱进。

许多实践证明电子商务必将成为流通渠道现代化的必由之路，只有实现流通渠道的电子商务化，才能让流通渠道的功能在现代的社会经济发展过程中扮演更为重要的角色。同样，企业如果不开展电子商务，就必然会在竞争中失去优势，而不能得到长久的发展，只有运用电子商务的信息化、网络化优势，充分利用互联网作为我们信息传递的通路，才能更好地提升对顾客的服务水平，提高流通渠道的效率，提升企业的综合竞争力。电子商务与传统流通渠道的完美结合，将成为未来流通渠道发展的一个重要方向，成为未来最主要的商业模式。只有在这个原则下，富有活力、畅通无阻、有序高效的宏观流通渠道才能形成，否则好似"伐根以求木茂，塞源而欲流长"。

同时，电子商务的发展不宜激进急退，这样反而不利于该行业的长期发展，只有结合自身实情，循序渐进的实施，才能够最终夯实这个商务平台。国家要从宏观上加强对电子商务协调和指导，创造适合于电子商务发展的有利条件，以更好地推动电子商务在商品流通中功能的发挥。电子商务只是一种工具而不是承诺，这一工具已在全世界范围内得到应用，企业走向电子商务是必然的趋势，谁利用得好，谁就能通过它创造效益。

三、电子商务对贸易影响的机制

电子商务对贸易的影响机制十分复杂，它既有信息化技术创新的影响，又有交易模式创新的影响，还有所引起的商流、物流、资金流关系发生变化的影响，随着电子商务的发展，新的机制还在不断发生，以下六个方面的影响机制是值得注意的。

（一）电子商务创造了全新的商业平台

商贸业几千年来的变化始终是在一个平台内部更新业态和创新组织，传统平台的本质没有变。而电子商务则创造了一个全新的贸易平台——虚拟贸易平台，形成两大平台共存和竞争的局面。虚拟贸易平台具有开放性、全天候、容量巨大、信息充分等特点，以全新的理念经营并向传统贸易平台发起挑战。

在零售业，形成了网上商城、网店、虚拟超市等虚拟贸易平台，使消费者足不出户即能够在丰富多彩的商品世界享受购物乐趣。在批发业，虚拟贸易平台形式大致有两种：一种是在实体市场的基础上发展起来，如义乌中国小商品城、绍兴轻纺城等，建立了自己的网上市场，市场经营者在线下和线上同时搞批发，生意逐渐向网上转移，实体批发市场萎缩，有的甚至完全取代实体市场，如金蚕网；另一种是直接建立在网上的行业电子商务网站，如化工网、钢铁网等，与实体批发市场、批发企业形成竞争。在国际贸易领域，出现了阿里巴巴、环球资源、敦煌网等网上国际贸易平台，这些虚拟贸易平台不仅为客户提供信息与交易的场所，而且提供国际贸易的一站式服务，从而提高了效率，增强了便利性，使大量中小进出口企业向虚拟国际贸易平台集聚。

虚拟贸易平台壮大导致传统平台地盘缩小。值得注意的是，电子商务平台不仅在夺取传统商业的市场份额，它也会创造新的需求。据统计，网购中39%是传统的消费，61%是新增消费。

（二）电子商务改变了贸易空间集聚方式

虚拟贸易平台的壮大使实体贸易中心的作用减弱和地位下降。实体零售商业随着光顾客流的减少出现去中心化趋势，一些商业中心趋于萧条，有的甚至面临关门；批发市场在交易不断向网上转移的情况下出现去实体化趋势，成千上万的经营者集聚一地的经营模式与网上市场相比成本高昂，批发业电子商务的发展将逼迫有形市场转型；国际贸易出现去都市化趋势，虚拟国际贸易平台的形成使交易者以及各种贸易服务机构在网上集聚而不再必须进驻大都市，使得实体国际贸易中心地位下降，国际贸易网站不受实体国际贸易中心城市的体量和资源局限，大都市作为国际贸易中心载体的模式将受到挑战。

零售业去中心化、批发业去实体化、国际贸易去都市化的"三化"趋势对传统商贸业的影响巨大。它在改变贸易集聚的基础，传统贸易的优势是空间集聚，不管是批发业、零售业还是国际贸易中心，集聚产生规模优势，降低交易成本，促进贸易的发展壮大，形成现代商贸业的形态。集聚一旦被瓦解，传统贸易（商业）的基础就动摇了，商贸业将面临空间的形态重组，其格局、组织、业态、规模都将发生变化。

（三）电子商务改变了贸易的流向

电子商务使得贸易的流向发生变化，表现最为明显的是零售业，以往是消费者向商业中心流动，人流和商流、物流是结合在一起的。网购的流行则变为商品向家庭或消费者流动，零售商从"坐商"变为"行商"，物流代替客流，物流和商流、人流分离。

在批发市场也有同样趋势，网上批发市场的形成使买者可以不再前往实体市场，以往人流与物流的双向流动变为物流的单向流动，物流更加重要，智能物流也随之发展起来。

在国际贸易方面，进出口企业可以通过虚拟贸易平台实现国际贸易的全部流程，不一定通过国际贸易中心城市，商流和物流的流向都发生变化。

贸易流向的改变导致以谁为中心发生了变化，过去是以商家为中心，表现为商业街、批发市场、贸易大都市为中心，电子商务出现后是以消费者、客户为中心，发生逆向流动。贸易流向的改变最大的效应是带动物流业大发展和升级。

（四）电子商务创造了新的商业模式

电子商务导致一系列新的商业模式应运而生。在零售业，电子商务导致许多实体零售企业触网，形成网上与网下结合的 O2O 模式，O2O 模式同时也来自于一些向网下延伸的电商企业，"全渠道"零售正在成为一种新的经营理念，O2O 模式在重塑零售商业。搞 O2O，电子商务企业与传统零售企业都有积极性，对实体商店来说，与其成为别人的"试衣间"，不如自己也搞电子商务。对网上商店来说，没有网下实体店，总是缺少地气，实体店的体验可以克服网店的许多短板。未来的零售业，面临体验和降低成本的双重需要，不开实体店不行，没有网络平台也不行，O2O 正好能够解决这个矛盾。所以搞 O2O 是电商和传统零售两边一起发力。

未来凡是有条件的实体零售企业都会建网站，借助网络来巩固自己的阵地，扩大自己的影响，实现 O2O 模式。许多大商场甚至商业街都在建立免费的 Wi - Fi，消费者一进入就可以接到该商场的信息，进行导购。今后的商业是立体的，是实体和虚拟空间的结合。

在国际贸易方面，跨境电子商务成为新的模式，它降低了外贸门槛，使大量小企业能够方便的进出口，融合了国际贸易与国内贸易，零售贸易与批发贸易，以环节少、交易灵活而大行其道。跨境电子商务打破零售在国家之间的障碍，跨国购物变得简单。

（五）电子商务创造了新的贸易支付手段

电子商务发展经历了三个阶段。第一阶段是零售渠道的竞争，网店与实体店拼价格，网购价格便宜加上送货上门，符合了年轻人追求便宜和便捷的特点。第二阶段是物流渠道竞争，网站之间拼物流，谁送货及时谁就获得客户，各网站纷纷兴建自己的物流基地和快递网络。第三阶段是支付渠道竞争，大电商之间拼支付，谁把支付手段控制在手里，掌握资金流，就能获得最大的市场。未来的商业是以消费者为中心，谁拥有消费者谁就得天下。由此产生了"嘀嘀"与"快的"的补贴大战，不惜大把烧钱，在其背后是两个电商大佬——腾讯与阿里巴巴为争夺支付权的竞争，目的是培养用户习惯，围绕移动支付衍生出上下游产业链。

在零售业，电商企业创造了支付宝、手机支付等新型支付手段，它不仅为网购提高了安全保障，推动了网购快速发展，而且新型支付手段通过俘获消费者而扩大使用范围，大电商企业的算盘是以拥有采用自己支付工具的消费者为筹码，作为与实体店合作的资本，倒逼线下零售企业成为支付宝等的接受者，与实体零售企业分享利润。电商企业的支付手段很可能使实体零售商成为其附属。

移动支付有巨大机会，移动钱包会是个人金融的重要入口。以支付宝为例，使用支付宝钱包应用软件，从最初的转账、网购支付，已经扩展至信用卡还款、餐饮支付、旅行订酒店、缴纳水电费、医院挂号，甚至慈善捐款、汽车违章缴纳罚款等。

（六）电子商务导致信息流主导商流

在流通的"四流"中，过去一直是以商流为主导，电子商务的发展使信息流越来越具有主导商流的趋势。电子商务的高度发展形成了各种引导消费的网站，如点评网、团购网、比价网、签到网等，这些网站对消费者消费选择具有导向作用，商贸和服务企业被此类网站的信息流所左右，商流从属于信息流。以前商流虽然也受信息流影响，但商流是主导，信息企业服务于商贸企业，而未来则可能是信息类网站决定商业企业的命运。

信息流决定商流不仅出现在网络信息平台，而且还有更新颖的大众创意平台，成千上万的消费者在这个平台上能够根据自己的意愿来共同创意、设计、生产和定价，信息流真正成为一种决定销售和生产的导向，小米手机就是这种模式的代表。

从2009年起，大批淘宝服装店铺利用信息化优势开始了自己的转型之路，从"进货卖货"模式转为发展原创，组建以信息流为龙头的产业链。仅仅用两年时间，淘宝网上众多服装店铺就以惊人的速度组建了从设计、生产到销售的完整产业链。淘宝的加工厂通过与互联网对接，使得小批量原创的门槛降到最低。

电子商务是通过对贸易的各种要素发生作用，从而改变了贸易的内在机制，对传统贸易产生颠覆作用，并萌生新的商业模式。

除此之外，电子商务还在改变贸易的区域格局。近年来，有些省市的社会消费品零售总额增幅减慢甚至下降，原因是当地部分消费被电子商务抢走了。网购导致零售格局发生变化，一些大型网站所在地的城市或电子商务发达的省份通过大量卖出商品，社会消费品零售总额超常增长，电子商务发展落后的城市和地区居民通过网购从外地买入商品，社会消费品零售总额算到了外省市头上。未来各地的社会消费品零售总额失真的程度会加深，因为它不是与当地的人口及消费支出成正比。在社会消费品零售总额统计上，省市之间的不平衡会加剧。中小城市的某些商业中心和业态会萎缩，商业将按照电子商务发展的趋势在全国重新布局。

四、电子商务对贸易影响的理论创新

电子商务对内外贸易影响的机制将导致零售业、批发业和国际贸易发生深刻的变化，这种变化既体现在实践方面，也体现在理论方面，导致理论创新。

首先，引发流通理论的创新。电子商务导致流通的各个"流"的关系以及贸易流向发生变化：一是网购使得物流代替客流，人流与物流分离，零售商从"坐商"变为"行商"；二是信息流主导商流，大众信息平台网站引导消费者行为，商家被电子商务网站支配；三是资金流引导商流，大型电商利用新的支付手段控制消费者的消费方向对商家施加影响，最终将实体商业转变为电商的附属。上述变化亦导致传统的贸易渠道和组织理论受到挑战，电子商务的出现引起交易方式的变革，最终导致工业革命以来建立的流通基本格局被打破，商流、物流、信息流、资金流的关系重新确立和定位，与此相关的流通渠道理论、商贸企业组织理论将改变。

其次，贸易产业的空间集聚理论将重新审视。几千年来商业一直以集聚为特征，商圈的产业集聚体现了规模经济优势和范围经济优势。然而，电子商务和网购的发展正在演绎相反的趋势，消费者不再往商业中心集聚，商人不再向市场集聚，国际贸易不再向贸易中心城市集聚，商贸业呈现去中心化的趋势。电子商务在改变贸易的空间集聚，这将对产业集聚理论进行重新审视。一旦传统商业和贸易的空间集聚方式被改变，它对传统贸易的颠覆是革命性的，整个商业的渠道、组织、业态、结构、载体都将发生史无前例的变化，未来的贸易格局有可能按照一种新的虚拟集聚理论来构建。

第三，流通的成本理论和效率理论将发生改变。传统商业贯彻的是以商家为中心，零售商或批发商将买家吸引到一个商业中心进行交易以实现最低经营成本；而电子商务则是反其道而行之，以买家为中心，商家通过向顾客送货上门以实现利润最大化。商家从"坐商"变为"行商"，这种看似违背成本节约的经营方式正在大行其道。这是对商业经营成本理论的一种颠覆，不断"烧钱"的电商企业行为需要有新的成本理论来解释。

第四，内外贸一体化理论的创新。跨境电子商务的蓬勃发展使内贸与外贸、批发与零售的界限模糊，跨境电子商务既是零售，又是国际贸易，零售国际化成为潮流，它弱化了传统的内外贸区别。网上贸易平台的出现使国内业务与国际业务、批发业务和零售业务具有融合的趋势，内外贸一体化在电子商务的大潮中酝酿新的模式，其意义不仅在于发展跨境电子商务，而且对促进内外贸两个市场、两种资源的转换都带来深远的影响。

五、网络化与电子商务发展对批发业的影响

批发与零售的分工是商品流通发展到一定阶段的客观要求。随着商品交换的发展，商品流通的时空距离日益扩大，使得同一商品经营者独立完成商品由生产领域到消费领域的整个流通过程的成本费用太高，因此，在商业的内部就出现了分工，一部分经营者专门负责从生产商那里采购商品，再将商品转售给其他批发商和零售商；而另一部分经营者则专门负责从批发商那里购进商品，然后销售给消费者。批零分工使整个流通过程的费用降低，从而提高了商品流通的效率。

批零分工之所以能够节约流通费用，就在于批发活动的规模经济效益。无论是对生产商还是对零售商来说，单个交易的规模太小而且交易的次数太多，使交易的成本大大增加而变得不经济。与零售商不同的是，批发商可以大批量地向生产商进货，这样生产商可以将商品集中卖给批发商，从而减少了交易次数；而零售商则可以从批发商那里一次购进多种商品，同样也减少了交易次数。由于生产商和零售商通过批发商进行交易而遭受的价格损失要小于其所节约的成本，因此，批发商的存在也就有了客观的经济基础。

按照制度经济学的理论，批发商存在的原因就在于它使交易费用得到节约。交易费用是指信息的搜寻费用和与契约的制定、履行等有关的费用。无论是生产商还是零售商都有成千上万，而各种商品更是数不胜数。因此，由生产商去寻找零售商，或是由零售商去寻找生产商，都要花费极高的信息搜寻成本；然后再由生产商与每一个零售商、零售商与每一个生产商分别签订交易合同，并监督合同的履行，使得制定和履行契约的成本也非常高。而批发商的存在则省去了生产商和零售商的信息搜寻成本，同时也大大降低了他们的契约成本，使交易费用得到节约。更低的交易费用促使了制度的变迁，形成以批发商为中间环节进行流通的制度安排。

然而，网络经济与电子商务的出现，使传统批发商赖以存在的基础产生了动摇。网络的出现使得信息的沟通变得更为便捷，信息不对称的状况发生了根本性的转变，原来费用很高的信息搜集和传递活动的成本大大降低。这一变化导致了企业组织和经营方式的重大变化，企业开始将一些由市场承担的职能内部化，其中包括商品流通中的批发职能。在网络化条件下，一方面一些大的生产商越来越倾向于生产与流通的一体化，建立自己的销售组织来负责产品的销售，以便更有效地控制市场；另一方面零售商则通过建立连锁组织，实行集中采购和统一配送，以加强对进货渠道的控制。一体化和连锁化的发展，使传统批发业的职能被取代，导致传统批发业的危机。

实际上，在发达国家，生产企业的一体化和零售企业的连锁化早在上个世纪的 60 年代至 70 年代就开始了，致使批发业的机构数量和经营额相对减少。而 20 世纪末的信息网络技术革命则大大加快了生产商一体化与零售商连锁化的进程，使批发业面临更加严峻的挑战。这就迫使传统批发业通过变革和创新，以适应客观环境的变化，在网络化的条件下求得生存和发展。

六、网络与电子商务背景下批发业的职能再造

传统批发业的职能主要集中于商品的集散上，即批发商把不同的生产商生产的产品先集中起来，然后再将其分散到众多的零售商手中。然而这种职能已经被生产商的直接销售和零售商的自行采购所取代，网络的使用降低了生产商和零售商自行组织销售和采购的成本，在此方面，传统批发业已无优势可言。唯一的出路是进行职能转换，以其更具有成本优势的流通职能来重新赢得自己的市场地位。

从理论上分析，流通包括了商流、物流和信息流三种物质的运动，是三流的统一。传统的批发业事实上同时承担了这三种职能中的前两种，即商流和物流的职能。信息化的发展促使三流的分离，使其成为三个相对独立的过程。网络的出现克服了生产商和零售商之间的信息障碍，使交易变得更容易、成本更低，促使了生产商和零售商绕过批发商而直接进行交易，从而取代了批发业的商流职能。然而，网络改变的只是商流的交易成本，而对于物流过程来说，规模经济的法则并没有改变。因此，在网络化的条件下，物流职能与商流分离，形成了以物流配送为其基本职能的现代物流业。而物流业的出现，使传统批发业的物流职能又被取代。由于传统批发业在商流上与一体化组织的销售部门相比不具有成本优势，在物流上与专业的物流中心相比也不具有成本优势，因此批发业必须对自己在网络化条件下的流通职能进行重新定位，将其转换到新的具有成本优势的方面上去。我们认为，在网络经济和电子商务的背景下，批发业最有可能确立成本优势的流通职能是信息职能。网络时代的批发业应放弃以商流或物流为中心的职能定位，而将信息职能作为自己的核心职能。批发业要由一般的商品集散中心转变为信息集散中心；由提供一般的商品交换服务转变为提供信息管理服务；由一般的商业转变为流通信息服务业。

（一）信息服务业将是网络化条件下最有发展潜力的产业

信息网络技术的革命，使信息服务业成为未来最具有市场发展潜力的一种产业。在网络时代，最重要的生产要素不再是自然资源，不再是劳动力，也不再是资本，而是信息。谁能最先获得全面、真实的信息，并将其转变为有用的知识，谁就能取得先机、赢得主动。因此，网络时代的企业竞争，在很大程度

上是信息获取、信息处理和信息使用的竞争。网络化固然为信息的传递和获取提供了更为便捷的条件，使企业更容易获得其所想要的信息，但原始、无序的信息本身并不是生产力，由信息到生产力的转化，还依赖于企业对信息的处理及应用。但是，并非所有的企业都有充分的信息处理及应用的能力，而信息的处理及应用同样具有一个经济规模的问题。对于一些大型的企业，可以建立大规模的信息处理系统，雇用一些高水平的信息管理专家，从而对所需的信息进行有效的管理；但对大多数中小企业来说，花巨资购置昂贵的计算机信息处理设施，聘请高水平的专家，均非其能力所及，并且即使做得到也将是不经济的。因此，对于中小企业来说，将这些信息职能分离出去，请一些专业化的公司为其代理，可能是更好的选择。正因为如此，一些专家预言，在网络时代最受欢迎的同时也是最有发展前途的行业之一将是信息服务业。而信息服务业并不只是指计算机网络及软件公司，也不一定都必须是新组建的企业。一些传统企业，如批发企业就完全可以通过职能的转换和技术的改造，跻身于信息服务业的行列。

（二）批发业提供流通信息服务具有得天独厚的有利条件

相对于其他行业，批发业是最有潜力成为专门为企业的流通活动提供信息服务的行业。对于生产企业和零售企业来说，网络化虽然可以帮助其寻找交易对象，更容易达成交易，但电子商务远不只是像寻找买主或卖主那样简单。电子商务的作用，更主要地表现在信息的管理过程，包括数据库的建立与管理、企业业务流程的再造以及供应链管理、客户关系管理等。同样，对于绝大多数企业，尤其是众多的中小型生产企业和零售企业来说，导入电子商务，由传统商务转变为电子商务，并非是一朝一夕的事情。而网络时代的法则是先者为王，赢家通吃。因此，目前企业急需一些专业化的信息服务公司，以帮助其尽快地完成电子商务的导入与适应过程，取得网络时代的通行证。现在这项工作主要是由一些计算机软件及网络公司来承担。但这些公司的专业优势在于信息网络基础设施的建设，而将这些基础设施有效地运用于商品的流通过程并进行科学的经营决策和营销管理则不是他们的特长。相比之下，批发业由于处在流通领域，长期从事商品的流通活动，具有丰富的商品流通的知识和经验，因此，只要批发业能够及时地适应和掌握网络经济的规则，用计算机信息网络及电子商务技术武装自己，就能为生产企业和零售企业提供更有价值的信息技术和电子商务服务，从而填补网络、软件企业留下的空白，创造出自己不可替代的市场价值。

（三）网络时代依然需要具有信息内涵的中介流通服务

尽管信息网络技术的发展使生产商与零售商之间的直接交易大为增加，但生产商和零售商依然需要具有信息内涵的中介流通服务。网络时代的商品流通与其之前的商品流通的一个根本性区别在于，过去的商品流通是商流主导物流和信息流，而今天的商品流通则是信息流主导物流和商流。现代消费者需求的种类和变化频率大大超过以往，而生产商和零售商必须以灵活有弹性的销售系统来满足复杂多变的消费者需求。传统批发业由于其僵化、缺乏效率的经营体制而无法再满足生产商和零售商的要求，迫使生产商和零售商不得不自己开辟更有效率的渠道系统来承担原本属于批发业的流通职能。然而，如果批发商通过职能的转换和功能的再造，充分满足生产商、零售商的要求，并且能够提供比生产商和零售商自主渠道更有效率的渠道系统，那么批发商就有可能重新得到生产商和零售商信任，成为生产商和零售商的合作伙伴。问题是批发商要想满足网络条件下生产商和零售商的要求，光靠商流和物流系统的改进是远远不够的。因为此时的生产商和零售商所需要的并不是简单的商流和物流服务，而是具有充分信息内涵的商流和物流服务。因此，网络时代的批发业必须首先具有信息功能，在广泛地信息搜集、信息处理的基础上将信息管理的结果融汇于具体的商流、物流业务。有了信息服务的支撑，批发业的商流、物流服务也就有了新的价值。此时，批发业所提供的就不再是一般的流通服务，而是流通信息服务；批发业也就不再是一般的商业企业，而成为具有信息功能的信息服务业。由于批发业的信息服务是一种集成化、规模化、专业化的服务，因此，这种在信息功能基础上构筑的新的渠道系统，必定比生产商和零售商自己的销售系统更有效率，同时成本更低，从而成为一种具有竞争力的新的渠道形式。

七、网络与电子商务时代批发业的营销战略调整

网络化与电子商务的发展对传统批发业是一次严峻的挑战，批发业必须按照流通信息服务业的职能定位，进行业务流程再造，并按照网络经济的法则实施新的发展战略。

（一）批发业要用现代信息网络技术武装自己，实施信息化战略

批发企业要成为流通信息服务业，其自身必须首先实现信息化。批发企业要运用计算机网络技术建立企业内部与企业外部的信息网络及信息管理系统。一方面，企业通过内联网连接营业、配送、商品、管理等部门，从订发货、结算处理，到货物的进出库、分拣、包装等，实施自动化控制和管理，提高企业内部的作业效率；另一方面，建立和完善批发企业与生产企业、零售企业的局域网络，把联机订货系统、商品在库管理系统，以及供应链管理系统、客户管理系统等有机地结合起来，以即时服务满足零售业少量、多频度订货的需要，同时及时为生产企业提供市场变化信息，指导其随时调整生产计划，适应市场

需要。批发企业应根据信息化的要求进行业务流程再造，消除企业管理和业务流程中的不合理部分，建立新的组织和管理系统，实现企业业务活动的合理化和科学化。

（二）批发业应突破自身的局限，通过建立策略联盟重新整合资源

生产企业和零售企业曾经以一体化战略给批发业带来了极大的冲击，但一体化绝对不是生产商和零售商的专利。批发业同样也可以通过一体化来整合资源，与生产商和零售商的一体化相抗衡，但前提是批发业的一体化要比生产商和零售商的一体化具有更高的效率。批发企业一体化的对象即可以是生产商，也可以是零售商，还可以是其他的批发商。

批发业一体化的作用主要表现在：（1）资源互补效应。一个企业的资源是有限的，同时企业的各种资源的水平是不均衡的，这就使企业的一些优势资源得不到充分地利用，而一些劣势资源又成为企业发展的瓶颈。实行一体化，将不同企业的资源加以重组并为所有成员所共享，这样可以突破单个企业资源的限制，实现企业间优势资源的互补，从而提高资源的利用率。（2）规模经济效应。批发企业经营规模的扩大，将有助于降低经营成本，取得规模效益。但依靠自己资本的积累来进行规模扩张是困难的，而一体化则为批发企业扩大经营规模提供了一条捷径，使不同的企业通过产权关系或契约关系结为一个整体，从而达到扩大经营规模的目的。（3）范围经济效应。对批发业来说，一体化不仅具有规模经济效应，还有范围经济效应。特别是不同类型和不同业种的批发企业实行一体化，可以扩大企业的经营和服务范围，从而对不同业态的零售业具有更大适应性，这将有助于提高批发企业的市场竞争力，同时也增加了企业对市场风险的防御能力。

（三）提高批发业的组织化程度，大力发展以批发企业为核心的连锁化经营

连锁经营在零售业中已广泛被采用，并被作为规模扩张的有效途径。而连锁经营的方式同样也可以为批发业所借鉴，特别是一些小型批发企业，连锁经营更是使它们走上组织化道路一种重要手段。批发业的连锁经营，不仅可以在批发企业与批发企业之间进行连锁，还可以以某个大型批发企业为核心，与众多零售企业的连锁。这样，当连锁达到一定的规模，作为连锁组织核心的批发企业就拥有了稳定的销售渠道和业务终端，从而保证了自己业务的维持和发展。与一体化相比，批发企业的连锁组织不仅强调协作，更强调分工，这就使作为总部的批发企业更能发挥出其信息中心、物流中心和管理中心的作用。

（四）强化流通过程对生产的主导作用，努力开发和发展批发商自有品牌

现代市场竞争已经演化为品牌间的竞争，谁拥有强有力的品牌，谁就拥有了市场的主动权。品牌化战略，就是由批发企业建立和打造自己的中间商品

牌，并通过自己的销售网络销售自有品牌商品（PB商品）。在发达国家，品牌化经营已经受到零售业的广泛重视，许多著名零售企业都拥有自己的品牌。而批发商创建和使用自己的品牌，同样也能给企业带来许多利益。这些利益主要体现在：①有更多的价格控制权。批发企业拥有自己的品牌，就拥有了对商品的控制权，其中包括对商品价格的控制权。这样，企业就能够更加灵活地根据市场需求的变化制定商品销售价格，而不再为生产商所左右。②得到更高的销售毛利率。一些大型批发商可以通过垂直一体化来控制制造商，或者利用批发商自有品牌的声誉，在同供应商进行讨价还价中占据优势，取得较低的进货成本，同时批发企业又能利用其自有品牌的声誉制定高于普通商品的售价，因而一般能获得较高利润。③提高批发商的声誉与企业形象。当批发商通过有效的营销策略使自己的自有品牌成为知名品牌，自有品牌的良好声誉反过来又有助于提升批发商自身的形象，从而吸引更多的零售商与之交易并成为企业的稳定客户，有利于业务的不断扩大和发展。④对生产过程进行直接的控制。批发商自有品牌商品一般采取定制的方法，由批发企业选择专门的制造商进行生产。在这个过程中，批发商要与供应商详细约定产品质量、规格、型号等条件，签订具有法律效力的定制合同，并进行专门采购，以便更好地对商品的生产进行控制，保证商品的品种、规格、质量等方面更加符合消费者的需求。

（五）批发业应适应经济全球化的时代潮流，积极推行国际化战略

当今世界已进入一个全球经济一体化的时代，而网络经济和电子商务的发展更加速了全球经济一体化的进程。在零售业，国际化经营较为普遍，一些国际知名企业如沃尔玛、家乐福、麦德龙等实施国际化战略已取得巨大的成功。相比之下，批发业的国际化经营显得比较滞后。其中一个原因，是因为国际贸易主要以批发的形式进行。因此，对批发业来说，国际化经营似乎已不成为问题。然而，传统的国际贸易只是国际化经营的一个方面，而且是国际化经营的一种比较简单的形式。同样，在国际商品流通中，为适应消费者需求日益复杂多变的特点，也存在着加快流通速度、缩短流通渠道的要求。为此，批发业应该改革国际贸易的方式，除传统的通过中间商的大宗贸易外，还应开辟新的国际化经营形式，包括在国外投资建立分公司，以特许经营的方式在国外发展连锁企业，利用现代信息技术建立国际性的物流配送网络等。实施国际化战略必将大大拓展批发业的市场空间，使信息化的优势发挥到极致，从而为批发业赢得更多的生存、发展机会。

第三节　电子商务环境下批发市场演化趋势

互联网和电子商务的出现对传统贸易形式产生了新的冲击，使批发市场的发展增加了更多的变数，从而更加引起各方面的关注。

一、批发市场与电子商务的冲突

电子商务是一种能够使交易双方互动的适合远程化、全天候的交易模式，具有低成本、高效率的优势，被看成是商业模式的一场革命，国内外许多专家预言传统的商业业态和交易模式由此将发生深刻的变化。那么，电子商务是否会席卷批发市场，对其实现全面取代呢？批发市场引进电子商务是顺理成章的。但在现实中，电子商务在批发市场的应用存在着一个冲突，市场的管理者想要把电子商务引入市场，以提高市场的信息化水平、管理水平和交易效率，而市场的卖者与买者则不太愿意接受电子商务。其原因是批发市场的商品大都是没有统一规格型号的非标准化产品，花色品种众多、款式不断翻新、质量不太稳定，这类商品需要当面检验款式和质量。电子商务现在还难以做到这一点。由于批发市场经营同类商品的经营户数量众多、竞争激烈，经营者一般都不愿暴露自己商品的价格，而愿意采用当面议价的方式。这种方式不适用电子商务，因为电子商务通常要求公开价格。

批发市场赖以生存的重要条件之一是长期以来实行的定税制。这种税制掩盖了经营者实际销售额，使批发市场的经营者得以低成本经营。电子商务的引入将对销售额有所记录，甚至有可能危及到定税制，这是经营者所不希望的。

除此之外，批发市场的经营者文化层次不高，对网络和电子商务不熟悉，习惯于采用传统的交易方式；另一方面，批发市场的需求者大都是小商贩，他们更愿意使用传统的交易方式。

需要指出的是，批发市场不同于零售企业，它不是由一个法人统一经营，它虽然也有类似零售企业那样成千上万种商品，但分属不同的经营者。对每个经营者而言，他的商品品种并不复杂，甚至十分单一，经营者都有稳定的供应商和一批客户，不需要像零售企业那样采用电子商务对商品进行采购、库存、配送和销售管理。

因此，当我们看到电子商务在大型连锁企业运用得相当成功的时候，都不能够简单地将其延伸到批发市场。批发市场是一种具有"三低"特征（低成本、低价格、低市场地位）的交易组织形式，作为一种流通组织和渠道，具有竞争优势。电子商务的出现虽然对批发市场产生了潜在的威胁，但批发市场不会被电子商务全面取代。

二、批发市场与电子商务结合的形式

尽管电子商务在批发市场的运用有阻力，但电子商务已经在各类批发市场发挥作用。根据电子商务与批发市场结合程度的不同，目前批发市场发展电子商务有四种类型：

第一类是将电子商务与批发市场融为一体，成为比较完善的批发市场电子商务模式，以嘉兴的中国茧丝绸市场为代表。市场采用会员制形式在网上交易，现在已有会员单位 120 家，代理客户 1000 余家，联系企业 2000 多家。中国茧丝绸市场通过金蚕网站交易平台，在网上订立合同；合同订立后，卖方将货交到市场指定的第三方仓库（现已在嘉兴、桐乡、海宁、海盐、德清、盛泽等地设立第三方仓储体系，仓储面积达 20 多万平方米），买方将货款打入市场账户，由市场结算公司进行资金结算和货物凭证交接，完成交易。同时批发市场和嘉兴市农业银行等金融机构合作，成立"茧丝银行"，为进入市场交易的企业提供融资服务。早在 2003 年，嘉兴中国茧丝绸市场成交额 148 亿元，其中网上交易 130 亿元，占 88%。

第二类是市场主办者依托发达的现货市场建立电子商务网站，以绍兴的中国轻纺城为代表。市场为经营者提供网上商铺，通过网上商铺发布信息、展示商品、洽谈商务，实现有形市场与无形市场的结合。绍兴网上轻纺城专门开辟"轻纺城虚拟市场"栏目，已为 6000 多户经营者提供了网上虚拟展位。

第三类是借用批发市场的影响创办独立的电子商务网站，如义乌的中华商埠，具有中英文两种语言，是一家拥有自营进出口权、专门从事中国小商品网上贸易服务的大型综合性商务公司。中华商埠汇集 19 大类 12 万种图文并茂的小商品信息，它的服务对象和范围已经超出义乌的中国小商品城，成为向全球商人提供小商品贸易服务的网站。它集信息发布、搜索引擎、在线交易服务于一体，并推出了招商银行"一卡通"网上支付体系与其他支付方式。

第四类是在专业批发市场基础上建立以信息流为特征的专业型的行业网站，以余姚的中国塑料城为代表，建立"中国塑料信息网"，每日发布塑料城价格行情、国内其他市场及国际市场行情和供求信息，评述塑料行情走势，提供分析预测，引导全国塑料行业的现货交易。

上述情况证明，批发市场实行电子商务不是同一进程，不能搞一刀切，批发市场电子商务化的运作和网络商品交易中心的功能开发需要一个较长的时期，一般可分为三个阶段：

　　第一阶段是引入电子商务的初级阶段，主要是提供信息服务即批发市场的信息化阶段，运用电子商务的目的在于降低交易成本中的信息成本。目前大部分批发市场，都能够进入这一阶段。

　　第二阶段是引入电子商务的中级阶段，经营者可以借助于网络和电子商务开展交易。这种交易首先出现在经营原材料和生产资料的批发市场，那些规模大、知名度高、辐射力强的市场会较早开展网上交易；在这些市场内，也不是每个经营者都采用电子商务手段进行交易。

　　第三阶段是批发市场实现电子商务的高级阶段，批发市场全面采用电子商务来实现交易，使交易成本中契约成本和风险成本降低。目前进入这个阶段的只有少数经营原材料和生产资料的批发市场。

　　在这个过程中，网络商品交易中心可以有效地解决传统交易中"拿钱不给货"和"拿货不给钱"的两大难题。在买卖双方签订合同前，网络商品交易中心可以协助买方依据一定的质量标准对产品进行检验，只有符合质量标准的产品才可入网，以杜绝商品"假冒伪劣"的问题，使商品的质量得到保证。合同签订后便被输入网络系统，专业批发市场网络商品交易中心的计算机对合同进行监控，跟踪合同的履行情况。如果出现一方违约现象，系统将自动报警，合同的执行就会被终止，从而使另一方免受经济损失。如果合同履行顺利，货物到达后，买方在专业批发市场网络商品交易中心的配送部门进行验收。验货符合合同，买方在批发市场网络商品交易中心指定的银行办理好的转账货款将会由交易中心负责转到卖方的账户，卖方由此也不必担心买方延迟货款的交付了。专业批发市场的网络商品交易中心需要建立一个半官方的电子商务认证机构对整个市场电子商务的交易秩序负责，监督买卖双方签约并各自履行应尽的义务。

三、电子商务环境下批发市场组织的发展趋势

　　批发市场引入电子商务的发展趋势是不可改变的。从长远看，电子商务将引起批发市场组织的变化，这种变化由浅入深，直至从根本上改变批发市场的组织和形式。笔者认为，批发市场未来的电子商务化趋势可能有以下三个方面。

（一）市场集中化趋势

　　电子商务环境下批发市场的集中化趋势表现在两个方面：在批发市场之间，交易向条件好的规范化的批发市场集中；在批发市场内部，交易向有优势的经营大户集中。

　　电子商务引入批发市场使市场的信息透明度大为提高，市场之间的比较更

加清晰，采购者可以容易地选择商品质量、价格和服务最优的市场。在这种情况下，差的市场难以生存，其经营者会向好的市场转移，同类产品市场发生集中化趋势。在电子商务环境下，采购者离市场的远近越来越成为次要的因素，第三方物流的发达使货物的运送成本下降，具有发达的物流配送系统的市场优势凸现。

在一个市场内部，经营者也有集中的趋势，以往各个卖者可以利用买者信息不充分的弱点，推销自己的商品。电子商务出现后，各个卖者的信息都上网了，买者无须逐个摊位询价，在网上就可以通过比较选择购买目标。具有价格、质量、品种、服务优势的卖者自然成为买者追逐的对象。这样，一些没有优势的经营者只能退出市场，经营出现集中化趋势。

经营集中使经营者数量减少，经营者运用信息化的交易手段，提高交易效率，增加交易量。经营者中将由总代理、总经销代替一般的经销商，由批发企业或批发公司代替个体户。电子商务导致的经营者信息公开、交易公开的状况，最终引导经营主体向公司化方向发展，市场的规范化程度也将得以提高。

（二）有形市场和无形市场相结合的趋势

随着电子商务在批发市场运用的深化，一部分批发市场"蒸发"了，悄然退出市场；一部分批发市场"升级"了，从有形市场变为无形市场；还有一部分批发市场发生"异化"，使有形市场和无形市场相结合，从而产生一种新的模式。

对绝大多数市场来说，在组织创新上，当前最易采取的形式是有形市场与无形市场相结合的方式。可以充分利用有形市场的优势，创办网上市场，搭建网上交易平台，为市场经营者建立网上商铺，进行网上商品宣传，引导经营者开展网上交易，实行与现货交易并行的电子商务模式。绍兴与义乌的市场是在这方面成功的例子。

这种模式在组织上的创新是它具有一个强大的网络信息中心，将市场内产品的宣传功能和经营者的批发交易功能基本上纳入电子商务，有形市场主要的功能是零售和展示。对市场内的经营者来说，增加了电子商务这一功能后，从原先的个体户摊主逐步转变为新型的批发商或经销商。

有形市场与无形市场相结合将导致市场扩大，因为在网上设一个经营摊位的成本极低，原先因成本和各种因素无法加入有形市场的同类产品经营者会加入无形市场，使市场的规模和集聚效应进一步扩大。

开展国际贸易是批发市场有形和无形相结合的又一种动力，国内许多著名的批发市场建立了自己的网上市场，批发市场通过互联网走向世界，使得国内外的采购商只要点击网址便能够轻松地查阅某批发市场的产品信息，随时可以和生产企业或经销商取得联系，并可以进入网上加密的贸易洽谈室与企业进行实时谈判。近年来一些市场在跨国销售方面出现良好势头。未来有生命力的批发市场是立体型的，一方面存在有形市场，同时存在一个覆盖全世界的无形市场，有形市场与无形市场同时展开交易。

（三）市场虚拟化趋势

批发市场组织创新的高级形式是虚拟化，有形市场向无形市场转变最后导致市场的虚拟化，这种转变将从根本上改变传统的商品批发市场的组织形式，使市场从拥有大片土地和建筑物的有形市场变成虚拟市场。这种改变将使市场的投资成本下降，但交易的范围则大大扩展，交易费用降低。目前，这种形式已经在有固定买者的嘉兴中国茧丝绸市场初露端倪。对于商品标准化程度高、交易对象比较稳定的批发市场来说，都可以朝这种组织形式发展。未来大多数原材料和生产资料批发市场应该是虚拟的市场。现有的占地上百亩、人流如潮的交易市场，将完全改变面貌，取而代之的是建一个电子商务中心、一个大型的产品展示厅（每年开几次新产品展销会）和必要的物流设施。

市场的虚拟化将加速导致同类市场的合并。过去，各地为本地区利益，争相创办同类市场，致使资源浪费，而且市场的效益不高。今后如果各市场都成为网络虚拟市场，那么网上市场的合并对经营者来说更有利，虚拟市场是没有地域界限的，网上交易市场越大，效益越高。最终建立同类市场的网上大平台是一个必然趋势。

对专门从事批发的交易市场而言，建立网上市场后，原先市场的地域概念、地理优势、地方优惠政策都将失去意义，人们逐渐淡忘市场的地理位置，购买者追求的只是商品的价格、质量、物流成本最低和送货的便捷。在信息充分的条件下，性价比高的商品成为所有经营者争夺的对象，经销商难以获得超额利润，未来电子商务批发市场注重的是物流成本，它要么有自己的物流体系，要么有强大的社会物流作为支撑。未来实行电子商务的批发市场组织形式是"虚拟市场＋物流体系"。

近年来十分热门的行业网站，正在导致市场虚拟化。行业网站专业性强，汇集同行业大部分生产者和经销商，产品齐全，深受购买者欢迎。行业网站覆盖了行业内同类的批发市场，使部分竞争力不强、商品雷同的批发市场失去存在的价值。一旦这个虚拟的全国网上大市场出现，现存的有形交易市场会进一步萎缩，一些小型批发交易市场将退出，商品批发市场在组织上将脱胎换骨。

四、加大电子商务应用力度推进传统商贸批发市场转型升级

近年来，随着流通主导型经济格局的初步形成，外资商业、生产商与零售

商的竞争，给国内传统商贸批发市场带来了压力，市场经营环境发生了深刻变化，面临着来自工业化、零售连锁化、外资批发商、市场供求关系变化以及信息革命的挑战，契约式批发、网络批发、展销会批发等多元化批发形式纷纷涌现，不断侵蚀传统商贸批发市场的份额。面对挑战，以信息化手段为途径，重组调整、功能拓展、管理升级，实现市场外向化、交易现代化、布局专业化、管理规范化，成为国内传统批发市场转型升级的趋势。而依托互联网普及衍生出来的电子商务作为一种新型商业模式，因为具有开放性和全球性特点，能创造更多的贸易机会。商务流程的电子化和数字化，也能大量减少人力和物力成本，突破时间和空间的限制，提高交易活动效率；同时具有丰富的信息资源和互动性，能有效组合社会经济要素，并提供针对性的交易服务，能很好地弥补传统批发市场存在的不足，成为国内众多批发市场转型升级的主要途径。例如，嘉兴茧丝绸市场早在 1992 年，就同步开展网上交易与传统交易两种交易模式。利用 B2B 电子商务平台发展网络贸易，促进企业产销对接，实现异地同步交易，促进了贸易流通。2010 年，市场交易额为 188.11 亿元，其中网上交易额 178.28 亿元，该市场的成交信息，已成长为直接影响国际丝绸市场价格的"嘉兴指数"，全球丝绸的定价权牢牢掌控在中国茧丝绸交易市场的手中。又如，绍兴中国轻纺城依托发达的现货市场建立电子商务网站，为 6000 多户经营者提供网上商铺，通过网上商铺发布信息、展示商品、洽谈商务，实现了有形市场与无形市场相结合。义乌则借用批发市场的影响力，创办了独立的电子商务网站"中华商埠"，汇集 19 大类 12 万种图文并茂的小商品信息，它的服务对象和范围远远超出义乌中国小商品城本身，成为向全球商人提供小商品贸易服务的大型网站。再如，根据广州市相关规划，到 2015 年，广州市开展电子商务的商贸流通企业将超过 70%，传统批发市场升级改造的重要内容就是电子商务和展贸化。

第四节　临沂市电子商务发展调研分析报告

电子商务作为一种新的现代流通方式和业态，已对实体经济产生了较大冲击，适应新形势，转变发展方式，大力发展电子商务已成为商贸流通业今后发展的必然选择。

一、临沂市电子商务发展现状分析

（一）电子商务迅速发展

以电子商务为代表的互联网经济正逐步创造着新的商业模式，深刻改变着社会生活，推动着社会变革。传统的经济模式将不断被改写、破坏甚至颠覆，新的经济规律、行业格局、企业模式，也将不断出现、调整并最终完善，电子商务注定要成为企业开展国内外贸易活动的重要平台。近年来，临沂市委、市政府围绕建设"国际商贸名城"目标，顺应线下线上一体化趋势，实施了传统市场整合、改造、搬迁、清理、新建"五个一批"计划，推进电子商务"十百万"工程，着力培植 10 家电商平台、100 家电商骨干企业和 1 万家特色网店。与阿里巴巴建立了合作平台，培育了临商网、01 批发网、沂蒙优质农产品交易中心等一批电子商务平台。

临沂商城电子商务主要分为三类：第一类属于综合型。目标是服务整个临沂商城市场和经营户，此类网站如果管理有效，经营良好，有利于提高临沂商城的信誉和影响力。第二类属于市场自有型。商城内各专业市场根据市场经营特色，建立本市场的电商平台，主要销售本市场的商品。此类电商平台目前经营较好的有服装、灯具、家具、轻纺劳保等市场。小商品城网站已经制作完毕，即将开展网上交易。第三类属于企业自有型。目前商城内一些规模大、实力较强的经营大户，自己建立电商平台，在服装、小商品、灯具、家具、轻纺劳保等市场，不少大户网上年交易额已经超过 5000 万元，年交易额过千万的也为数不少，年交易额过百万的经营户比比皆是。临沂商城网商占全市总数的 71% 以上。可以说，网上交易在临沂商城已经逐步兴起，也越来越得到市场主办者和经营者的认同、关注和参与，电子商务在商城内有着极为广阔的发展空间。

从交易额来看，2012 年临沂市的电子商务总交易额达到 150 亿元，其中 B2B 交易额 120 亿元，B2C 交易额 12 亿元，C2C 交易额 9 亿元，B2G 交易额 5 亿元，在线旅游交易额 1.2 亿元，团购市场交易额 0.7 亿元，本地生活服务交易额 0.7 亿元，移动电子商务交易额 0.6 亿元。同比 2011 年的 117 亿元总交易额增长 28%，目前，临沂的电子商务市场增长迅速，处于高速成长期。

临沂市一直高度重视电子商务发展，将其作为临沂商城转型升级的重要内容和国际商贸名城建设的重要抓手。2013 年，全市电子商务实现交易额 550 亿元，其中网络零售额实现 170 亿元，已拥有电子商务平台 20 个，从事电子商务的企业和商户达到 2.6 万家，电子商务从业人员 4 万人左右。电子商务的蓬勃发展，已成为临沂商城转型升级的重要支撑力量。

从电子商务企业和模式来看，2012 年参与从事到电子商务的企业达到 2 万家，这其中本地电子商务平台商有 20 家；在天猫、淘宝、阿里巴巴等全国性第三方电子商务平台开设网店的合计有 12000 家；企业自建销售官网、分销网络以及利用互联网进行内外贸网络营销的企业合计 7000 多家；电子商务服务商 50 家；电子商务聚集区 1 家。这些从事电子商务的企业所涉及的行业几乎覆盖所有的领域，从大宗原料，到工业品，再到消费品，从生产制造业到服务业。

从电子商务人才方面看，目前临沂从事电子商务的从业者有 4 万人左右，其中 75% 从事客服、订单处理等电商岗位，20% 从事运营、美工、推广营销等电商岗位，2% 的从事技术、供应链管理等岗位。目前由于临沂的整体电子商务发展速度很快，企业需要大量的电子商务人才，应该说各方面的电商岗位都有急需。

（二）电子商务发展政策环境初步形成

近年来临沂市出台了部分政策文件，为电子商务的发展提供了政策保障。《临沂市工业发展"十二五"规划纲要》中，明确规定推广应用电子商务，降低企业的销售成本。拓展 B2B、B2C 等模式在工业企业的应用，扶持第三方电子商务服务平台建设，支持中小企业电子商务应用。《临沂市软件和信息服务业"十二五"发展规划》中，将深化信息技术在现代服务业中的应用，重点发展第三方电子交易与服务、供应链管理、在线支付、多式联运技术与系统。建设行业电子商务服务平台和区域电子商务中心。打造全市统一的物流信息交换中枢网络，形成全市统一的商贸物流信息化服务体系。建设基于物联网的现代商贸物流综合服务系统，加快培育物联网产业。《临沂市委、市政府办公室关于加快推进信息化建设的意见》（临办发〔2008〕16 号）提出积极发展电子商务。围绕"物流天下"目标，开发建设"临沂网上商城"，加快推进电子商务在商业、贸易等领域的广泛应用。加强第三方电子商务服务平台建设，推进企业电子商务发展。促进面向消费者的电子商务应用推广。加强电子安全认证、安全支付结算体系的建设管理，保障电子商务活动健康发展。临沂商城管委会《关于加快临沂商城电子商务发展工作的意见》中对临沂商城发展电子商务提供了有建设性的意见，将政府推动与市场"两个主体"主导相结合。完善管理体制，优化政策环境，提高服务质量，充分发挥市场"两个主体"在开展电子商务应用中的主体作用，建立与政府的良性互动机制。意见中对加快电子商务发展的工作重点和措施都进行了明确的指示。

（三）电子商务发展基础设施建设完善

完善的信息基础设施建设为推进城市电子商务的发展创造了有利条件。2012 年整个临沂的宽带接入用户数量已经达到了 110 万户，3G 用户数量 80 万户，本地网民数达到 510 万户。2012 年临沂的物流公司总数达到 3970 家，其中运输、仓储公司 3500 家，第三方物流企业 328 家，企业自有物流 120 家，快递公司 22 家。

（四）电子商务发展支撑体系初步形成

电子认证、支付、物流、信用、安全建设取得明显进展，电子商务发展支撑体系初步形成。形成了由网上支付、移动支付、固网支付以及其他支付渠道构成的新型综合支付体系。并鼓励支持非金融机构开展支付服务。电子商务物流配送体系已完善。临沂实现了由传统商贸大市向现代物流强市的转变提升，物流网络覆盖全国县以上城市，物流运行质量和效率居国内前列。企业依托物流信息平台和互联网技术实行精准管理，有效解决了配载车辆回空等问题，大大降低了物流成本，提高了配送效率，培植了立晨、荣庆、金兰、天源、华派克、财源、中联、北方、盛安等一批具有较强竞争实力的物流龙头企业。在不断地创新中，临沂的物流信息化水平得到全面提升。电子商务安全保障体系已初步健全。已强化电子商务使用中的安全防范意识，健全了信息安全管理制度，并一直把加强网络与信息安全防护，提高电子商务系统风险监控能力作为工作重点，以保证完善电子商务安全服务功能，并积极的推广数字证书、数字签名的应用，并在全市各行业内普及使用。另外，电子商务产业生态链如物流、通关、交易、商务应用等平台建设取得很好成就。

二、临沂市电子商务发展面临的问题

1. 全面规划和协调不足。在推进电子商务发展过程中，临沂市还没有出台一个整体的发展规划，对电子商务的发展还没有形成一个完整的政策服务体系。

2. 整体应用水平还比较低。临沂市电子商务的应用尽管发展迅速，但与北京、上海、广东等先进地区相比还处于起步阶段，还有很大的差距，电子商务应用意识不够强，多数企业还停留在网站宣传浏览上，未能与生产、营销有效结合起来。电子商务交易额占全部商品零售额的比重低。

3. 支撑保障体系还不健全。推动电子商务发展的电子交易和企业信用管理，以及电子商务投融资机制、财税政策、在线支付体系、现代物流体系等还需要进一步完善，制约了临沂市电子商务的发展。

4. 专业人才缺乏。目前主要缺乏三方面的电子商务专业人才，一是电子商务模式设计、战略规划的管理人才，二是电子商务市场运作和营销的管理人才，三是电子商务信息系统建设、咨询和项目实施的管理人才。

5. 引导、宣传力度不够。主要表现在：一是政府的扶持政策不能及时兑现。据相关市场和电商大户反映，虽然政府出台了相关政策，但税收、融资、培训、引导等方面的支持落实不到位。二是对当前电子商务发展程度掌握不够。对临沂市特别是临沂商城电子商务发展的现状不明、掌握底数不清，找不出真正制约商城电商发展的问题，难以出台有针对性的扶持政策。三是相关政策和典型示范宣传不够。市政府 2014 年 7 月下发了《临沂市人民政府关于加快电子商务发展的意见》，这是支持全市企业发展电子商务的重要举措，很多市场和企业渴望得到支持。同时，对发展电子商务较好的市场和企业缺乏必要的典型激励和宣传带动，没有形成有效的示范作用和良好氛围。

6. 专业市场和企业发展电子商务还有诸多制约因素。一是电商发展现状不容乐观。商城内电商的数量和质量"小、少、散、弱"，与商城实体市场的发展很不相称，还有很大拓展空间。许多市场没有自己的网站，有网站的仅作为宣传平台，无法网上交易；许多市场和经营户仍然依赖传统经营模式，仅把电子商务当做辅助手段，没有认识到电子商务将带来深刻的营销革命。二是人才、资金、技术制约了电商的提升。许多从事电商的市场和经营户都反映缺乏相关的美工、运营和客服等人才。由于专业人才缺乏，投入费用高，部分市场和企业对电子商务的运行不熟悉，对网店维护不及时，宣传推广跟不上，造成效益低下，形成恶性循环。三是现有培训存在问题。临沂市和阿里巴巴建立了合作关系，当前很多培训都为围绕如何在淘宝上开店展开。四是现有电商的培育和发展存在不足。电商存在着规模小、效益低、低价竞争、经营分散、各自为战的局面，不能很好地支持商城内各市场和经营户发展电子商务。五是产品结构还不能更好地支持电商发展。网上交易混乱、低价竞争、商品质量纠纷多等问题，侵害了消费者和守法经营者的权益。

7. 第三方电商平台的门槛逐渐提高。近年来，像淘宝商城、京东商城等综合性电商平台准入费用不断提高，让小型企业望电子商务而却步，如果没有巨大的投入、没有精心的管理和推广，从事电子商务造成企业亏损的可能性很大，影响了企业发展电子商务的积极性。网商得到的是"漂亮的销售数据，惨淡的财务报表"。高昂的成本、微薄的利润，是一些市场和企业对电子商务失去积极性的重要原因。

三、电子商务发展趋势分析

电子商务是大势所趋，互联网使得所有消费者变成了数字消费者，消费者的习惯变了，消费者的注意力变了，注意力经济产生了；消费者的时间、生活潜移默化地搬到互联网上来了，商业必然也就会搬到网上来，因为这里才有消费者。本质上未来就是消费者驱动的新商业时代。我们现有的商务模型需要互联网化，需要电子商务化，未来没有电子商务这个名词，因为商务本身就会演变成那个形态，电子商务就是商务，这是大的趋势。目前制约电子商务发展的最突出的问题就是意识，很多传统企业还没有意识到电子商务的重要性，方向正确比方法正确更重要，每个企业要结合自身所处行业和发展情况尽早制定电子商务发展战略。发展电子商务是临沂市转变经济发展方式、调整产业结构的当务之急和必由之路。

四、临沂电子商务主要模式及典型分析

临沂市目前的电子商务形态有：电子商务平台、企业全网电商、网络分销商、网商群体、电子商务服务体系。下面通过案例来说明这些电子商务模式在临沂的发展情况，存在问题，以及下一步的发展思路、目标和重点。

（一）临沂市电子商务平台建设情况分析

基本情况：临沂目前本地的电子商务平台20个，有综合性的电子商务平台，例如"临商网"，是面向临沂商城专业市场集群的B2B平台；有垂直类的电子商务平台，例如专注沂蒙生态农产品的"中国优质农产品网"；还有区域零售电子商务B2C代表"临沂超市网"。

典型案例："临商网"。临商网（linshang. com）于2009年7月上线，目前已经是山东省规模最大的综合性B2B平台，临商网将临沂86个专业市场全都搬上网络，再现了一个网上临沂商城；现收录会员20万户，日访问量10万次；2012年在线产生的直接交易额2.3亿元；线上撮合、线下成交的交易额达到50亿元。2011年，临沂市政府、临商网与阿里巴巴进行战略合作，临商网从单一的交易平台向综合的服务平台转变，充分利用阿里巴巴这个全球最大、占中国电子商务85%的入口流量和市场交易额的电子商务平台的资源，从电子商务营销、电子商务培训、电子商务代运营，到电子商务物流，全方位地为临沂的专业市场商户提供电子商务服务，迅速提升了商户的电子商务整体水平。自战略合作以后，临沂的网商数量和交易额连续两年增长率超过了50%。

趋势分析：对于电子商务平台，我们认为，目前中国的电子商务平台市场格局已定，B2C有天猫、京东、亚马逊、当当、一号店等；B2B有阿里巴巴、慧聪网、环球国际等；C2C有淘宝、拍拍等。这些平台依靠资本的力量，牢牢占据了电子商务的入口。区域的电子商务平台，无论是综合性的还是垂直细分领域的，很难做出较大的规模。义乌的电商平台发展情况是值得深思的，早在2004年、2005年的时候，义乌本地就有了十几个针对义乌小商品市场的电子商务平台，十年过去了，这些电商平台早已不见踪影，唯一生存下来的义乌官方电子商务平台"义乌购"于2013年5月和阿里巴巴进行全面合作。尽管义乌市政府坚持自己搞电子商务平台坚持了10年，最终还是走向了和阿里巴巴合作，这是大势所趋，是目前的电子商务平台格局造成的。义乌2014年统计

的电子商务交易额达到 1500 亿元，这里面 90% 的交易额是由义乌的生产厂商供货给淘宝的卖家，进行网络分销造就的。所以义乌无法规避阿里巴巴这个巨人，和阿里巴巴全面合作是明智之举。

发展思路：临沂和义乌的情况相似，针对临沂专业批发市场集群的电子商务平台有六七个之多，临沂的电子商务还处于起步阶段，如果这些电子商务平台恶性竞争，胡乱收费，扰乱市场，将会非常不利于临沂市场向电子商务转型，所以 2009 年在市委、市政府的大力支持和领导下，成立临商网平台，坚持免费为临沂专业市场商户服务，培育临沂市场的电子商务大环境。2011 年又和阿里巴巴战略合作，进一步加速临沂的电子商务发展。在这个过程中，市政府及相关部门提供了资金、政策来支持，有力地推动了临沂电子商务的良性循环。下一步，针对临沂自身的情况，我们倾向于支持和临沂产业集群紧密结合的细分垂直类电子商务平台，以及和临沂商城国际化大战略吻合的电子商务外贸平台的发展。

（二）企业全网电商做法及案例分析

基本情况：企业全网电商模式是指企业面向全互联网电子商务渠道，进行商品销售的模式，本质是企业的互联网化，通过全网电商，达到三个目的：品牌受众、网络销售和客户关系管理。一般这种模式适合的是有自有品牌产品的传统生产制造企业，尤其是消费品的生产制造企业。目前，临沂已涌现出三益农业、临沂金柳、罗西塑料等成功的全网电商。临沂金柳工艺品有限公司以前只做柳编工艺品的外贸业务，现在也通过电子商务全网销售的思路，依靠电子商务全渠道来打造自己的内贸品牌，建立自己的网络销售渠道，短短 3 个月，就取得了网络销售过百万的好成绩。而另外一个企业，临沂罗西塑料制品有限公司生产的"天利"地垫，充分利用全网销售的模式，发展网络分销商，现在"天利"品牌的地垫已经成为淘宝上热销排行前五名的品牌，在网络上销售的"天利"地垫每年超过了 2 个亿。

典型案例：山东三益农业科技有限公司。三益是农业产业化山东省重点龙头企业，拥有生态循环农业示范基地。三益品牌是山东省著名商标，产品以有机生态蔬菜，有机畜蛋，有机粮食为主。三益在临沂的经销网络发展迅速，目前有 10 家自营专卖店，同时在银座商城、九州超市设置了专柜，但仅仅依靠临沂市场，公司的规模将难以突破，三益品牌需要走到全国。而承载三益走向全国的使命的就是电子商务，2011 年 9 月，三益确定了一个三年的电子商务战略规划——全网电子商务。战略规划分三步实施，第一是建设自有官方商城三益商城，走 O2O 模式，线上商城和线下实体直营店打通，营造统一的客户关系管理和会员体系，树立三益品牌。同时充分利用互联网 SNS 的力量，发展微博、微信粉丝，围绕官网，做会员影响和品牌传播。第二是进驻淘宝商城，开设三益淘宝商城旗舰店，利用淘宝巨大的消费人群，宣传三益品牌，全网营销，淘宝成交，通过淘宝旗舰店直接接触终端消费者，产生的运营数据、客户反馈数据又反过来升级优化三益的产品供应链，为未来电子商务的 C2B 积攒经验，通过淘宝商城的 B2C 零售，逐步将三益商品驱动的供应链转化为消费者驱动的供应链。第三是进行淘宝生态农场基地认证，成为淘宝 10 万优质农产品卖家的上游供应商，实现对淘宝的网络分销。不仅迅速扩大了销量，同时提高了三益品牌的受众。通过这三个步骤，2012 年三益电子商务销售额达到了 1200 万元。

发展思路：企业全网电商这种电子商务模式是非常适合品牌制造企业发展的，像上面提到的金柳公司，是临沂市临沭县柳编产业集群中的一个公司，他们成功的电子商务尝试，势必会拉动整个临沭柳编产业的电子商务发展。下一步将重点扶持有自己产品品牌的生产制造商尽快开展其电子商务，培育一批全网电商。

（三）网络分销商运营情况分析

基本情况：网络分销商指的是通过互联网电子商务渠道进行的 B2B 分销，可以是通过企业自建的分销平台，也可以通过淘宝供销平台、阿里巴巴供货平台这样的第三方分销平台进行商品的网络分销，这种电子商务模式非常适合临沂商城专业市场的商户，因为这些商户通常都是区域的总代理、总经销，目前的形式他们必须把自己从传统线下经销商向线上线下综合经销商转变，原因很简单，他们的上游产品厂商越来越重视电子商务渠道分销商，如果这些线下经销商不迅速具备网络经销的能力，将会被新型的、以数据驱动供应链的电子商务分销商革了命。

典型案例：君发礼品。临沂专业市场集群不乏山东的总代理商、总经销商。君发礼品是山东规模最大的礼品类分销商，网络遍及整个山东，年销售额30 亿元。2012 年，君发礼品正式推出了自建的 B2B 分销平台——君发礼品网，同时开设君发天猫旗舰店，开展淘宝分销。由于公司本身实力强，对市场的把握敏锐，一年时间就通过网络分销了 1.7 亿元，培养了网络分销商 400 多户。

趋势分析：网络分销商这种电商模式对于临沂广大的专业市场里面的商户来说，应该说是非常有必要而且不得不马上去应用的一种渠道，这也是临沂这几年一直倡导的"专业市场 + 电子商务 + 现代物流"的思想，而传统专业市场的区域线下分销模式的路将越走越窄。

（四）网商群体情况分析

基本情况：网商群体指的是那些一开始就通过互联网，尤其是通过淘宝、阿里巴巴这样的电子商务平台进行网络销售的卖家群体，目前临沂的淘宝卖家在 5000 人左右，阿里巴巴诚信通会员在 4000 人左右，这个群体 2012 年为临沂市场带来了 30 亿元的网络销售额，并且每年以 50% 复合型增长。

典型案例：临沂七翼商贸有限公司。七翼商贸一个在淘宝上做生意的网商，拥有一家天猫旗舰店和一家淘宝直营店，目前月订单 4 万单，2012 年年交易额达到 4000 万元。有着一个成熟的团队，运营了自己的原创服装品牌"第七公社"。

趋势分析：淘宝卖家的形态演变从起步电商，到价格电商、视觉电商，再到品质电商，最后到品牌电商，七翼商贸已经走到了最后的形态——品牌电商。这样形态的做网络品牌的网商群体在逐渐增加，他们互相学习，抱团成长。

发展思路：网商群体的发展带动了就业，带动了市场（有很多网商是依托临沂的专业市场作为货源的），他们是临沂电子商务生态中的非常重要的一个群体。这个群体需要培训服务，需要活动交流，需要电子商务产业园区的支撑，未来将会加大对这个群体的支撑服务。

（五）电子商务服务体系情况分析

基本情况：所有的电子商务模式，有卖家角色，有买家角色，有平台角色。但在电子商务生态体系中，有一种角色在今天是必不可少，也蓬勃发展起来了，就是电子商务服务体系。电子商务服务体系的范畴包括电子商务 IT、电子商务培训、电子商务数据、电子商务运营、电子商务营销、电子商务支付、电子商务物流等服务范畴。可以说，这几年临沂的电子商务服务商群体也逐渐丰富起来，有专门做电子商务培训的公司，有做电商园区的，有专门做网拍的，有做电商 IT 软件的，有做电子商务代运营的。

典型案例：临沂商城电子商务有限公司。该公司是山东省唯一的中国百佳电子商务服务商企业，是一家综合型的电子商务服务商，是阿里巴巴、淘宝、天猫、淘宝大学、京东、当当、腾讯等中国主流电商企业的合作伙伴。临商电子开发的普云网店管理软件，已经有 30 万家的淘宝卖家在使用，是淘宝大学在山东的唯一授权合作伙伴。上面的案例里提到的三益、金柳、君发礼品都是该公司的客户，这家公司为临沂上千家的企业进行过电商培训和电商咨询指导，为临沂电子商务的提升做出了较大的贡献。

趋势分析：随着临沂从事电子商务的企业群体的增大，临沂需要更多的优质电子商务服务商来配套，从政策上，我们要支持专业性强的各类型的电子商务服务商服务于临沂市场，打造好整个临沂的电商服务商体系，助推临沂的整体电商更快更好的向前发展。

五、临沂市发展电子商务的总体思路

（一）总体思路

以科学发展观为指导，依托有形市场和现代物流网络优势，以市场为导向，以企业为主体，加强政府引导，培育壮大电子商务经营主体，完善服务支撑体系，加强公共平台建设，建立健全保障机制，力争到"十二五"末，全市电子商务发展在国内处于领先水平，电子商务服务业成为新兴的重要产业，基本建成产业集中度高、市场竞争力强的电子商务产业基地，促进市场可持续繁荣发展，推进国际商贸名城建设，2015年电子商务交易额达到500亿元。

（二）基本原则

政府推动与企业主导相结合。完善管理体制，优化政策环境，提高服务质量，充分发挥企业在开展电子商务应用中的主体作用，建立政府与企业的良性互动机制。

实体市场与虚拟市场相结合。把电子商务作为实体市场与虚拟市场相互融合的实现形式，依托有形市场发展基础加快无形市场发展提升，以无形市场发展促进有形市场可持续繁荣。

营造环境与推广应用相结合。加强支撑体系建设，营造电子商务发展的良好环境，以环境建设促进应用发展。

加快发展与加强管理相结合。抓住电子商务发展的战略机遇，在大力推进电子商务应用的同时，建立有利于电子商务健康发展的管理体制，维护电子商务活动的正常秩序。

（三）工作重点

1. 大力支持不同层次的电商平台发展。根据目前临沂商城电商平台存在综合性、专业性等不同类型的现状，建议切实发挥政府扶持、培育、规划和引导作用，努力建立起以综合性电商平台为龙头、以专业性电商平台为支撑、以其他网商平台为辅助的电商发展格局。

一是尽快扶持建立综合性电商平台，打造临沂商城网商品牌。以打造一个网上临沂商城为愿景，依托临沂商城各市场和经营户，建立综合性的自有电商平台，吸引临沂商城各大专业市场和经营户进入，大力发展B2B、B2C交易模式；依托临沂便捷的物流，通过线上采购，线下物流发展O2O交易，。建设综合性的自有电商平台，有利于实现信息、业务、物流等方面的资源共享，降低各市场和经营户发展电子商务的运营成本，实现资源集约的高效化发展；有利于发挥政府综合扶持职能，制定优惠措施，建立高效统一的服务平台，有效减轻专业市场和经营户从事网络交易的负担，激发他们发展电子商务的积极性。

二是支持发展不同层次的专业性、行业性电商平台。对当前拥有自己电商平台的专业市场和行业大户，给予大力支持，鼓励做大做强，逐步培育成在业内有较大影响力的电商平台；引导专业市场和行业协会发挥作用，有条件的可在市场内开辟网上经营区，集中人才、物力，避免各自为战，为市场经营户和协会会员提供服务，逐步打造各专业市场和行业协会的品牌网站，扩大专业市场和行业的网上影响力。推动建立大宗商品交易平台，发展网络零售业，依托保税区发展跨境贸易电子商务，培育同城购物平台，因地制宜积极发展电子商务集聚区，开发网商孵化园或电商楼宇，有针对性地推动不同形式的电商发展。大力支持东忠集团"零一批发网"建设，该网站计划立足临沂商贸物流资源，通过平台实现"供应采购网络化、售货服务本地化、资源整合平天化"，在全国 1775 个县区设立电子商务服务 4S 店，将传统销售渠道与网络销售平台实现融合。继续推动临商网与阿里巴巴的合作。同时，瞄准国内 50 强电子商务平台企业开展招商引资，吸引国内外知名电子商务平台企业来临沂市设立区域性总部或独立法人机构开展业务。

2. 规划建设电子商务产业园区。加快电子商务基地规划布局和建设，吸引国内外知名电商企业投资建设电子商务产业园区。大力支持临沂东忠产业园、鸿广电子商务产业基地建设，强化电子商务企业和配套服务体系的集聚布局，形成特色明显、产业链清晰、服务体系完善的电子商务产业集聚区，培育现代电子商务产业集群。

3. 培育壮大网商队伍。加快网商人员的培训工作，提高现有从商人员对电子商务的思想认识，增强他们转变传统营销方式、适应现代信息技术的积极性和紧迫感，同时加强技能培训，学会操作和实际运用电子商务。依托有形市场资源丰富和物流体系健全的优势，鼓励支持企业和个人通过 B2B、B2C、C2C 等模式开展网络营销，推进传统企业电子商务应用。

4. 培育壮大经营主体。依托优势产业发展一批网络零售平台，充分发挥重点行业、骨干企业电子商务应用的示范带动作用，以远通集团、翔宇医药集团、荣庆物流、立晨物流、金兰物流、天源物流、九州商业集团、桃园购物等大型龙头企业内部的供应链和价值链为基础，鼓励上下游企业积极应用符合国际国内相关标准的电子商务平台，提高产业链电子商务发展水平。以产业集群、产业园区、商品交易市场为依托，发展一批纺织、服装、陶瓷、家电、家具、建材等大类商品的专业电子商务交易平台。

5. 加强诚信体系建设，铸就"临沂商城"电商信誉。商品及服务质量、网商信誉是电子商务长远发展的基石。切实发挥工商部门的市场主体登记职能，依托掌握市场信息资源以及联系市场主体密切的优势，综合工商、税务、金融等部门关于市场主体的信息，将网商信用建设作为企业信用体系建设的重要组成部分，督导电商企业实现价格诚信、品质诚信、服务诚信，通过线上线下协调监管，提升临沂商城整体信誉。

随着信息技术的快速发展，电子商务的影响力还会进一步显现。临沂商城要真正实现"两条腿走路"，必须大力发展电子商务，创造自己的电商平台，推动临沂商城经营方式的创新，使临沂商城有能力参与国内外竞争，并在竞争中成为强者。

第五节　积极发展农村电子商务

一、目前国内农村电商发展态势及临沂市农村电商发展展望

2014 年 10 月 13 日，阿里集团在首届浙江县域电子商务峰会上宣布启动"千县万村"计划，将在 3 至 5 年内投资 100 亿元建 1000 个县级运营中心和 10 万个村级服务站。浙江省成为第一个与阿里集团达成"千县万村"合作的省份。与此同时，近期各大知名电商的集体下乡也充分体现了农村电商市场蕴含的巨大潜力。据国务院发展研究中心农村经济研究部巡视员谢扬预测，2016 年全国农村网购市场总量有可能突破 4600 亿元，10 年或者 20 年后农村网购市场或将超过城市。但这需要政府在基础设施建设、发展环境营造上积极作为。2014 年 10 月 29 日，阿里巴巴"千县万村"计划的第一个县级运营中心在坐拥"三通一达"的快递之乡桐庐启动，第一个村级服务站——桐庐县富春江镇金家村服务站正式运营，这是淘宝进入农村的一个标志，也是桐庐打造阿里农村电商全国样板的起步。同年 10 月 29 日，国务院总理李克强主持召开国务院常务会议，部署推进消费扩大和升级，促进经济提质增效。会议要求重点推进 6 大领域消费。其中第一点就是扩大移动互联网、物联网等信息消费，提升宽带速度，支持网购发展和农村电商配送。将网购市场下沉到农村，将激活 5 亿人的潜在消费能力，实现消费对经济的拉动。分析人士表示，此次会议传递出深层制度改革的信号，会议提出的"网购进农村"将给经济结构调整找到切入点。中国电子商务研究中心高级分析师张周平认为，农村电子商务不是一方能做好的，需政府、运营商和农民等多方明确各自职责、密切配合。政府应做好方向引导和监管规范工作，但政府不能越俎代庖去承担其他角色的任务，不能大包大揽解决全部问题；运营商的任务是把电子商务进农村的路铺好，只有宽带进了村入了户，信息化建设才不会成为空中楼阁；农民自身则要加强网

络知识的学习和提高，熟练掌握互联网应用。从当前的发展态势来看，政府、运营商和农民都已行动起来了。山雨欲来风满楼，农村电商正在以一股不可阻挡的潮流席卷全国各地，不久的将来，全国各地各种特色的淘宝村将会如雨后春笋般出现。好在是，风乍起，机遇与挑战并存。临沂市应抓住时机，顺势而为，争做勇立农村电商发展潮头的弄潮儿，而不是在这次大潮中被淹没。相信在各级政府及社会各界的努力下，假以时日，临沂必将迎来农村电子商务大发展的春天。

二、目前临沂市农村电商发展存在的困难与问题

自发式的农村电商在进一步发展的过程中还存在一些问题和制约因素。

1. 专业化程度低。由于缺乏系统的培训，大多依靠自身在实践中摸索，营销思路和营销手段还比较单一，有些好的操作技能和好的销售渠道没有得到很好的应用。当临沂国际商贸名城建设电商推进办公室的人员在平邑县长陪同下到东近台村现场视察时，当地的电商带头人提的唯一要求就是希望政府加强培训。

2. 基础条件差。有些农村地处偏远山区，道路交通等基础设施还不完善，物流快递及相关的电商服务跟不上，给发展农村电商带来了一些不便。

3. 资金投入少。由于农村电商刚刚起步，一些老年人对年轻人的做法还有些怀疑，即便愿意让家里的年轻人尝试，也只是抱着试试看的态度，不愿过多投入。而且即使想投入，由于条件限制，也没有那么多的积蓄，加之目前针对这方面的贷款又存在诸多限制，使他们由于资金原因往往备货不足，有时候接单后十几天才能发货，特别是"双十一"等节点，资金不足，备货不足是一个大问题。在谈到他们为什么没有向县长反应资金的问题时，东近台村的刘森说，不是不想要资金，而是希望给予优惠政策，希望政府能给予尽可能多的无息贷款。

4. 扶持政策缺乏。目前，尽管下发了《临沂市人民政府关于加快电子商务发展的意见》（临政发〔2014〕24号），号召实施电子商务"百乡千村"工程，大力推动农村电子商务发展，力争用5年左右的时间，在全市100个左右的乡镇（街道）、1000个左右的村（社区），建设1000个左右的电子商务服务站点，作为物流配送、线上销售、电商服务等业务的终端。加快电子商务在特色产业村和农产品流通领域的推广应用，发展20个以经营特色产品、农产品为主的"电商村"，构建农村电子商务应用服务体系，但具体的扶持细则仍在制定之中，相关政策没有完全落实到位。

三、临沂市发展农村电商的政策依据及政府的可作为之处

《全国农业农村信息化发展"十二五"规划》明确提出，大力发展农村电子商务，建设农业电子商务平台，制定农业电子商务相关法律法规，积极发展以电子商务为导向的配送物流，完善农业电子商务体系。目前，国家财政部、商务部《关于开展电子商务进农村综合示范的通知》（财办建〔2014〕41 号）已经下发，要求加快电子商务在农村的推广运用。山东省关于加快电子商务发展的指导意见也指出，应扩大农产品电子商务应用。临沂市也出台了相关意见，并通过实施电子商务"百乡千村"工程，推动农村电商发展。下一步，市政府应依据各级制定的相关政策，结合当前临沂农村电商发展的实际情况，准确定位，正确引导，切实培育农村电商做大做强。

1. 搞好典型带动。榜样是看得见的哲理，榜样最生动、最实际、也最易于推广和接受。为此，要善于发现类似平邑县武台镇东近台村的典型，深入挖掘他们的经验做法，通过大力宣传推而广之。据悉，有关人士通过对 20 多个典型农村电商案例的研究发现，农村电子商务的发展一般分为产生、发展、壮大三个阶段，每一阶段的动力因素各不相同，分别是"始动因素、基础因素和竞争因素"。发展动因搞清楚了，就为今后采取何种发展模式和发展路径提供了基础与依据，也为政府在不同发展阶段应该如何作为提供了有益的参考。而在农村电商的产生阶段，带头人的"始动因素"起了主要作用，即主观上必须有一个带头人的引领。其中，典型的案例就是江苏睢宁的"沙集模式"，即在带头人的引领下，农户自发地使用市场化的电子商务交易平台变身为网商，直接对接市场；网销细胞裂变式复制扩张，带动制造及其他配套产业发展，各种市场元素不断跟进，塑造出以公司为主体、多物种并存共生的新商业生态；这个新生态又促进了农户网商的进一步创新乃至农民本身的全面发展。"农户＋网络＋公司"相互作用、滚动发展，形成了信息网络时代农民的创业致富新路子。

2. 强化农村电商知识培训。建立健全农村电子商务人才队伍，发展壮大农村电商从业人员是发展农村电子商务的重要基础。首先，必须加大对现有农村电子商务从业人员的培训力度。让他们在自身摸索的同时，进一步学习各种先进的操作技术、电商知识等，在农村电子商务具体实践中进一步起好带头作用。其次，加大对返乡务工人员的培训。借助春节等重要节假日，农民工返乡高峰期，以村或乡镇为单位，抓紧时间组织集中培训，最大限度地争取返乡人员留下来尝试并从事农村电商事业。再次，要加大投入，拓展灵活多样的培训方式，创新培训载体。平时应充分利用计算机网络的优势，结合其他通讯手

段，大力实施远程教育，强化农民的电商意识，不断提高从业人员素质，培养农村电商人才。在培训内容上，要注重实战，强化学以致用，做到学中干，干中学。最后，建立激励机制，培养专业的培训队伍。要通过激励机制，把懂业务的各种专业人才充实到农村电商培训队伍中来，形成一支结构合理、素质良好的为农村电商培训提供优质服务的队伍。鼓励涉农专业大学毕业生和高级人才到基层农村为广大农民提高农村电子商务运用指导，培养新一代农村电子商务建设的主力军。同时，通过加大和各高校的交流沟通，建立专家咨询系统，为发展农村电商提供具体指导。

3. 加强基础设施建设。当农村电商处于发展阶段时，政策、基础设施等因素发挥着关键影响。在政策方面，要尽快出台临沂市关于加快电子商务发展的实施细则，明确扶持措施，同时通过落实小额贷款和青年创业基金等政策，提供必要的发展资金。在基础设施建设方面，首先，要完善物流支撑体系，搞好道路交通等基础设施建设，积极发展"进村快递"，解决电商物流配送"最后一公里"的问题；其次，要铺设网络，实施"信息公路村村通工程"，建立起多层次、有特色、全覆盖的农村信息网络；最后，要做好与阿里、"01世界"等电商平台的对接工作。"01世界"筹划在县一级城市建立电商"4S店"，村镇建终端店，将销售触角填补进现在的电商盲区，探索村镇市场物流配送、电商体验、售后服务等全新模式。这种"农村包围城市"的电商模式，依托乡村现有的便利店资源，率先将店老板变成自己的终端网络代销员，构建起的集线下体验、线上交易于一体的O2O电商，更适合临沂商品走出去。

4. 扶持农村电商品牌做大做强。当农村电商发展到壮大阶段时，品牌、标准等"竞争因素"则至关重要。品牌是农村电商快速发展过程中必不可少的因素，是快速叫响市场的最佳策略。农村电商要想不断壮大，在走规模化发展道路的同时，必须注意差异化发展，摒弃低成本模仿的经营方式，通过品牌塑造，提高产品的知晓度与附加值。例如，河北省清河县东高庄村的电子商务是产业集群化模式的典型，目前注册品牌已经达到400多个，其中年销售额达到100万元以上的就有20多家。而浙江缙云的北山村创造的"北山模式"是品牌化的代表，该村靠数以百计的网店代销和几十家代工厂，创造出了户外产品中的"北山狼"品牌。从根本上说，农村的偏远程度、网络的拥有量、宽带基础设施的先进程度、网速快慢并不一定是一个地方农村电子商务能否产生的决定性因素，但它对电商的发展起到至关重要的作用；一个地方的政策对电子商务的发展起到重要的引导和推动作用，但它并不是电商壮大的必要条件；一个农村电商要发展成为地区乃至全国有影响力的企业，离不开品牌打造和标准化建设。

5. 建立完善电商产业链条。从先进地区的发展经验看，电商产业主要由平台企业、应用企业、服务企业构成，要顺应行业发展趋势，建立起分工合理、环环相扣的产业链条。目前临沂农村电商虽然处于发展的初期，总体上还没有进入和关联产业相关的产业链竞争。但可以预见，随着今后的快速发展，农村电商要想做大做强，必须集聚各种资源，从产业链的一个环节向全产业链迈进，这种情况下，产业链上的关联产业的发展情况将成为电商能否发展壮大的重要影响因素。

四、临沂农村电商开始"买全国卖全国"

平邑县武台镇东近台村，地处偏远的沂蒙山腹地，除了种些果树和农作物，没有任何工业经济，收入来源大多靠出去打工。而近年以来，这一切正在悄悄地发生着变化。在一位返乡青年的带动下，一帮青年人开始做电商。短短半年时间，该村电商获得了快速发展，先后出现了汽车饰品户、袜子户和手表户等等，而他们每天的发单量也达到了 1000 单以上，一下子使武台镇的电商交易量占到了全县的三分之一。昔日寂静的小山村开始躁动起来，逐渐引起了社会各界的关注，县长来了，市里的有关领导和专业人士也来了，也许他们压根也没想到自身的这一举动会引起那么大的反响。类似的情况，在沂蒙老区还有很多，如蒙阴的深山蜜坊、蒙阴蜜桃，费县的沂蒙煎饼、特色农产品等等，都是比较成功的案例。可以说，新的电商时代，沂蒙人民正在以其自身特有的方式开启一条新的农村电商"买全国、卖全国"之路。

当前，临沂农村电商自发崛起的主要原因在于以下几点：一是返乡人员的示范作用明显。以东近台村为例，该村的电商带头人刘磊自 16 岁外出打工，凭借在北京干过快递的经历，于 2013 年用仅有的 5 万元起家做淘宝，到 2014 年 5 月份回村开淘宝店，实现了滚雪球式的发展，仅目前家里的存货就达三四十万元，网店由之前的 1 家扩大至 5 家，年销售额可达 300 余万元。其弟刘森也在其带动下取得了不小成绩。在其兄弟俩的示范下，村里的年轻人纷纷效仿，目前全村淘宝户已发展到近 20 家。二是电商模式使村民足不出户就见到了实实在在的效益。通过半年的摸索实践，东近台村的淘宝户们某项商品单项销量有时能排名淘宝前列，例如一个卖表的有时一天就能赢利 3000 多元，据他而言，基本没有尾货，不愁卖不出去。用他们自己的话说，这比以前出去打工强多了。三是门槛低、成本少、操作简单、灵活性强。在农村自家开淘宝店，基本不需要多高的文化程度和专业水平，既没有房租费，也没有仓储费，甚至水电费都很少，只需要一台电脑、一部打印机等简单的设备，就可操作。而且吃喝等可由家里的老人保障，生活毫无后顾之忧，即便生意不好，也不会有大的损失。四是沂蒙人民特有的艰苦创业精神再次得以发扬光大。尽管东近台村比较偏远，交通也不便利，与外界相比没有任何便利条件和资源优势，而且村里的淘宝户们文化水平也不高，更谈不上专业，但他们硬是在没有美工、没有设计，甚至货源也要从网上寻找的情况下，凭借开拓奋进、艰苦创业的沂蒙精神，开辟了一条"买全国、卖全国"的农村电商之路。

第五章 | 临沂商城转型升级之二：国际化

第一节 经济全球化对国内批发市场的冲击

20世纪90年代以来，科技革命的迅猛发展和信息技术的广泛运用，为资源的全球配置创造了便捷的手段和有利的环境。全球经济的融合程度大幅提高，出现了生产、投资、流通、消费和金融等经济全球化。经济全球化现象的出现，可以追溯到20年之前，在这一段时间内，中国的经济体制改革与经济发展基本上保持了同步前进，中国的对外开放正是经济全球化进程的真实反映。当然，全球化进程的程度很难预测，因为它取决于很多因素，其中，中国入世无疑是促进中国经济与世界经济接轨的巨大良机，它使中国经济与世界经济融为一体，极大地推动了经济全球化进程。全球化的趋势是必然的，经济全球化趋势的加强，向入世后的中国流通业提出了严峻的问题，批发市场也毫无疑问地受到经济全球化的冲击和挑战。

一、经济全球化推动批发市场组织规模创新

经济全球化为批发市场组织规模化提供了巨大的发展空间。在经济全球化进程中，一方面由于第三次科技革命的深化刺激，国际分工不断细化，从而使全球生产力获得巨大发展，这就为商业交换提供了越来越多、源源不断的物质供给与服务供给。另一方面是消费的国际化、个性化、多样化、多变化，对商业交换不断提出新的要求，商业与全球各国消费者的依存度空前提高。在国内市场竞争日趋激烈、需求日趋饱和之际，经济全球化为批发市场跨国经营开拓了大量新兴市场，带来了高速增长和竞争的优势。为了抓住经济全球化的机遇，有实力的批发市场应积极采取跨国发展战略，尝试以各种方式进入国际新

兴市场，或吸引国外商品进入本地市场，真正将批发市场办成国际性的采购中心。

二、经济全球化推动批发市场管理模式创新

20 世纪 80 年代以后，国际上出现了许多新的流通管理模式，极大地提升了流通企业管理水平。例如 Just – In – Time 即时管理、Quick Response 快速反应策略、Effective Customer Response 消费者有效反应流通管理模式等。这些新型的管理策略和模式都有一个共同的特点，即在大流通的前提下，针对某一大类商品，就物流、信息流和商流等展开集成管理，这些管理模式都是在全球化趋势下结合信息技术革命而不断发展起来的。就批发市场领域来看，过去十多年里，驱动经济全球化迅猛发展的信息革命，深刻地改变着批发市场的经营模式，它不仅为现代批发市场的发展提供了各种必要的条件，如各类信息和网络基础设施的建设、网络整合技术的发展、物流标准和设施的统一等；还给批发市场的内部管理和实际运作带来了巨大影响，使批发市场成为真正的商流中心和信息中心；同时，它还改变着批发市场的传统交易方式，从目前的对手交易向网络交易方向转化。

三、经济全球化推动批发市场竞争手段创新

经济全球化条件下的市场竞争，不再局限于同一批发市场内部商户之间的竞争和同一地理区域或相同业态类型的批发市场商户之间的竞争，而是表现为跨越行业界限、部门所有、地理限制、业态类别和经营规模的不同厂商之间的竞争，竞争领域互相交叉，营销市场相互渗透。使得批发市场内经营商户凭借单一的竞争手段难以取得或保持竞争优势，无法满足顾客多样化和个性化的需求，这就要求批发市场优化组合和创新运用质量、价格、信息、技术和服务等多种竞争手段。在经济全球化背景下，竞争手段创新不仅仅只是企业个体的创新，还是一系列相关产业企业的整体创新，如此，一个不断被提及并得到成功实践的竞争模式——合作竞争模式应运而生了。包括零售、批发、制造、物流等诸多行业，通过广泛的合作，形成新型的企业联盟。

第二节　批发市场的国际化发展动机

早在 20 世纪 90 年代初，我国就已有一些批发市场尝试国际化经营，尤其以浙江最为突出，到今天，浙江企业在境外设立的专业批发市场已经形成了一

定规模。南非、阿联酋、俄罗斯、匈牙利、喀麦隆、尼日利亚、荷兰等多个国家和地区都已设有浙江商人创办的专业批发市场，其中较为知名的有南非的中华门商业中心、阿联酋迪拜的中国日用商品城分市场、俄罗斯的中国皮革城、泰国的中国商品城、越南的中国商贸城等等。这些专业批发市场的成功引发了人们对批发市场国际化发展的思考。

批发市场走国际化发展道路，其中一个主要推动力来自其服务的众多中小企业，这些中小企业在经济全球化的趋势下产生了国际化经营的内在要求，虽然其从国内经营到跨国经营的发展过程是一个被动到主动，从量变到质变的长期演变过程，但它充分说明了国内中小企业为了适应市场环境的变化主动出击去开拓国际市场，这些中小企业的国际化经营为批发市场的国际化提供了内在发展动力。随着经济全球化发展，我国的企业，特别是众多的中小企业将更普遍地走向世界，实现经营国际化。中国许多中小企业的国际化经营往往选择了间接的方式，这就必然要求曾为其商品销往全国起到重要作用的专业批发市场能够利用其交易平台，为它们走向国际市场发挥作用。因此，专业批发市场的国际化体现了企业特别是广大中小企业国际化发展的内在要求。

批发市场国际化发展也是其自身规模扩大的要求。批发市场虽然在中国的经济发展中起到了重大作用，但是，近年来国内专业批发市场的发展也已经遇到了一些瓶颈：一些成长起来的名牌产品企业纷纷自建分销渠道，市场出现一定程度的萎缩；地方特色产业的进一步发展也要求批发市场为他们寻找更广阔的市场空间；国内日益激烈的竞争也迫使批发市场寻求开放经济下的新的发展机遇。于是，国内一些批发市场纷纷突破原有的仅仅局限于国内市场经营的模式，向国际化经营方向发展，国际舞台成为部分有实力的批发市场的新的发展空间。因此批发市场国际化经营的动力也来自其自身的进一步发展需求。另外，我国内外贸易体制的改革也为批发市场国际化发展提供了条件。外贸经营权的放开，使许多企业特别是那些没有能力建立独享式国内外市场销售网络的中小企业可以选择通过专业批发市场走向全球市场，这有力推进了专业批发市场的国际化发展。此外，一大批活跃在世界各地的海外侨胞、海外侨商及由此形成的社会网络成为专业批发市场国际化的保障因素。国外学者的研究也证实了华人网络对国际贸易的作用，有国外学者指出，一方面，非正式贸易壁垒对贸易的影响相当巨大；另一方面，与同质产品相比，华人网络对于差别产品的双边贸易更能起到积极的作用。据他们估计，在东南亚华人占有较大比例的国家之间进行的差别产品双边贸易中，华人网络几乎增加了双边贸易的60%，其网络有效性可见一斑，这种人际网络对于国内企业走向国际市场起到了积极的作用。由此可见，改革开放的深入、支撑产业的需求、自身发展的需要都促使了国内批发市场开始逐步迈向国际化市场，尽管这一步伐目前还迈得不大，但相信不久的将来，中国富有特色的批发市场在全球经济一体化进程中出现在世界舞台并在国际贸易中占据一席之地将成为现实。

第三节　批发市场国际化发展战略

一、积极实施"走出去"战略，提高批发市场拓展国际市场的能力

1. 积极组织市场内商品外销，扩大市场的辐射力。批发市场要积极引进外贸生产企业、外贸商业企业、外贸经纪人，扩大市场内商品直接外销的机会；此外，有条件的批发市场要经常带领国内经营商户到国外举办展销会、促贸会，将场内的商品直接通过批发市场组织带到国外市场。例如义乌中国小商品城，目前已经有来自全国各地的外贸企业纷纷入驻，据统计，在义乌注册的外贸出口代理企业共有 144 家，这些外贸代理机构，有些是外贸企业根据外商提供的信息和要求进驻中国小商品城采购商品的，有的是经纪人挂靠市外外贸企业设在义乌的办事处，有的出口代理公司在义乌的分支机构的出口值远远超过公司总部，于是干脆将义乌分支机构转为总公司，而外地公司变分公司，这些代理公司为义乌的外贸发展起到了积极的推动作用。

2. 组织市场内经营商户走出国门，参加国际商品交易会。批发市场不仅是行业市场的信息中心，还应该是行业贸易的组织者和协调者，有必要组织场内经营商户走出国门，经常参加国际上有影响的专业商品展销会。由于批发市场内的商户主要是中小批发企业或中小生产企业的销售点，这些企业缺乏自己在国际市场上竞争的经验和地位，大型批发市场则可利用自身的品牌知名度和国内市场的地位组织这批中小企业走出国门，参与国际市场竞争。尤其是让一批素质较高、意识较强的经营商户去国际市场闯荡，直接接触客户、掌握国际市场信息。因此，批发市场积极组织经商户到国外参加各种商品展示会、贸易洽谈会，使经商者了解国际市场行情，开阔视野，解放思想，不失为服务企业的一个好途径。

3. 在国外建立自己的办事机构或开设分市场，长期为经营商户外销商品服务。目前，一些批发市场在国际上已经拥有了一定的知名度，吸引了来自世界各地的买家前来进驻采购。但从世界上各国消费市场的容量来看，这批买家毕竟只是一小部分。为了让更多的买家了解中国的商品，批发市场可以到消费市场潜力较大的地区设立办事机构或开设分市场，从而可以使国内企业的商品

长期在国外市场参与直接竞争，让更多的人有机会在当地了解中国商品。但是这种方式风险比较大，有时可能会遭遇到一些意外的暴力。从目前的情况来看，海外设立的专业批发市场有遭遇经营风险甚至海外暴力的可能，如巴西中华商城在 2003 年因发生重大亏损而被迫关闭，俄罗斯扣鞋事件、西班牙烧鞋事件、吉尔吉斯中国商城被抢事件、巴黎仓库被毁事件等都对专业市场的国际化进程造成了一定程度的负面影响。要避免这些风险，需要中国政府、商会与批发市场及经营商户共同努力，采取法律手段保护自己的利益。为了做好海外经营的风险防范工作，批发市场要注意联合海外当地商会与国内行业协会，加强海外经营风险防范的组织工作，定期对经营商户进行培训，建立信息沟通机制，强化商会和行业协会与当地政府、社团组织的联系，增强本土化程度。

二、积极实施"引进来"战略，提高本地批发市场的国际化水平

对于多数的专业批发市场而言，"引进来"战略比"走出去"战略意义更大，要将批发市场办成国际性的采购中心和展贸中心，必须大力提高商品的国际化来源和外国客户进场交易比例。

1. 完善市场硬件设施，加强内部管理，将专业批发市场建设成为国际采购中心，使专业批发市场成为国内产品进入国际市场的集散中心，成为连接国际市场和国内市场的桥梁。要进一步完善专业市场的服务功能，尤其是信息整合功能。要以专业批发市场为依托和基地，积极办好国际商品博览会和交易会，构建若干个定位明确、差异明显的国际性商品交易中心。

2. 大力引进国外批发商、代理商，引进国外商品入场。专业批发市场不能仅仅成为中国商品的展销场所，更应成为世界各地产品的展销场所，要让国内外客户来到市场就能找到全世界优良的商品，从而大大降低买家在全球范围内寻找商品的交易成本。因此，专业批发市场下一步的工作重点是引进国外制造商的商品，利用市场的展示展销功能和遍布全国的商品销售网络，为外国商品进入国内市场提供窗口，实现进出口代理功能创新，使自己真正成为国际化的采购中心。

3. 大力引进国外客商来场参观洽谈，增大商品经营的外销比例。专业批发市场的营销工作要做到世界各地，而不是仅仅在国内营销，要让世界各地的买家都能了解批发市场的特点，了解批发市场内商品的特点。要大胆探索，与各国商社各类市场建立广泛联系，通过联营或代销等方式，力求形成相对稳定的商品市场销售渠道和网络。大力引进国际中间商、专业采购商来市场设立机构，实现市场经营商品和主体的国际化。

三、政府在批发市场国际化发展中应有所作为

批发市场国际化战略离不开政府的支持和推动，义乌中国小商品城在此方面为我们提供了很好的借鉴。2014 年，义乌市实现出口总额 237.1 亿美元，这一成绩与当地政府的积极推动是分不开的。早在 2000 年，义乌市委、市政府就提出了市场的国际化发展战略构想。近年来，义乌市政府不断加强服务意识和服务功能，积极推动义乌中国小商品城的国际化进程。主要措施如下：一是不断完善各项管理措施，打击违法行为，整顿市场秩序，为境外客商提供方便安全的环境。二是积极主动对外宣传义乌，以各种优惠措施吸引国内外客商来义乌学习，加强对外资企业生产经营过程的服务，发挥现有外资企业的"以外引外"作用。三是组织各类批发市场管理者和经营商户积极参加世界各地展会，扶持义乌企业和产品走出国门。四是积极引进相关专业人才，加强人才培训工作，提高批发市场管理者和经营户的国际化素质和能力。通过借鉴义乌市场的经验和其他地区的做法，政府完全可以在以下几个方面推动批发市场的国际化发展：一是实施以招商引资为载体的批发市场国际化战略。二是提高相关的行政效率，如改革商务考察出国审批制度，简化手续，创造一个经商者出入境较为方便的环境。三是为投资者提供良好的政策环境、创造良好的社会秩序环境。四是编织网络，包括：（1）舆论宣传网络，提高本区域的知名度；（2）科技人才网络，加强与大院大所和专家学者联系与合作，为企业传递科技信息，提供科技成果，推介各类人才，开展决策咨询；（3）中介服务网络，加强与中介服务组织和国内外大企业、大财团、商会的联系，获得更多的信息；（4）融通资金网络，加强与国内外金融机构、证券机构的联系与合作，为企业搞好金融服务。

第四节　临沂商城国际化

一、加快推进商城国际化的重大意义

临沂市正处在转调赶超、跨越发展的关键时期。2011 年，临沂市委、市政府立足临沂商贸物流传统优势和近海临港区位优势，审时度势，作出了"建设国际商贸城，打造市场发展新优势"的决策部署，积极推动临沂商城由国内市场为主向国内外市场一体化转变。加快推进临沂商城国际化工作，更好地发挥其开拓国际市场、推动制造业转型升级等方面的重要作用，对加快临沂乃至

山东的改革步伐、实现科学发展具有重要意义。

1. 将为转变外贸发展方式、统筹国际国内两个市场赢得先机。目前，世界经济发展仍处于不稳固状态，贸易和投资保护主义明显抬头。通过推进商城国际贸易改革试点，进一步发挥临沂市场的带动作用，有利于推动临沂市出口稳定增长和"走出去"战略顺利实施，拓宽发展空间；有利于推动广大中小企业充分利用国际国内两种资源，开拓国际国内两个市场，增强企业发展的整体竞争力。

2. 将为带动区域产业融合发展、促进劳动力就业开辟空间。临沂市场形成的巨大规模优势，为周边区域特色产业构筑了"低成本、高效益"的共享式销售平台，有利于探索建立贸工联动、产业融合发展的新机制，助推中小企业发展，促进特色产业集群发展壮大；有利于开辟更大的就业空间，转移农村富余劳动力，促进农民增收，带动劳动密集型企业和制造业发展，推动区域产业合作，实现互补共赢。

3. 将为优化贸易便利化条件、带动专业市场转型升级积累经验。通过综合改革试点，推进大通关建设，探索建立与商品出口相适应的交易平台、贸易通道和监管方式，推动形成商品贸易便利化新机制，进一步降低外贸出口成本，提高贸易效率，不断增强区域商品制造业的国际竞争力；可以带动现有市场创新交易方式、商业模式和流通业态，推动形成先进规范的市场监管服务模式，建立有形无形市场相互融合、内贸外贸联动发展的新机制，加快推进专业市场转型升级。

4. 将为深化行政管理体制改革、加快服务型政府建设树立样板。山东省政府确定在临沂开展国际贸易综合改革试点的一个重要目的，就是要按照建设服务政府、责任政府、法治政府和廉洁政府的要求，探索建立适应国际商贸城市发展特点的行政管理体制。通过改革试点，可以进一步转变政府职能、完善机构设置、健全服务功能、提高政府效能，为加快建立权责一致、分工合理、决策科学、执行顺畅、监督有力的服务型政府提供实践经验。

二、临沂商城国际化面临的形势、挑战以及发展方向和目标

1. 从国际国内经济形势看。世界经济受金融危机冲击，短期内难以明显好转，国际市场有效需求不足，金融市场持续动荡，地缘政治环境恶化，各种贸易保护主义抬头，我国对外贸易面临"再入世"的考验，开放型经济发展面临严峻挑战。同时，由于美国、日本等实施量化宽松政策，国际热钱流入国内，人民币汇率屡创新高（2014 年底开始贬值，但是针对前几年的大幅升值，属于正常回调），大大侵蚀了企业出口盈利能力，国际贸易形势依然不容乐观。

2015 年 1 月份，我国进出口总值 2.09 万亿元人民币，同比下降 10.8%，国际贸易形势依然不乐观。

2. 从商城国际化面临的挑战看。随着经济全球化不断深入，消费需求日益多样化，临沂商城国际化也面临新的挑战。比如，在外贸监管体制上，现行外贸监管政策和促进体系主要针对大宗商品、成套设备，与临沂商城以中小商品为主，贸易价格低、种类多、单笔交易规模小、交易对象众多等特点还不适应；在外贸服务支撑体系上，有效解决国际贸易摩擦、突破技术性贸易壁垒的协调机制还不完善，促进国际贸易发展的物流、金融、信息等支撑体系亟须加强；在外贸秩序上，低价竞争比较激烈，缺乏对外贸公司、中介代理机构等的有效管理，社会信用、质量管理、知识产权保护等体系建设相对滞后。

3. 从商城发展的趋势看。随着电子商务等新型业态的兴起、国际产业梯度转移步伐的加快，临沂商城发展呈现出许多新的趋势，主要表现在国内贸易与对外贸易一体化趋势、生产性服务业与生活性服务业联动发展的趋势、服务业与加工业联动发展的趋势、有形市场与无形市场融合化趋势、传统优势与现代经济元素结合的趋势等方面。这些新趋势既是临沂商城转型升级的目标指向，也是临沂加快推进国际贸易综合改革的现实路径选择。

4. 从商城自身情况看。2013 年 4 月，临沂市政府出台的《临沂商城进行省级国际贸易综合改革试点总体方案》，明确了改革试点的方向和任务，提出到 2015 年商城出口额达到 100 亿美元，到 2020 年率先实现外贸发展方式转变，贸易效率达到世界先进水平，形成比较完善的现代商贸流通体系和便利化的国际贸易机制。目前，临沂商城的经济外向度以及外贸经营主体、外商机构的数量等，与义乌相比都还有明显差距；管理方面还存在管理粗放、规划不统一的问题，地产品的质量、档次和市场占有率不高，电子商务发展缓慢、涉外服务水平不高、购物环境有待改善等因素，也制约了商城外贸竞争力的提升。要实现《总体方案》中确定的工作目标，还需要付出艰辛的努力。

三、临沂商城省级国际贸易综合改革试点取得初步成效

2013 年 1 月，山东省政府启动临沂商城省级国际贸易综合改革试点。改革试点启动近两年来，临沂商城国际贸易便利化服务体系日趋完善，内外贸一体化进程加速，各类新兴业态蓬勃兴起，外贸出口持续增加。2013 年，临沂商城实现市场交易额 2096.2 亿元，同比增长 18.3%；出口 32.1 亿美元，同比增长 150.8%。2014 年市场交易额超过 2687 亿元，出口 59 亿美元，发展活力增强，改革红利初显。

（一）初步形成了"五位一体"的国际贸易方式

1. 加快推进跨境电子商务发展。顺应电子商务时代发展潮流，把加快跨

境电子商务发展作为国际贸易综合改革的重点。坚持点线面相结合，着力营造跨境电子商务发展的生态圈。点上，抓住省政府开展金融改革，实施"金改22条"机遇，与临沂商城商品种类丰富、涵盖生产和生活资料主要门类的优势相结合，积极探索发展介于期货和现货之间大宗商品电子交易平台。经省金融办批准，临沂国际商品交易中心筹建，并于2014年底投入试运行。突出打造临沂商城电子商务创业园这个重要平台。聘请安永公司对创业园进行顶层设计、总体规划，聘请义乌顺时针电子商务公司、武汉传神公司等企业组成的咨询团队对创业园进行运营规划落地实施。目前，相关工作顺利推进，创业园年底有望投入运营，将成为临沂商城跨境电商发展的"孵化器"、"试验田"。线上，着力构建"垂直平台＋跨境电商＋电商服务商"的电子商务生态链。培育形成了"01批发网"、山东高速满易网、新明辉、第七公社、依天下、君发礼品、酒到家、易通网等综合及垂直电商平台，和金湖彩涂铝业、翼动商贸、鹏拓科技等一批跨境电商企业，引进和培育了淘宝生态城等一批电商服务企业。面上，市政府制定出台《关于促进电子商务加快发展的意见》，对跨境电商发展给予有力政策和资金扶持。临沂商城跨境电子商务发展势头渐起、方兴未艾。

2. 打通"一带一路"国际贸易通道。抓住国家实施"一带一路"发展战略的重大机遇，开展了临沂·新疆国际贸易合作专题调研。据调查，临沂商城年均发送至新疆乌鲁木齐的货运量46万吨，乌鲁木齐发送至临沂的货运量49万吨，往返基本相当。大量货物经霍尔果斯、都拉塔等口岸进出口。临沂商城管委会与新疆霍尔果斯口岸签署战略合作协议，借助其"丝路明珠"的政策优势和"一关通五国"的地域优势，开拓中亚市场。目前，已经开通临沂至乌鲁木齐货运班列，畅通货运通道。加强与中交建集团海外部战略合作，借助其海外资源优势，开展海外工程建设采购、邀请境外采购商、劳务输出等多方面的合作。市政府已与中交建集团海外部签署了战略合作框架协议，相关合作事项正逐步深化。

3. 深挖会展促进国际贸易发展潜力。发挥临沂国际会展中心、临沂商城会展中心两大会展平台和中国临沂国际商贸物流博览会、中国临沂书圣文化节两张会展名片的作用，坚持以展促商、以商带展，常年举办以商城为主体的各类会展活动，逐步带动兴起了中国临沂国际商贸物流博览会、中国临沂资本交易大会、中国临沂国际商贸物流博览会等、山东省教育装备博览会、中国（临沂）五金博览会、中国临沂新能源汽车电动车及零部件博览会、中国（临沂）国际茶文化博览会等一系列专业展会。尤其是从2014年起，每年举办中国临沂资本交易大会，形成了"春有资本交易大会、秋有商博会"两大会展名片。

第五届"商博会"共有境内外 1610 家企业参展，设有国际标准展位 4180 个，吸引 5.5 万名专业采购商到会参观采购，比上届增长 28%；现场实现采购额 71 亿元，其中签订进出口合同额 1.5 亿美元，比上届分别增长 13.6% 和 25%。

4. 推进"海外临沂商城"建设。吸收借鉴在安徽阜阳成功建设"阜阳·临沂商城"的经验，与国际贸易发展相结合，加快"海外临沂商城"建设步伐。在匈牙利建设的中欧商贸物流合作园区，目前已有入园企业 150 多户，成功举办了 10 余次展会活动。2014 年 6 月，经省商务厅、财政厅考核，被认定为全省第一批省级境外经贸合作园区，年底前有望通过商务部、财政部认定，成为国内第一个国家级境外商贸物流型经贸合作区。同时，借助与中交建集团海外部的战略合作，目前正积极推动在非洲肯尼亚蒙巴萨自由贸易区的"海外临沂商城"建设事宜。

5. 用好"旅游购物"模式和市场采购地检验政策。发挥海关总署批复临沂商城出口商品采用"旅游购物商品（0139）"监管方式、质检总局支持临沂商城试行市场采购出口商品检验监管制度的优势，积极支持临沂商城适用政策的市场群体用好政策、扩大出口。海关、出入境检验检疫部门在临沂商城设立办事机构，对商城出口商品采取"出口货物合并归类"、"优化查验异常处置"和"诚信管理、合格假定、审单放行、全程监管"等服务措施，简化手续，畅通渠道，有效促进了商品出口。临沂商城"旅游购物"模式出口商品，金额虽然较小，但方便灵活，丰富了临沂商城商品出口方式。

（二）初步形成了梯次式的外贸经营主体成长机制

把培育壮大外贸经营主体作为加快国际贸易发展的关键举措来抓。坚持"内挖潜力、外引新强"，促进临沂商城外贸经营主体队伍加快成长，扩大规模、提升档次。

1. 推进"个转企"，促进市场经营业户做大。放宽企业住所使用证明限制、放宽临沂商城企业名称登记条件、放宽外商投资公司股东或发起人资格、放宽境外投资者主体资格证明，畅通了登记渠道，允许市场经营户沿用已有的前置许可，并给予税收、社会保险、贷款利率、担保费率等多项政策优惠，帮助市场业户打消顾虑，加快转型升级步伐。2013 年底以来，已有 5000 多户市场业户办理了"个转企"登记，由自然人变法人，由个体户升级为公司，经营规模不断扩大，综合实力日益增强。

2. 加快"内增外"，促进外贸经营主体做多。在培育壮大临沂商城市场主体的基础上，组成宣讲团开展集中宣讲，加大外贸支持政策的推广宣传力度，提高商城市场主体对国际贸易发展的知晓率和认知度。同时，选择板材、机电、五金、陶瓷、文教用品等，一批产业基础好、有进出口潜力的市场，有针对性地给予指导和培育，促进其转型开展国际贸易；对已经开展国际贸易和新注册成立的外贸公司，免费提供国际贸易业务实操培训，帮助其提高国际贸易业务操作水平，增强国际市场开拓能力，促使商城外贸经营主体不但生得快，而且立得住、成长好。截至 2014 年年底，临沂商城 101 处市场已有 75 处市场开展了国际贸易，拥有外贸经营主体 1920 户。

3. 完善"产业链"，促进外贸经营主体做强。按照"建链、补链、强链"的方针，着力引进经营业态新、综合实力强、适用配套的外贸经营主体，完善临沂商城国际贸易发展的产业链。在"建链"环节，瞄准规模大、层次高、有国际市场的外贸企业定向招商，成功引进了富士康集团"金机商贸城"等大好项目。在"补链"环节，注重引进有经验的外贸服务企业，为外贸企业提供完善的配套服务。在"强链"环节，市政府设立临沂商城发展国际贸易资金，对年出口 1000 万美元以上的外贸企业，给予一次性资金奖励，对出口规模大、带动作用强的，在临沂商城国际贸易中心为其免费提供办公场所，实行集中办公，并按出口额动态考核，增强聚集效应。2014 年以来，临沂商城新注册外贸公司逐渐增多，外贸经营主体规模不断扩大。

（三）初步形成了便利化的国际贸易发展环境

1. 高标准建设国际贸易服务中心，推进登记注册便利化。坚持服务至上、环境优先，着力将临沂商城国际贸易服务中心打造成为"一站式"综合性涉外服务平台。临沂商城国际贸易服务大厅集中了 13 个部门的 37 项涉外行政审批职能，实现了涉外行政审批事项"一站式"办结。抓住国家行政审批制度改革机遇，精简了外贸经营者备案登记县区初审、一般纳税人资格认定实地核实、最高开票限额审批等审批环节，外贸公司注册登记时限由 27 个工作日压缩至不超过 7 个工作日办结。

2. 市场化运营发展临沂港，推进出口通关便利化。坚持市场化运作，组建青岛港、山东高速和市城投集团三方合资的临沂港运营公司，着力提升临沂港的运营发展质量和水平。临沂港的基础设施日渐完善，基本功能逐步健全，业务合作不断拓展。目前，已与青岛港、日照港等口岸建立了协作关系，与 4 家船运公司签订了场站协议，有 14 家船运公司在临沂港放箱。世界最大的船运公司马士基在临沂召开了业务推介会。临沂港的集装箱操作量由最初月均不足 100 个标箱，增长到 2014 年 9 月的近 3000 个标箱。

3. 全方位完善跨国采购体系，推进采购服务便利化。突出打造中国（临沂）跨国采购中心这一政府主导的跨国采购公共服务平台，为外贸企业提供进出口信息、外商邀请、出口退税、市场开拓、查验、报关、金融、物流、保险和宣传推介等综合公共服务。开发了临沂商城中英文导购查询系统，配备电子导购查询机和多语种导购员，为采购客商提供便捷服务。市政府积极争取国家各有关部委支持，国务院于 2014 年 8 月份正式批准设立临沂综合保税区，成为山东省第 3 个国家级综合保税区。临沂综合保税区享受与设在上海、浙江的洋山保税港区同等的免税、保税、入区退税、集中报关等涉外税收特殊政策，具有保税加工、保税仓储、保税物流、口岸作业和综合服务等功能，它将为加快临沂商城国际化、推动经济转型升级注入新活力。临沂综合保税区是目前我国境内除上海自贸区以外开放层次最高、优惠政策最多、功能最齐全的海关特殊监管区域，是国家开放金融、贸易、投资、服务、运输等领域的试验区和先行区。坚持国内物流与国际物流一起抓，积极争取开放临沂国际航空口岸，推进临沂铁路物流园区建设，初步形成了公、铁、海、空立体物流格局。

四、临沂商城国际贸易发展的制约瓶颈分析

（一）从"人"的国际化看

一是存在冷热不均的问题。表现在政府重视程度高、支持力度大，但部分商城市场业户受传统思想束缚和对原有内贸销售渠道的依赖，对国际贸易兴趣不高，缺乏转型升级、开展国际贸易的内在动力。据了解，临沂商城 6.9 万户市场经营户，开展国际贸易率不足 10%。二是存在能力欠缺的问题。部分商城市场业户具有开展国际贸易的意愿，但对如何开展国际贸易缺少相关的专业知识，存在畏难发愁、滞步不前的现象。三是缺乏配套的国际贸易培训。与临沂商城国际贸易发展的人才需求相比，现有的国际贸易人才培养体系尚不够完善，缺乏一套完整的国际贸易人才培养规划。四是市场主体经营方式相对落后。临沂商城市场业户由于多数是个人或家庭经营，没有建立起产权清晰、运行规范的现代企业制度，经营者缺乏现代经营的理念和方式。五是缺少骨干型外贸经营主体。层次高、实力强、对进出口带动作用明显的高能级外贸经营主体数量还相对较少。

（二）从"商品"的国际化看

一是商品质量和档次不高。临沂商城物流业发达，货源渠道多，市场经营户追求利润的方式多为"薄利多销"，对商品的进货质量标准不一，有时存在重"量"不重"质"的问题。二是品牌竞争力不强。临沂商城市场业户代理品牌多、自有品牌较少。近几年，注册商标自行生产加工或委托他人代加工的不断增多，但知名度还不够高，驰名商标、著名商标少，注册涉外商标保护自身知识产权少。三是地产品支撑作用不强。临沂商城上市商品中的地产品占有率不高，造成利润相对较低。尤其是在电子商务加快发展的大背景下，部分市场受到一定冲击。

（三）从国际贸易方式看

一是"旅游购物"模式存在局限性。临沂商城商品结构既有生产资料又有生活资料，对批量小、品种杂、主体多的小商品可以适用旅游购物模式出口，但建材、板材等临沂商城主导出口产品则无法利用这一新型贸易方式。二是跨境电商发展缺乏政策支撑。临沂商城虽然开展了省级国际贸易综合改革试点，但还不是跨境电商发展的试点，在跨境电商发展的起步阶段对政策需求较大的情况下，缺乏配套政策支持，与发达地区相比，发展仍然相对较慢。三是会展经济拉动作用有待提升。举办的展会数量不少，但档次、规模、知名度、影响力，参展的外商数量、质量与发达地区相比还有较大差距。商城业户走出去的团体和规模也有待于进一步提高。

（四）从国际物流通道看

临沂商城物流业以公路物流为主，物流体系较为单一。缺乏高速铁路，铁路物流相对落后，快速交通仅仅依靠航空，临沂机场航线数量少，尤其国际航班数量更少。临沂港尚未实现进口直通，不能做到"重进重出"，增加了运营成本，且投入运营时间短，知名度不高，影响了业务拓展。发展跨境电子商务所必需的国际邮政小包业务刚刚开通。

（五）从金融配套服务看

一是部分市场业户贷款难。市场业户从事商贸批发经营，没有商铺产权，贷款缺少固定资产抵押。银行贷款的门槛较高，缺乏创新，动产抵押、股权质押、仓单质押等业务没有开展。二是出口退税速度较慢。外贸公司的出口退税时间长达 3~6 个月，周转较慢。虽然市政府设立了外贸扶持专用账户，但没有达到预期效果。三是征信体系不够健全。没有形成一个完整、有效、有权威的信用建设体系，金融机构征信评信难度较大，信用贷款方便快捷的作用没有得到有效发挥。四是民间资本活力有待激发。临沂商城经过 30 多年发展，积累了大量的民间资本，但目前尚未形成一个有效的民间资本规范引导机制，民间资本运作潜伏地下，产生了一些不良投机行为，亟须予以规范。五是金融业态环境有待完善。缺少外资银行和有实力的融资、信托、保险、基金等机构入驻，现有金融机构缺少针对临沂商城的金融创新，金融生态体系有待优化。

（六）从营商环境建设看

一是审批效率有待提升。临沂商城国际贸易服务大厅各行政审批部门刚刚实现"并联审批"，信息共享不充分，部分业务因行政审批部门内部管理权限制约，存在效率不高的问题。二是政策落地存在盲区。临沂商城国际贸易改革涉及多个部门的政策落地，目前出口退税、检验检疫、出口资质认定、财政补贴等政策的落实仍存在盲区。旅游购物贸易出口税务监管程序尚不明确，缺少具体的操作办法，企业做账无据可依。三是国际贸易服务业有待提升。报关、报检、法律、仲裁等中介服务机构数量较少，整体实力偏弱。

五、深入推进临沂商城国际贸易综合改革试点的对策建议

深入贯彻党的十八届三中、四中全会精神和习近平总书记 2013 年 11 月视察临沂商城时"使市场在资源配置中起决定性作用和更好发挥政府作用，政府和市场各就其位"的重要指示精神，在纵深推进临沂商城国际贸易综合改革试点中，准确把握政府定位，通过有限有效的积极作为，变"面上引导"为"服务主导"，推动国际贸易综合改革试点取得新成效。"服务主导"就是把工作的重点放在制定规划、搭建平台、营造环境上，把市场不愿做、做不好的事情，由政府主导做好，实现有限作为、有效制导。

（一）开辟多元化的国际贸易发展方式

抓好政策落实，在探索建立新型贸易方式上实现新突破。海关、商检、税务、外汇、工商等部门，要进一步加强与对口部门的沟通协调，认真抓好上级出台优惠政策的对接工作，确保各项政策争取到位、落实到位。要依据上级有关政策，结合临沂商城实际，研究制订与国际贸易改革试点相适应的监管办法，及时出台相关的配套优惠便利政策，形成一套完备的主体准入、通关监管、税收征管、外汇核销、质量追溯、责任追究等综合管理机制，并加强跟踪问效、督促落实，加快建立以"管得住、通得快"为主要特征的新型贸易方式，推动临沂商城内外贸一体化发展。要探索建立联合研究机制，与相关专业研究机构加强战略合作和沟通联系，对改革涉及的专业政策进行研究分析，明确争取方向，放大政策效应，最大限度把上级扶持政策用足用好。

临沂商城市场主体多元、商品种类丰富的特点，决定了临沂商城发展国际贸易不能照搬照抄外地发展模式，必须结合实际，积极探索多元化的国际贸易发展路径。一要突出发展跨境电子商务。强化对跨境电子商务发展的政策支持，推动跨境电子商务创业群体零门槛进入、低成本创业，激发创业活动，壮大从业群体；每年组织举办临沂商城跨境电子商务发展高峰论坛，吸引国内外跨境电子商务精英进行研讨交流。着力健全完善跨境电子商务发展生态链，突出培育和引进跨境电商服务商群体。突出抓好大好项目建设，培植壮大临沂国际商品交易中心等重点项目，增强临沂商城跨境电子商务创业园的孵化功能，实现由"1"到"N"的转变。在具备条件的基础上，建议积极争创省级和国家级电子商务示范城市和示范基地。二要积极融入国家"一带一路"发展战略。向西，加强与新疆霍尔果斯、喀什等边贸口岸的合作，打通与中亚地区国家的贸易通道；向南，加强与南宁等边贸口岸的合作，打通与东南亚国家的贸

易通道；向北，加强与满洲里等边贸口岸的合作，打通与俄罗斯的贸易通道。同时，深化与中交建集团的战略合作，借助其海外资源和平台，拓展"海上丝绸之路"贸易通道，推进建设"海外临沂商城"。三要着力打造国际会展新城。加大"引进来"力度。一方面，做强、做精、做专中国临沂国际商贸物流博览会、中国临沂资本交易大会两张会展名片，提升临沂国际会展中心、临沂商城会展中心两大会展平台的市场化运行水平和配套服务功能，吸引更多的外国客商参加临沂市举办的各类展会，变"国际味"为"国际范"。另一方面，着力引进经验丰富、运作成熟的知名会展公司到临沂市设立机构，组织举办会展活动，综合提升临沂市会展业发展水平。

（二）建立立体化的国际物流通道

坚持国内物流与国际物流一起抓，发挥自身最大优势，补齐国际物流"短板"。一要巩固提升公路物流优势。发挥物流网络覆盖面广的优势，以推进物流信息化、标准化建设为抓手，加强信息资源整合，强化大数据的引领作用，推进实现商流、物流、信息流、资金流"四流合一"，提升商城物流业发展的现代化水平。二要加快推进铁路物流发展。推动加快城际高铁建设，尽快实现与全国高铁网络联网并轨。加快推进铁路物流园区建设，完善铁路物流发展的配套基础设施。组织开展临沂商城铁路货运市场需求调研，采取市场化运作方式，整合铁路货运资源，并加强与铁路过境口岸对接，逐步开行铁路货运班列。三要推进开放国际航空口岸。争取上级有关部门支持，先行开放临时国际航空口岸，再逐步开放国际航空口岸。四要畅通国际邮政小包物流通道。满足跨境电子商务发展对国际物流通道的多样化需求。

（三）培育现代化的外贸经营主体

实现临沂商城国际化，必须建立现代化的外贸经营主体队伍。一要推进商城市场主体建立现代企业制度。全面落实市场公司化登记规定，促进居企分开，建立产权清晰、责任明确的法人治理结构。鼓励符合条件的企业实施"股改"，创造条件，争取上市。大力推进商城市场业户"个转企""内增外"，由自然人变法人，由内贸经营向内外贸一体化转变。二要着力引进高能级的外贸经营主体。按照"建链、补链、强链"的方针，瞄准规模大、实力强、对进出口带动作用大的企业，加大招引力度，强化重点骨干项目对国际贸易发展的支撑和带动作用。同时，注重引进业态新颖、配套齐全的国际贸易服务企业，补强临沂商城国际贸易发展的产业链。三要开展大规模国际贸易人才培养培训。推进建立国际贸易人才培养机制，发挥临沂大学等高等院校和相关学术研究机构的作用，给予必要的政策和资金支持，增强其社会服务功能。突出加强国际贸易、跨境电子商务等业务实操培训，着力培养一批实用性专业人才。

（四）营造便利化的国际贸易发展环境

坚持把便利化作为实现国际化的基础和前提，以便利化的服务提升外贸经营主体的聚集度。一要推进外贸经营主体登记便利化。进一步加强国际贸易服务大厅规范化建设，借鉴上海自贸区"一口受理"经验，推进所有涉外行政审批实行"并网"办理。同时，不断扩大临沂商城国际贸易服务中心的服务内涵和外延，为外贸经营主体提供"保姆式"全程服务。二要推进进出口通关便利化。进一步完善临沂港功能，争取实现进口直通，做到有进有出、重进重出，降低运营成本，便利外贸企业；争取海关和出入境检验检疫部门支持，推进跨关区通关合作，实现"属地报关、临沂港验放"。继续坚持市场化运作的方针，健全完善临沂港运营公司的组织结构和运营体系，适时组建临沂港集团，不断提升临沂港运营质量和水平。三要推进国际贸易采购便利化。积极争取参照义乌执行"市场采购"模式，并不断完善餐饮、住宿、公共交通、医疗、培训等功能，形成宜商宜居的国际贸易服务环境。

（五）完善配套服务功能，在优化国际贸易发展环境上实现新突破

立足于开展国际贸易的需要，加快推进市场改造提升，加强配套设施和服务机构建设，完善市场服务功能，使商城基础设施建设与国内国际贸易一体化发展的总体要求相适应。加快临沂港配套设施建设，把临沂港作为推进商城国际化的重要平台，抓住试运营的有利时机，一鼓作气、乘势而上，力争近期通过上级海关、商检验收，实现正式营业；要加大政策宣传力度，积极开展电视宣传、报纸宣传、召开新闻发布会、邀请主流媒体来临沂采风等活动，广泛宣传临沂港各项配套服务措施和优惠政策，吸引更多客商将进出口贸易转移到临沂港。探索建立跨关区快速通关、属地申报、分类通关及陆海铁多式联运等模式，进一步提高通关效率。

推进临沂商城国际贸易发展是一项系统工程，必须建立完善的配套服务体系。一要构建一体化的商务服务体系。尤其注重完善金融配套服务。深入开展调查研究，制定临沂商城金融改革配套服务方案；采取政府主导、社会募集的方式，设立临沂商城发展基金，聘请高水平的管理团队负责运营，激活民间资本，增强发展活力；重视引进外资银行、保险机构在临沂设立分支机构，优化国际贸易金融环境。二要构建一体化的政务服务体系。充分发挥市政府明确临沂商城管理委员会为市政府的派出机构，负责临沂商城的规划、建设、管理、服务和市政府设立国际商贸名城建设推进办公室，分十条线推进国际商贸名城建设的职能作用，形成统筹式服务，集中力量攻坚破难，共同推动临沂商城国际贸易发展的良好工作格局。三要构建一体化的政策配套体系。加强政策研究，对各级各有关部门制定的有益于临沂商城国际贸易发展的政策进行认真的

梳理、分析和研究，对普遍性政策，与临沂商城发展实际相结合，研究制定具体的落地措施，增强政策的适用性；对支持临沂商城发展的专项政策，深入了解政策的落地情况，扩大政策的覆盖面和受益群体。同时，加强对经济发展新常态下的国际贸易发展政策研究，突出问题导向，及时制定指向明确、适用性强的政策措施，不断增强临沂商城国际贸易发展的新动力。

（六）积极开拓国际市场，在加快市场"走出去"上实现新突破

加快"走出去"步伐。支持商城市场业户变"单打独斗"为"抱团发展"，组团式走出去，参加境内外会展活动，整体提升临沂商城的知名度和影响力，推动多元化办展。出台政策，鼓励政府部门、专业市场、社会团体发挥各自优势，引进或举办行业性、专业性展会，形成"八仙过海、各显其能"的会展业发展格局，有重点地培育一批全国性、行业性、区域性知名品牌展会。推进建设进口商品分销中心。支持临沂商城企业进口涉及民生、最终消费品、高新技术产品和关键零部件的商品，完善进口商品展示、销售、分销、配送、保税仓库和供应链服务等功能，发挥临沂商城物流网络覆盖全国县级以上城市的优势，将临沂商城打造成为江北重要的进口商品分销中心，推动实现由"买全国、卖全国"向"买全国、卖全球，买全球、卖全国"转变。

积极组织市场企业参加境内外行业展会和重要经贸活动，制定举办境外展会的专项扶持办法，宣传推介临沂商城，大力开拓境外市场。健全和规范企业对外投资合作机制，引导市场经营单位创办境外经贸合作区、商贸物流分拨中心，支持骨干市场和业户开展国际合作，探索通过连锁配送、建设市场分销渠道等形式，发展国际营销网络。大力发展国际贸易主体，按照"突出重点、梯次推进"的原则，优先选择产业基础好、具有较强出口潜力的经营主体，培育一批国际贸易主体，推动市场由内贸为主向内外贸并重转变；鼓励境外跨国公司、境内外贸易商、制造厂商和货运代理商等国际贸易中介机构和金融保险企业在临沂设立常驻代表机构。重视培养和引进人才工作，并积极开展商城商户业务培训，强化商户的国际化意识，提高企业开展国际贸易的技能。加大资金扶持力度，调动市场经营者开展国际贸易的积极性。加快发展会展经济，重点办好中国临沂国际商贸物流博览会，进一步提高展会的国际化水平和品牌影响力，研究做好临博会和广交会等国内大型展会的时间衔接，通过外地展会推介临沂商城，直接把外商吸引到临沂来，聚集人气、商气和财气。

（七）大力发展地产品，在推动产业转型升级上实现新突破

在传承好传统地产品的基础上，立足临沂产业优势，积极开发化工、机械、食品、冶金、牧业、医药、建材、小商品等地产品，进一步提升出口地产品档次，提高产品附加值，打造出口地产品自主品牌，延伸产业链，推动贸易

商品结构向高端方向拓展。充分发挥流道对经济发展的先导作用，通过市场带动，推动服务市场的中小企业和传统制造业转型升级，鼓励引导制造业企业开展技术创新、管理创新和产业集群创新，增强产业竞争力，形成现代服务业和先进制造业双轮驱动、生产性服务业与制造业联动发展的格局。

（八）加强规范化管理，在构建新型公共服务体系上实现新突破

学习借鉴义乌等地在市场管理方面的经验作法，引进先进管理理念，理顺管理体制，不断提升市场管理水平。加强商城诚信监管体系建设，健全"政府主导、部门监管、行业自律、企业负责、社会监督"的商品质量安全监管责任体系，严厉打击各类违法经营行为，为商城国际化营造安全有序、诚信经营的良好环境。围绕建设国际商贸名城的目标，加强与国际贸易和国际化城市相适应的金融、仲裁、边防、消防、港务等机构监管服务能力建设，优化机构设置和行政资源。加快发展与国际贸易相适应的社会事业，构建城乡一体的教育、就业、医疗、文化、社会保障等制度体系，探索建立基本公共服务、志愿互助服务、商业性便民利民服务相衔接的社会管理服务体制，建立有利于培养和引进国际贸易急需人才的工作机制。深化外事审批、出入境业务管理制度改革，建立有利于客商便利化出入境的管理机制。加快推进临沂商城国际化，对推动临沂商贸物流业持续繁荣发展具有重大意义。

资料一：跨境电商对中国外贸转型升级的影响、发展瓶颈及策略

随着电子信息技术和经济全球化的深入发展，电子商务在对外贸易中的地位和作用日益重要。近年来，外贸形势十分严峻。从国际看，美国金融危机、欧债危机影响不断扩大，国际需求明显下降，国际产业竞争更加激烈，贸易摩擦持续升级，国际贸易环境日趋复杂；从国内看，国内经济下行压力加大，外贸的传统竞争优势在弱化，劳动力和土地等成本不断上升。跨境电子商务正是在这种整体不利的传统外贸环境中实现逆势增长，成为大陆企业开拓国际市场的新渠道，成为加快转变外贸发展方式的新手段。

一、跨境电子商务发展的主要特征及趋势

（一）中国跨境电子商务市场保持快速增长

目前，我国跨境电子商务发展强劲，已成为国际贸易的新方式和新手段。艾瑞统计数据显示，2011 年跨境电子商务交易额达到 1.8 万亿元，同比增长 40.1%；2012 年跨境交易额 2.3 万亿元，同比增长超过 32%，增速远高于外贸增速。但相较于中国整体进出口贸易市场规模，占比仍处于较低水平，仅占

9.6%。预测在全球电商快速发展和中国电商全球化的大趋势下，中国跨境电商交易规模将持续高速发展，电子商务在中国进出口贸易中的比重将会越来越大，到 2016 年将会达到 19.0%，跨境电商交易规模达 6.5 万亿元。

来自商务部的不完全统计显示，2013 年中国跨境电商交易额突破 3.1 万亿元，而中国境内通过各类平台开展跨境电商业务的外贸企业已超过 20 万家，平台企业超过 5000 家；在新注册的电子商务经营主体中，中小企业和个体商户超过九成。

（二）跨境电商进口规模小，出口规模大

从跨境电商进、出口结构分布情况来看，2012 年超过 90% 的交易规模由出口电商贸易贡献，进口电商比重较低。进口商品主要包括奶粉等食品和化妆品等奢侈品，规模较小；出口商品主要包括服装、饰品、小家电、数码产品等日用消费品，规模较大，每年增速很快。但随着中国跨境网购市场的开放、跨境网购基础环境的完善以及消费者跨境网购习惯的养成，未来进口电商比重将逐步增大。艾瑞分析认为，制约中国进口电商发展的因素除了政策法律环境和消费者习惯外，主要涉及跨境物流、关税、支付安全、诚信体系以及售后保障等基础环节。

（三）中国跨境电商出口去向分布

艾瑞统计数据显示，2012 年中国跨境电子商务出口规模的 77.2% 主要去向美国、欧盟、中国香港、东盟、日本、韩国、印度、俄罗斯和中国台湾等国家和地区。美国和欧盟占比分别为 17.2% 和 16.3%；亚洲地区的东盟、日本、韩国、印度分别占比 10%、7.4%、4.3% 和 2.3%，中国香港和中国台湾分别占比 15.8% 和 1.8%。综上可见，中国跨境电商出口市场主要为亚洲周边国家和地区，其次为美国、欧洲，其他市场相对渗透较低。

（四）跨境零售电商势头迅猛

中国跨境网络零售规模近年来增长迅猛。2012 年中国大陆跨境网上交易达到 150 亿美元，增速 30% 左右。PayPal 最新研究结果显示，美国、英国、德国、澳大利亚和巴西五大跨境电子商务目标市场对中国商品的网购需求在 2013 年达 679 亿人民币，只占大陆跨境零售出口总额（2 万亿）的 3.5%，可见大陆跨境网络零售的未来发展空间十分巨大。

另一方面，新兴市场机会增多，跨境电商零售出口产业市场多元化的成效正逐步显现，新兴市场的发展给卖家带来可观的增长机遇。eBay 内部数据显示，伴随着 eBay 和 PayPal 在全球新兴市场的开拓和发力，跨境零售出口电商在以阿根廷、以色列、巴西为代表的新兴市场取得了显著增长。

二、跨境电商对外贸转型升级的影响

（一）促进专业外贸服务升级

跨境电商贸易过程相关的信息流、商流、物流、资金流已由传统的双边逐步向多边的方向演进，呈网状结构。跨境电商可以通过 A 国的交易平台、B 国的支付结算平台、C 国的物流平台，实现其他国家间的直接贸易。为适应新的贸易发展，需要专业外贸服务升级，并参与到跨境电子商务环节中，这不仅能带动行业的又一次发展，还能在国际化竞争中不断完善服务水平、提升风险应对机制。

由此，国内几个大型外贸电商巨头，无一例外地强化了对供应链服务的整合和升级转型，如阿里巴巴入资深圳一达通公司，中国制造网在美国创建海外仓，出口易在德国英国等地建物流仓等等。而合肥法思特信息技术服务有限公司主要围绕海外跨境电子商务零售以及跨境电子商务企业提供包含建站、海外推广、物流配送等提供一站式服务。目前法思特已在美国亚马逊拥有特色店铺 4 家，英国亚马逊拥有特色店铺 2 家，德国亚马逊拥有店铺 1 家，销售的产品涵盖户外运动、电子配件、圣诞礼品、卫浴五金等四大类超过 10000 种不同的单品，2013 年实现销售额 650 万美元，后期规划海外注册用户突破 100 万人，年交易额突破 5000 万美元。以上都说明中国电商对供应链环节的重视和专业外贸服务的转型升级。

（二）促进外贸方式向直销转型

跨境电商可以通过电子商务交易与服务平台，实现多国企业之间、企业与最终消费者之间的直接交易。与传统国际贸易相比，跨境电子商务进出口环节少、时间短、成本低、效率高。这是因为通过外贸电商的服务，将会使传统贸易中一些重要的中间角色被弱化甚至替代，原来贸易商、批发商等环节的中间成本被挤压甚至完全消失，这部分成本被很大程度转移出来。其中一部分变成生产商的利润，一部分成为电子商务平台的佣金，一部分则成为消费者获得的价格优惠，国际贸易的成本在产品价格中的比重大幅度降低，形成制造商和消费者"双赢局面"。例如，以在线批发的方式向全球市场网络直销，义乌这个全球知名的小商品批发市场也搭上了外贸电商的"快车"。2014 年 8 月，义乌市政府和国内知名外贸电商平台敦煌网在京签约共同建设"义乌全球网货中心"，实现了传统外贸转型。"义乌全球网货中心"由敦煌网负责开发实施，10 月份正式上线。它集合了义乌本地 7 万余家商户、上千万种商品，无缝对接敦煌网等各大电商平台。全球各地的采购商将可以直接下单，通过线上线下整合的仓储物流系统，使义乌商品以在线批发的方式在全球市场网络直销。在业内人士看来，跨境电商不仅仅是外贸方式的一种转型，让"中国制造，货通全球"的途径更加快捷有效，其品牌化甚至承载着从"中国制造"转为"中国创造"的梦想。

（三）促进外贸企业向小单、多生产模式转型

相对于传统贸易而言，跨境电商单笔订单大多是小批量，甚至是单件，这是由于跨境电商实现了单个企业之间或单个企业与单个消费者之间的交易。2008年的金融危机后，传统的海外进口商出于缓解资金链压力和控制资金风险的考虑，倾向于将大额采购转变为中小额采购、长期采购变为短期采购，单笔订单的金额明显减小，大部分不超过3万美元，并集中在消费品行业。在此背景下，互联网的便捷优势使网上小额批发或零售的井喷水到渠成；另一方面，传统外贸"集装箱"式的大额交易正逐渐被小批量、多批次的"碎片化"进出口贸易取代。例如，深圳欣云兴科技有限公司曾总经理表示，小单和大单绝不仅仅是商品数量多少、金额大小的差别，而是在做大批量订单时，不小的库存量会占用大笔的流动资金，要维系和上游供货商的关系，不能缺少资金。过去一个10万元的订单，交货期可能是3个月，前期给工厂的订金1万元可能就要押3个月；现在，一个1000美元的订单，交货期就1周，而这样的订单可能连续好几周都有，付给工厂的订金可能就几千元，这个连续性的订单滚动交货，不必追加订金，而且还有陆续回笼的货款可以做其他项目的支撑。零库存、高周转，每天处理成百上千的订单，直供给世界各地的采购商，这是一种新的外贸业务模型，从这些新型外贸商人身上，我们多少能发现中国外贸升级的端倪。

（四）促进外贸企业向品牌和产品创新转型

目前，跨境电子商务的发展，使得知识同技术密集型产品和服务的竞争更加突显。各类高科技产品、软件、视听产品、法律服务等产品和服务在政府产业扶持下快速发展。跨境电商的"订制化"与"个性化"已成为清晰的外贸电商发展趋势。同时，跨境零售也基本都是适合航空快递运输、体积较小、附加值较高的商品。随着人力成本、创新成本以及原材料价格的不断上升，中国在低成本制造方面的优势正不断丧失，在外贸企业面临压力的同时，也为企业提供了把压力转化为动力。在这样的大环境下，跨境电子商务可以帮助中国外贸转型，利用电子商务所带来的产品创新寻求贸易的长期可持续发展模式，成为我国这阶段外贸发展的主要题目。例如，2008年，知名耳机品牌"赛尔贝尔"总经理谭继华就是从淘宝开始做起，逐渐将业务拓展到外贸电商领域，主营高端蓝牙耳机。2012年起，谭继华开始专做自有品牌"赛尔贝尔"，完成了由单纯的供应商走向制造商和品牌商的道路，成为外贸电商卖家转型自有品牌的成功典范。目前，其自有品牌的月销售额超过200万美元；现在不仅有属于

自身品牌的工厂，还开设了线下体验店，计划 3 年内把旗下公司做上市。2013 年公司最主要的工作是国内线下渠道的铺设，在中国大多数主流城市建立"赛尔贝尔"形象店，以推广品牌。

三、跨境电子商务发展瓶颈及策略

（一）跨境电子商务的通关问题

在跨境电子商务快速发展的同时，一些矛盾和问题也逐步显现。一方面，社会和企业要求进一步提高通关效率，降低贸易成本，解决外贸电商结汇、退税难的问题；另一方面，跨境快件、邮件数量的快速增长，对海关的监管提出了新的挑战。

这一趋势也引起了政府有关部门的关注。国家发改委官员近日公开表示，跨境电商交易种类多、频次高、单次交易体量小，在通关、结汇、退税时容易遇到问题，亟须进行服务管理创新。例如，宁波跨境贸易电子商务服务平台的创新，可为跨境进口电商企业缩短通关时间、降低物流成本、提升利润空间并解决灰色通关问题，为跨境出口电商企业提供通关、物流全程服务，解决收结汇和退税等难题。宁波现已被国家发改委和海关总署共同审核批准纳入国家电子商务示范城市，并逐步形成海关对跨境贸易电子商务进出口货物的监管模式，积极为推进跨境贸易电子商务健康、规范发展，以及通关的相关管理规定提供了服务模式。

（二）跨境电子商务的支付问题

调查显示，多家商户的网上交易中，货到付款的方式成为主流，银行、邮局汇款方式次之，选择第三方支付企业进行网上支付的用户，大都是网上消费的忠实拥护者，或者是使用了有第三方信用机构参与的支付行为，比如支付宝、财付通等支付工具。2013 年 10 月，支付宝、汇付天下等 17 家第三方支付公司获得跨境电子商务外汇支付业务试点资格，正式获得首批跨境支付全业务试点牌照。此举将有效推动外汇跨境支付一站式服务平台的发展，提升支付机构结售汇的能力与效率，加快中国电子商务企业的国际化进度。

在民间跨境结算需求持续高涨的背景下，在国内第三方支付企业盈利模式简单、同质化竞争严重的现状下，支付机构若能抓住客户需求，不断推出实用的跨境支付服务，将有利于分流国内竞争、进一步聚拢优质客户，为支付机构带来新的发展空间。虽然从短期看，第三方支付机构跨境支付的产品、服务和市场份额现在还不足以和商业银行相提并论，但由于第三方支付机构在互联网平台、交易流程、青年用户支付习惯等方面具有优势，不排除在某些业务领域形成差异化优势进而挤占商业银行市场份额的可能。面对第三方支付机构跨境支付业务悄然增温，商业银行应当坚持"以客户为中心"的原则，与时俱进，创新求变，体察、发掘客户需求的细微变化，向客户推出更便捷、更贴心的服务，不断开拓跨境金融领域新蓝海。

（三）跨境电子商务的信用问题

权威调研数据显示，国内约 1 亿在线消费者受到虚假网络信息侵害，诈骗金额高达 150 亿元。有能力网购而不进行网购的消费者中，80% 是出于信用及安全方面的担忧。相比国内电子商务交易，跨境电子商务的信用体系更加脆弱，更需要完善，需要跨地区、跨文化的信用体制来支持其复杂的交易环境。在实际操作中，由于各国法律不同且存在地区差异，缺乏统一的信用标识，各国的信用管理体系尚不能很好的应用到跨境电子商务领域。

在我国，由于市场培育尚未成熟，企业信誉相对较弱，因此在建设跨境电子商务信用体系过程中，许多方面都需要政府直接参与，如电子认证需要以政府的信誉作补充。政府还应该与企业共同建立信用评价激励机制，激励个人和企业参与网上信用评价。在法律框架之外建立依靠信任机制发挥作用的第三方在线机构，是电子商务贸易信用建设不可或缺的一部分。这方面我国已经起步，例如，我国第三方网上认证机构中比较典型的"红盾315"网站，就是北京市工商行政管理局下属的一个要求经营性网站备案登记的网上认证机构。另外，阿里巴巴的"诚信通"也已经有了第三方认证机构的特性。当然，也需要通过建立完善的社会信用保障机制，形成"诚信为本、以德经商"的商务环境，才可以有效地保障跨境电子商务交易的可靠性和安全性，促进跨境电子商务的迅速发展。

（四）跨境电子商务的物流发展滞后问题

跨境电子商务物流业作为现代物流业领域中的新生事物，已经展现出蓬勃发展的生机，伴随着跨境电子商务交易市场的进一步成熟，跨境电子商务物流企业还将存在着巨大的上升空间。未来的跨境电子商务物流企业应该更加强调全球供应链集成商的角色，通过高效处理库存、仓储、订单处理、物流配送等相关环节，整合最佳资源，为小额跨境电子商务提供综合性的供应链解决方案。

政府应该加强物流基础设施建设，规划物流发展蓝图，制定促进、推动第三方物流发展的相关政策，加快对中心城市、交通枢纽、物资集散地、港口和口岸地区大型物流基础设施的建设和统筹规划，充分考虑物资集散通道、各种运输方式衔接能力以及物流功能设施的合理配套，兼顾近期运作和长远发展的需要、自身特点和周边环境设施的匹配并注重硬件建设与软件管理相结合。如今，跨境电子商务已经得到国家高度重视，自 2013 年 10 月 1 日起已在开展跨境贸易电子商务通关服务试点的上海、重庆、杭州、宁波、郑州等 5 个城市实施，随后将在全国有条件的地区推开，基于发展跨境电子商务一体化、配套化的要求，也需要加大对第三方物流的科学扶持与规划管理。

资料二：关于加快发展临沂商城跨境电子商务的调研报告

为加快发展临沂商城跨境电子商务，助推国家商贸名城建设，2014 年底，临沂市商贸物流研究院与市政府研究室组成联合调研组，就发展临沂商城跨境电子商务进行了专题调研。

一、发展跨境电子商务具有重大的战略意义

跨境电子商务指不同国家或地区间的交易双方通过互联网及其相关信息平台实现在线批发、零售交易和支付结算，并通过跨境物流送达商品的一种新型贸易形式，拥有比传统外贸更为巨大的市场发展空间。当前，世界经济进入深度调整期，跨境电子商务贸易成为电子商务主流，提档升级传统电子商务已经成为各地商贸发展的重要手段。

（一）发展跨境电子商务是扩张市场份额的重要手段

目前国内生产要素成本上升，国际市场竞争加剧，产业和订单对外转移加快。传统电商外贸受到极大制约，跨境电子商务以订单数额小、次数多、速度快的特点，突破原有的"商圈"概念，优化了全球资源配置，重构了国际供应链，降低了贸易成本，扩充了市场容量，扩大了贸易主体与贸易产品范围。跨境电子商务的快速发展不仅扩张了外贸导向型企业海外营销渠道，加速了国内产业转型升级和企业国际化进程，也激发了境外市场对中国制造的需求，提升了中国品牌在国际市场份额。2013 年，我国跨境电商市场交易额为 2.7 万亿人民币，增长 28.8%，约占全国进出口贸易总额的 10.5%，出口电商占跨境电商的 88%，跨境 B2B 贸易的比重为 90.4%，跨境网络零售的比例占9.6%，比 2008 年提高了 8 倍。

（二）发展跨境电子商务是赢得区域商贸竞争优势的有效载体

当前，国内跨境电子商务区域竞争加剧，上海、杭州、宁波、重庆、郑州等 14 个城市和区域成为跨境电子商务试点城市。其中，郑州、重庆利用区位优势及已有综保区等有利条件，发展进口跨境电商平台；牡丹江、哈尔滨和银川利用边境贸易的优势，发展特色跨境电子商务；杭州利用阿里巴巴等电商平台优势加速跨境电商平台发展；苏州利用其多年来积累的出口贸易优势，发展线上线下业务互动、配套衍生服务衔接的外向型企业跨境电子商务。从省内看，青岛、烟台于 2014 年先后获批成为跨境电子商务试点城市，济南、威海

正在积极进行试点申请工作。可以预见，随着区域竞争加剧，跨境电子商务试点必将成为商业区域竞争重要因素，发展跨境电子商务已经成为临沂商城提档升级，赢得区域竞争优势的重要途径。

（三）发展跨境电子商务是建设国际商贸名城的优势路径

跨境电子商务具有高效率、低成本、跨时空、便利化等特点，是传统电子商务的补充和延伸。临沂商城已有 75 个批发市场开展国际贸易业务，出口欧洲、非洲、美国、日韩等国家和地区。2013 年实现进出口额 80 亿美元，进口、出口分别占比 50%，上半年全市跨境业务量日均 200 票左右，部分跨境电商网络零售大户日均销售已超过 1000 票，月销售额近 300 万元，在跨境电子商务平台阿里 B2B"出口通"注册经营的临沂企业达 1800 家，部分业户已经在边贸城市设立边境仓，并探索在国外设立境外仓。作为国内最大的市场集散地和商贸物流名城，临沂商城已经具备发展跨境电子商务的基础条件和市场需求，发展跨境电子商务已经成为加快临沂商城国际化、建设国际商贸名城的现实路径。

二、临沂商城发展跨境电子商务机遇与挑战并存

（一）临沂商城发展跨境电子商务的突出优势是商品门类齐全

临沂商城拥有各类专业批发市场 128 处，经营产品达 6 万多个品种，覆盖生产资料和生活资料主要门类。年交易额过 100 亿元的市场有 5 家，10 亿元~100 亿元的市场有 27 家，过亿元的市场有 77 家；14 家市场年交易额居全国同类市场前 20 位。2014 年上半年，实现市场交易额 1288.57 亿元，同比增长 27.6%，荣获"中国市场名城"、"中国最具影响力的品牌市场"和"中国十佳文明市场"等称号。

（二）临沂商城发展跨境电子商务的最大优势是商贸物流发达

临沂商城拥有物流园区 18 个，园区占地面积 196 万平方米。商城物流公司、经营业户 1745 家，从业人员 1.46 万人，货运车辆 9893 辆，物流价格比全国平均价格低 27%，覆盖全国 1800 个县级以上网点，几乎通达全国所有港口和口岸，基本实现当日收货、当日配货、当日发货，享有"中国物流之都"称号。2014 年上半年，临沂商城货运周转量 142.57 亿吨公里，同比增长 98.2%；物流总额为 1869.54 亿元，同比增长 50.9%。

（三）临沂商城发展跨境电子商务的后期优势是政策红利叠加

2012 年初，海关总署批复了临沂商城执行出口简化归类政策，质检总局同意市场采购商品实行采购地检验先行先试政策；山东省政府第 139 次常务会议批准临沂商城开展国际贸易综合改革试点，省工商局出台了支持临沂商城国

际化的意见；市政府制定了临沂商城开展国际贸易综合改革试点总体方案及相关配套措施，并连续四年设立 3.2 亿元的电子商务扶持发展资金，以及 2 亿元的国际商贸名城建设专项资金为商城企业提供融资支持。一系列优惠政策措施加快了商城国际化步伐。同时，2014 年 8 月临沂综合保税区获批成立，为加快构建国际商贸名城注入新的动力。

在看到临沂商城开展跨境电子商务优势的同时，也应清醒地认识到制约因素，主要存在三个方面：

（一）跨境电子商务试点政策红利享受不到

海关总署公布新的通关监管方式，主要适用于跨境电商试点城市，临沂未被列入跨境试点城市发展跨境电商，在小额线上批发和网络零售出口面临通关、税务和收付汇等方面难题。通关监管方面，以国际邮政和快递企业为报关主体，以个人行邮或商业快件的形式通关，不申报、不交税、不退税，临沂无法获取海关和检验检疫的相关单据，无法纳入海关监管与统计。税收方面，B2C 模式通过快件、邮件方式销往国外买家的出口商品，存在递运的货物税值超过个人行邮税税额无法获得退税的问题，难以形成比较竞争价格优势。结汇方面，根据国家外管局《个人外汇管理办法实施细则》，个人年购汇额度为 5 万美元，B2C 跨境电商卖家多为个人，主要以美元结算，在缺少海关、检验检疫等通关手续的前提下，跨境经营主体难以通过正常渠道全额结汇，导致临沂跨境电商经营主体资金流转效率不高，运营成本增加。

（二）跨境电商政府公共服务体系亟待构建

一方面专项跨境电商平台体系尚未建立。海关、检验检疫、工商等部门对外贸易服务主要围绕一般进出口贸易，服务对象多为大型进出口企业或货代公司，跨境贸易通关需要对接通关、税收、结汇等多个服务部门，周期长，成本高，适应跨境电商"小批量、多批次"贸易形势的跨境电商公共服务平台，在临沂市尚未建立。另一方面跨境电商物流体系不健全。临沂市能够满足跨境电子商务小额批发和零售出口交易的服务能力还不足。现有跨境物流配送业务主要通过义乌等跨境电商发达城市进行中转，导致物流仓储时间、资金成本增加，降低了临沂市跨境电商的市场竞争力和消费体验。

（三）跨境电商综合配套体系亟待完善

一是开展跨境电商氛围还不浓厚。临沂商城电商市场仍主要集中传统 B2B 模式和国内电商交易模式，对于跨境电商经营方法和发展趋势了解偏少，缺少开展跨境电商的开拓勇气和操作能力。同时市场业户开展跨境电商成本偏高，个体业户难以承受独立开展跨境电商的人力、库存、结汇等成本，导致跨境电商发展缓慢。二是产品附加值有待提升。临沂商城地产品加工企业没有形成集群效应，地产品占有率仅为 30%，大部分产品难以满足欧洲、美国等主要跨境电商消费市场的需求。多数加工企业没有自己的品牌，多为贴牌生产，生产处于"微笑曲线"中端，缺乏具有市场竞争力的拳头产品。三是跨境电商人才缺乏。开展跨境电子商务对电商销售运营人才、产品视觉设计人才、跨境物流人才和其他通关操作、退税结汇、国际贸易、通关税务等方面的专业型、复合型跨境电商人才需求量较大，但我市尚未建立跨境电子商务人才培养体系，跨境电商人才市场储备基本为零，现有人才的数量质量难以满足开展跨境电商的人才需求。

三、加快发展跨境电子商务，为国际商贸名城建设注入新动力

临沂商城经过 30 多年的快速发展，成为国内最大的市场集群，提档升级传统电子商务，加快发展跨境电子商务已经成为构建国际商贸名城，加速商城国际化的迫切需要。

（一）打造跨境电商服务平台

一是建设跨境电子商务公共服务平台。紧密对接海关总署全国统一版本的跨境贸易电子商务零售出口通关系统，结合临沂实际，依托国际贸易服务中心和临沂港现有功能，在对跨境电商企业实施提前备案、电子监控、商家底层数据与政府有关管理部门对接基础上，加快整合临沂跨境贸易电子商务基础信息资源，创新跨境电子商务监管模式。建议由临沂商城管委会牵头，启动建设临沂跨境电商公共服务平台，实现政府各部门信息共享和与海关总署信息共通，提高跨境电子商务操作效率，降低经营运行成本。二是建设跨境电子商务综合服务平台。跨境电子商务特点经营主体多为中小企业，业务涉及金融、通关、物流、退税、外汇等多个环节，建议尽快建设跨境电商综合服务平台，集成电子商务与国际贸易经营、金融保险与人才培养、贸易调处与纠纷解决等一站式代理服务，切实降低外贸成本、调处贸易纠纷、降低外贸风险。三是加快建设跨境电子商务贸易平台。学习跨境电子商务试点城市均已建立了跨境电商贸易平台的先进做法，依托临沂商城优势，抢抓全球跨境电商市场塑造形成的窗口期，加强政策和资金支持，探索引进上海自贸区"跨境通"、宁波"跨境购"、重庆"跨境宝"、郑州"万国优品"等成熟平台运营商。同时积极培育本土跨境电商企业，尽快建立本地跨境电商出口贸易平台，引导市场业户加盟经营跨境电子商，抢滩全球跨境电商市场份额。

（二）完善跨境电商配套体系

一是建设跨境电商物流服务体系。加大国际快递龙头企业的招商力度，积极对接中国邮政国际速递物流（国际 EMS、E 特快、E 邮宝等）、苏宁云商国

际物流、美国邮政服务公司（USPS）、德国邮政（DHL）、联合包裹服务（UPS）、联邦快递（FedEx）等国际快递行业龙头企业，吸引国际快递知名企业在临沂设立分部，加快打造国际化物流网络。充分利用临沂本地企业在海外已有仓储资源积极对接各类商会，以跨境电商园区为主体，加快海外仓建设，降低跨境电商园区业户跨境物流成本，提高消费者购买体验。积极对接东北、西北边贸城市，鼓励跨境电商或第三方建设边境仓，促进跨境边贸电商业务快速发展。二是构建跨境电商硬件配套体系。借鉴跨境电子商务试点城市跨境电商园区建设的先进经验，在临沂商城和综合保税区规划建设跨境电子商务创业园及跨境电子商务产业园。建设跨境电商通关货物监管中心、智能立体分拣中心、国际邮件互换局（站）等基础设施，引导电商、物流等企业，办公、仓储、物流、信息一体化运作，实现与商城、临沂港和综保区的整体联动，促进跨境电子商务发展。三是建设跨境电商软件配套体系。鼓励支持临沂大学与临沂商城管委会、临沂市商贸物流研究院展开政校合作，组织专业教师、专家对跨境电商从业人员开展专业培训，培育跨境电商专业型和综合型人才。鼓励支持大专院校、社会机构等加强对跨境电子商务、国际贸易综合改革试点等课题研究，加强成果转化。加强发展跨境电子商务宣传力度，采取培训授课等多种方式，提升经营业主跨境电子商务的认知度。同时大张旗鼓表彰奖励跨境电子商务优秀企业和经营业主，鼓励支持传统电商积极开展跨境电子商务，形成发展跨境电子商务的浓厚氛围。

（三）完善政策保障体系

一是积极争取跨境电子商务试点。作为省级国际贸易综合改革试点城市，临沂已经形成一批初具规模的电商企业和物流快递公司。同时临沂港、综合保税区等开展跨境电子商务硬件设施不断完善提升，都使临沂具备争创全国跨境电子商务试点城市的基础条件。建议成立临沂商城跨境电子商务申报工作领导小组，启动跨境电子商务试点申报工作。二是培育跨境电商龙头企业。按照"1332"国际商贸名城建设计划，积极对接引进阿里巴巴国际站、敦煌网、eBay、阿里速卖通、兰亭集势、米兰网、天猫国际、洋码头和淘宝全球购等跨境电子知名平台在临沂设立分支机构或网络机构。大力推动电子商务"十百万"工程，支持本地跨境电子商务企业、网店发展壮大，加快发展国际快递、空运代理、通关报检、仓储管理等跨境电商配套服务企业，培育一批跨境电商示范企业。三是提前研究发展跨境电商配套政策。打铁还需自身硬，发展跨境电子商务，需要提前研究策划，长期优势积累。应当借鉴跨境电子商务试点城市经验，提前研究移动跨境电商、大数据应用、云营销和新型监管模式等跨境电子商务配套政策措施，为发展跨境电子商务打下坚实基础。

第六章 | 临沂商城转型升级之三：发展地产品加工

第一节 临沂商城发展地产品的重要意义

一、地产品是商贸物流发展的命脉

临沂发往各地的地产品的数量，在很大程度上决定了临沂物流业的发展规模。比如：2009 年金融危机时，广东的房地产一度萧条，对临沂板材的需求大量减少。很快，从广东到临沂的货运费涨了 80%，物流商甚至还不想承担运输，因为他们拉不到返程货，利润大幅度下降。对临沂而言，即便是价值不高的地产品，也能增加物流的优势。一车板材、蔬菜、水果的价钱大概只有10 万元。而像广东地区较有优势的电子产品，基本实现了本地生产。一车从广东来的电器，至少要 50 万元以上，如果是电子产品，更要在 100 万元以上。物流费用的高低，决定于是否实现了本地生产。

从临沂发往全国各地的地产品越多，从其他地区往临沂发货的运费就越便宜，物流的成本就越有优势。由此可以看出，地产品是市场的命脉，没有地产品的支撑，就没有临沂物流的优势，就没有临沂商城的优势。

二、发展地产品是加快经济结构调整的需要

近年来，临沂市第三产业得到了快速发展，特别是商贸物流、旅游等行业初具规模。全市第三产业产值占到 GDP 的比重已经超过 40%，2014 年三次产业结构比达到 9.5:46.2:44.3，第三产业增加值同比增加 1.5 个百分点。表面

上分析，临沂的三次产业结构即将进入"三二一"的高级阶段。但是由于历史的原因，临沂的第二产业发展一直没有得到国家的大量投入，而是改革开放以后在民营资本的支撑下迅速形成的，突出表现是第二产业特别是工业积累不充分、发展不完善，是一种层次低、效益差的产业格局。因此，加快发展第二产业特别是工业是调优经济结构、加快富民强市的现实选择。而发展地产品是加快发展工业、推进新型工业化的核心所在。从某种意义上说，发展地产品就是发展工业，就是调优经济结构，壮大经济实力。在实践中，必须把扩大工业产品数量，提高工业产品质量作为地产品发展的重中之重，不断扩充第二产业的经济总量，以工业发展引领商贸物流业繁荣，以商贸物流业的繁荣促进工业的大发展，从而达到调优经济结构，促进三次产业协调发展，实现富民强市的目的。

进一步发挥市场优势，加快全市地产品加工制造业发展，是打造"物流天下"的商贸强市和工商复合型经济大市的必然要求，是转方式、调结构的重要举措，也是加快临沂市工业发展提升的重要内容。充分发挥市场对发展地产品加工制造业的带动作用，对促进全市地产品加工制造业的全面发展，增强临沂市商贸市场的竞争力具有重要作用。

第二节　临沂地产品发展存在的主要问题

临沂市的商贸物流业，经过 30 多年的发展，已经形成了临沂市经济发展的最大优势和特色，成为区域经济的重要支柱产业。近年来，临沂市围绕打造"物流天下"商贸强市和工商复合型经济大市的目标，大力实施商贸带动战略，认真落实《临沂市城区市场产业发展规划》，依托市场发展地产品加工制造业，提升了市场品质，实现了市场持续繁荣，促进了全市经济又好又快的发展。2014 年，临沂商城专业市场达到 111 处，年商品交易额达到 2500 亿元，市场地产品占有率约为 35%，物流货物周转量达到 500 亿吨公里。木业、五金、化工、建材、家居、食品、纺织、服装等 20 多个地产品加工产业集群已经或正在形成；以市、县区开发区为主要载体，专业镇和专业村为补充的地产品发展布局逐步显现。其中地产品在整个商贸物流中的份额也逐步扩大，由最初的不足 20% 左右提高到现在的 35% 左右，呈现出良好的发展态势。

但从整体上看，临沂市地产品加工起步较晚，无论是在发展数量、质量，还是在结构、关联度等方面明显滞后于商贸物流业的发展。早在 2006 年，中国小商品城义乌地产品率为 42.54%，金华地区内（义乌市外）为 8.86%，浙江省内（义乌市外）的占29.51%（其中来自温州的占7.39%），浙江省外的占27.95%（其中来自广东的占13.84%）。和义乌相比，临沂地产品发展"先天跛脚"现象突出。其主要问题有：

1. 从氛围上看，地产品意识不强。义乌一个县级市，几乎家家户户都有自己的各种大大小小的工厂。临沂批发城的商户基本上除了常年在外地进货没什么生产的想法。提及商贸物流，不少人仅仅认为是看仓库、跑运输的。对于商贸物流地产品的基础支撑功能、再增值功能、集聚辐射功能以及多样化的运输方式等等，社会的整体认识还不够。有些地产品企业自身也对地产品的功能认识不足，这不仅影响了企业参与商贸物流的积极性，而且致使企业缺乏整体观念，游离于商贸物流市场之外，最终影响产品的核心竞争力。有些人传统商贸物流意识浓厚，认为商贸物流就是从外地购进商品开展贸易，甚至简单地认为临沂商城就是各类产品的"集散地"和"中转站"。一提到发展商贸物流业，首先触及的是商贸市场建设，言及地产品的少之又少。正是受这些思想观念的影响，使得商贸物流业发展后劲严重不足。

2. 从档次上看，地产品品位不高。长期以来，临沂市商贸物流主要扮演外地产品的"二传手"角色，而对本地产品研发投入的精力有限，产品档次不高，特别在地产品的开发中，增长方式较为粗放，原材料、资源初加工型产品较多，高附加值、高技术含量产品较少，难以出现像青岛海尔、雅戈尔、贵州茅台那样的知名品牌。同时，地产品自主创新能力也很弱。全市规模工业研发投入占销售收入比例低于山东省平均水平，全市地产品发展前景不容乐观。

3. 从结构上看，地产品结构不优。受资源禀赋影响，临沂地产品加工制造业涉及行业相对较少，产业规模较小，除板材、五金、陶瓷、塑料等几个行业外，大部分行业尚未形成有效支撑市场持续发展的能力。市场地产品档次普遍不高，缺少品牌行业和品牌产品，没有形成具有市场竞争力的区域产业集群和规模效应，对地产品加工制造业发展的规划指导、政策扶持、工作推动等方面有待进一步加强。

4. 地产品与商贸物流业的关联度不高。主要表现在人为地把地产品与商贸物流割裂开来，"就地产品而发展地产品、就商贸物流而发展商贸物流"的现象突出，地产品与商贸物流业之间信息不共享、业务不协同，难以实现有针对性开发、有序调拨转运、互通信息有无，严重地制约了地产品和商贸物流业的同步发展。

进一步发挥市场优势，加快全市地产品加工制造业发展，是打造"物流天下"的商贸强市和工商复合型经济大市的必然要求，是转方式、调结构的重要举措，也是加快临沂市工业发展提升的重要内容。各级各有关部门要高度重视发挥市场优势发展地产品加工制造业工作，充分发挥市场对发展地产品加工制造业的带动作用，促进全市地产品加工制造业的全面发展，增强临沂市商贸市场的竞争力。

第三节　临沂加快地产品产业发展重点

一、提升壮大现有地产品加工制造业

1. 板材业。提升技术含量，增加花色品种，培育知名品牌，延伸产业链条，集聚河北、江苏等我国板材产业重要基地资源，形成我国最大的人造板生产和销售集散地。

2. 五金业。突出发展工具五金、建筑五金、日用五金、园林五金等门类，着力解决工业设计、热处理、电镀等关键技术，提高技术含量，加大品牌培育力度，努力培育国内外知名的五金产品加工制造基地。

3. 陶瓷业。重点发展内外墙砖、地砖和各种特色砖瓦等建筑陶瓷，发展工艺陶瓷和日用陶瓷，打造优质陶瓷产品生产基地。

4. 铝型材业。加快发展铝型材深加工产品，扩大生产规模，提升产品档次，使铝型材市场地产品占有率超过70%。

5. 不锈钢业。支持企业加大投入，拉长产业链条，拓展国际贸易，力争用5年时间，打造年产值400亿元以上的优质民用不锈钢产品生产基地。

二、利用市场功能发展现有优势工业产业

1. 机电业。主要是发展工程机械、农林机械、机械配件、普通机床与数控机床、各类车辆、各类电器等产品。

2. 纺织业。发挥市场集聚能力，扩张性发展棉纺、印染、毛纺、麻纺、服装、家纺、针织、化纤等行业。

3. 食品和农副产品加工业。重点发展工业包装类食品、脱水蔬菜食品、粮油深加工产品和特色地方名优产品。

4. 原材料加工业。主要有钢材、铜材等冶金行业，玻璃、石材、装饰装潢、园林建设等。

三、依托优势资源发展地产品加工制造业

1. 服装业。依托各县区纺织印染产业资源和市场流通资源，着力培育龙

头企业，提升产业附加值，培育服装品牌，壮大服装产业规模。

2. 家居家纺业。突出发展日用品、床上用品和布艺品加工业。

3. 石膏制品。在建材、饰材、工艺品、文化用品等各方面开展加工，实现产业拓展。

4. 中药材加工。充分利用现有的 600 余种中药材资源，通过初级或高科技加工制造，形成中药产业集群。

四、积极培育新兴地产品加工制造业

1. 家具业。充分利用临沂发达的板材装饰以及五金机电市场群优势，积极承接家具产业转移。

2. 汽车装具业。依托汽配装饰城等市场，积极发展汽车安全用品、美容用品、随车用具、旅游用品、汽车文化用品、汽车宾馆用品、汽车俱乐部用品等系列产品。

3. 教育用品产业。抓住临沂商城被列为全国、全省文体用品采购基地的机遇，大力发展文体教育用品产业。主要发展教学、学生用品，包括教学器材、教学仪器、教学标本、试验用品，学习用具；社会办公机具，办公用品、办公耗材等；体育竞技用品，包括各种田径竞赛、球类竞赛用品；群众体育用品，包括学生、老年、民族体育用品，休闲、健身、娱乐用品；高雅体育用品，包括高尔夫、游艇、登山、攀岩、探险等户外活动用品。

4. 工艺品和旅游产品加工业。重点发展民间工艺品、传统工艺品、现代工艺品、宗教工艺品和旅游工艺品等。

第四节　临沂加快地产品产业发展的主要措施

一、转变市场发展模式，搞好产业布局

按照《临沂市城区市场产业发展规划》要求，积极探索市场流通加产品基地建设一体化的发展模式，制定并实施地产品加工制造业发展思路和工作计划，争取用五年左右的时间，使地产品产量与交易量对市场运行具有基本的支撑能力。按照全市工业发展布局，根据市场产业发展规划，部署好地产品加工制造业发展工作计划。

1. 通过专业市场，带动主导产业集群，集聚周边同类产业，实现国内集散与国际化经营。兰山区北部要集中发展板材、建材、服装、文体用品等主导

产业集群，带动周边县、区同类产业的发展，并集聚国内相关产业入驻临沂市场；在大力提高国内集散能力的同时，积极拓展国际贸易，吸引外商进驻临沂，开辟国际市场，逐步实现临沂市场的国际化经营，力争把临沂打造成外贸供货和采购基地。

2. 以专业市场为基础，发展主打产业，带动区域块状经济产业链的形成，实现整个区域工业经济的快速增长。河东、罗庄、临沂经济开发区等城区，以五金、陶瓷、家居等专业市场为基础，选择发展一个或数个行业，以此为主打产业，并逐步加粗拉长加工制造产业链，形成价格"洼地"，实现专业特色块状经济的发展。其他县可探索借鉴此发展模式，积极打造主打产业。

3. 以特色产品为主，打造地方品牌，实现订单工业与专业市场的共同发展。各县区根据本地市场和地产品发展现状，选择一个或数个特色产品，塑造地方品牌，营造前店后厂或市场、园区联动营销模式，由市场接单，企业制造，实现特色商品专业加工、专业交易，构筑订单工业与市场共同发展的格局。临沂高新区重点发展塑料加工业、园林五金机械和汽车装具业；临沂经济开发区重点发展家具家居用品、太阳能热水器、纺织品加工和包装材料印刷业；临港产业区重点发展精品钢配套产业、机械制造和化工产业等。

4. 加快网上商城建设，拉动地产品加工制造业的发展。充分发挥商城电子商务中心作用，组织更多的商户对接国内具有大区域集散能力的市场销售网络，增大地产品销售地域和销售数量，扩大国内市场占有份额。支持地产型市场对接国际市场、边贸市场和境外市场的销售网络，带动地产品的国际化营销，以此拉动地产品加工制造业的快速增长。

二、实现工商对接，推动资本转化

支持有实力的市场经营户和贸易企业实现经营业务的工商联动对接。各县区要对专业市场进行全面调查，了解市场经营户和流通企业的基本信息和投资意向，有针对性地选择部分个人和企业，鼓励他们兴办地产品加工制造业。为他们提供发展地产品加工制造业的条件，鼓励他们积极投身工业经济领域，实现二次创业。市场和工业管理部门要动员各类资本向工业领域倾斜，积极提供投资咨询指导，帮助其在跨领域投资中取得良好的经济效益。

三、发展产业集群，培育龙头企业

积极支持各类经济主体、个人参与地产品加工制造业的发展，大力发展地产品加工专业村、专业镇，实现"一村一品""一镇一品"，形成特色块状经济区。以现有开发区和工业园区为载体，探索开辟地产品专业加工制造区，建设"园中园"。积极鼓励园区与市场共建，实行专业市场与产业园区的对接。要结合土地利用规划修编，规划地产品加工产业园区，实行市场化开发。按照"政府推动、业主开发、银行支持、市场化运作"的方式，鼓励建设标准化厂房，并通过租赁、出售等多种方式，解决市场经营户和中小企业生产场地问题，推进地产品加工制造业集聚发展。要积极推动闲置市场和厂房的再利用，对排查出的闲置市场以及闲置厂房，规划发展地产品加工制造业项目。对有条件发展地产品加工制造业的市场，要帮助其落实发展载体和措施。兰山区、罗庄区、河东区、高新区、经济开发区以及其他具备条件的县区要筛选确定一批骨干加工企业，实行领导包扶、政策倾斜，全力支持其做大做强。发挥好地产品龙头骨干企业的集聚带动效应，着力引导地产品加工中小企业为龙头企业搞配套、协作，做长做粗地产品加工产业链条。增强地产品加工龙头企业品牌培育意识，通过设立奖励基金、加大宣传力度、实行重点扶持等政策，引导企业争创名牌产品和驰名商标。对重大地产品加工制造业项目或固定资产投资3000万元以上的生产加工项目，给予重点扶持。

四、强化招商引资，承接产业转移

科学确定合适产业，主动承接产业转移，争取承接行业性、企业集群性的产业转移，争取新产业、特色产业和国际性产业入驻临沂，打造地产品加工制造业新的增长点。切实增强招商引资的针对性，制定专门针对发展地产品加工制造业的招商引资计划和优惠政策，设置专门针对发展地产品加工制造业招商引资考核指标，采取以商引商、市场引商、行业引商等方式，多措并举，多方联动，充分调动各方面的积极性，推进招商引资工作取得成效。

五、落实优惠政策，促进产业发展

地产品加工制造企业在享受临沂市已有相关政策基础上，享受以下扶持政策：

1. 用地支持政策。抓住土地利用规划修编完善的时机，结合地产品加工制造业发展布局规划，调整优化城镇村用地布局，为地产品加工制造业发展预留建设用地空间。存量工业用地优先用于发展地产品加工制造业，用地指标向地产品加工制造业倾斜。适当增加市级以上年度重点项目名单中地产品加工制造业项目比例，争取上级用地指标。对专门设立地产品加工园区的县区，市政府每年专门给予一定量的用地指标。相关县区在新一年度设立城乡建设增减挂钩项目区时，优先考虑新建地块设立地产品加工园区，满足地产品加工园区的用地需求。

2. 财政支持政策。各级财政支持企业发展的相关专项资金重点向地产品加工企业倾斜。对投资规模大、科技含量高、带动能力强的地产品加工项目，市财政给予重点倾斜和扶持，主要以贷款贴息、资金扶持和奖励等方式，支持地产品加工企业融资、担保、技术改造、科技创新，扶持对税源经济有突出贡献的地产品加工企业发展。在新办地产品加工企业规费征收方面，严格兑现各类优惠政策，有浮动范围的一律按最低限度征收。

3. 税收支持政策。对地产品加工企业简化税费征收程序，对符合政策规定的，其生产与销售环节税收可合并征收。地产品加工企业符合小型微利企业规定条件的，减按20%的优惠税率征收企业所得税。对符合条件的小规模地产品加工企业，增值税征收率由6%降为3%。对按期缴纳税款确有困难的地产品加工企业，符合税法规定条件的，可由纳税人提出申请，经税务机关审核批准，最长延期3个月缴纳税款。对固定资产投资额100万元以下新办地产品加工企业实行一年期试生产制度，试生产期内符合一般纳税人条件的，及时认定为增值税一般纳税人，按一般纳税人进行征收管理。

4. 融资支持政策。中国人民银行临沂市中心支行要积极协调有关部门定期举办各类形式的银企洽谈会、推介会，为地产品加工企业和金融机构搭建对接平台。各商业银行要积极推出保单质押、应收货款质押以及其他权益抵押等方式，把有关扶持中小企业发展政策优先用于扶持地产品加工企业。对向地产品加工企业提供贷款担保的担保公司，按市政府有关文件规定给予奖励补偿。对金融机构直接向地产品加工企业提供的贷款，由市、县区两级财政按照年度贷款新增额给予不低于1%的风险补偿。市中小企业办等职能管理部门优先将地产品加工企业列入中小企业培育计划和中小企业经营者素质培训计划。市金融办要加强对市金融资产处置服务中心的业务指导和工作协调，督促其及时高效服务，对金融机构委托的针对地产品加工企业产生的不良金融资产处置及时给予支持，帮助金融机构尽快化解由于不良资产反弹带来的新增信贷投放压力。银监部门要及时研究出台金融机构针对地产品加工企业信贷管理方面的尽职免责意见。

5. 用电支持政策。针对地产品加工企业绝大部分属于中小型企业，因用电负荷小、配电变压器容量小不能执行大工业用电优惠政策的实际，采取园区集中管理方式，以地产品加工企业所在园区或区域为单位，一口对外，统一申请安装大容量变压器，让地产品加工企业享受大工业用电优惠。加强园区内部管理，努力降低用电损耗，坚决避免到户结算电价过高。

6. 出口支持政策。临沂市出台的出口企业优惠政策要优先适用于地产品加工企业。对地产品出口企业的退税资料，做到"快审快退"、"应退尽退"。

鼓励地产品加工企业开展自营出口业务。支持各类投资者来临沂市开办贸易公司，拓展地产品出口业务。支持国际采购商来临沂市设立采购机构。

7. 改进行政审批和相关政务服务。涉及新上地产品加工业项目中的行政审批、核准、备案以及相关收费工作，一律在市、县区政务大厅办理有关手续，实行行政公示制、服务承诺制、非禁即入制和审批限时制，推行"一门受理、并联审批、低限收费、限时办结"的一站式服务。相关收费项目的收费标准执行下限。

案例：临沂地产品工业园

"前店后厂"与临沂擦肩？

"前店后厂"要从 20 世纪 90 年代中期说起，当时的临沂市工商局市场管理处率先提出了"前店后厂"的概念，依托市场搞加工的家庭小作坊悄然发展，这就是"前店后厂"的雏形。也就是说，临沂地产品起步并不晚。为什么地产品市场占有率只有 35%？是政府把握市场脉搏不够，还是特殊历史环境造成？其实不是政府没有抓住机遇，而是临沂批发城的发展轨迹所决定的，这是市场的选择。当时的临沂批发市场处于快速膨胀期，村居、企业、学校都在热火朝天地建市场，商户还处于原始的买卖资金积累过程，无暇顾及也没有资金投产建厂。同时，"前店后厂"属于作坊式生产，并不适合大规模地推广。

"前店后厂"没有大规模发展，有一个重要原因就是安全隐患。早期的"前店后厂"，前面是几平方米的店面，后面就是一个小型作坊。十几、二十几平方米内综合了生产、销售、仓储，带有极大安全隐患。也许，临沂批发城发展的特殊脉络，让"前店后厂"与临沂批发城擦肩而过。实际上，"前店后厂"并没有搁浅。涉足于土产、建材、陶瓷、塑料制品、小五金、鞋帽等行业的小作坊生存了下来。

工业园推动商户转型

沿着临沂市解放路一直西行，就是与临沂商城相呼应的临沂地产品加工区。这里已建成"万亩地产品加工园"。用临沂市兰山区副区长纪丙坤的话说就是，"如同一堆木柴的着火点，临沂发展地产品加工业的火候已经到了"。很多老板都是商城的商户。这个变化归结为政府的引导和推动。政府给予了多项优惠，比如优先安排用地指标、协调信贷支持、税费减免、全程跟踪服务等，而水、电、路、气等基础设施配套建设，提高了园区的承载力。也正因此，园区吸引了众多中小企业纷至沓来。一份数据显示，现在园区一期工程的入住率已经到了80%，园区一期已落户中小型地产品生产加工企业200余家。一大批自有品牌相继产生，大阳摩托、三格门窗、牛仔枪手等知名品牌相继落户工业园区。

根据规划，今后五年，每年将新增规模以上地产品加工制造企业300家以上，使本地产商品占据市场半壁江山。这个规划，反映了临沂市委、市政府发展地产品的气魄和决心。应当说，地产品工业园区招商之初遇到了一定阻力，很多人还没有这种意识。现在商城内的商户意识到了传统的买卖方式已无法满足临沂商城的破茧化蝶，纷纷要指标，办厂子的劲头越来越大。

近年来，工业园全力打造地产品生产加工基地，由于工业园位于商城西侧，形成了"东店西厂"经济格局，为市场提供产品支撑，实现临沂商城与工业园区的共赢。"引凤筑巢"带来了"群凤争栖"。地产品加工的"蝴蝶效应"愈加明显，领域逐步拓宽，种类涉及食品、板材、有色金属加工、五金、建材、塑料、服装、化工、陶瓷、家具、灯具、小商品等各类商品，而引商兴工的实施拉动了全市加工业的发展，膨胀了全市工业经济规模，促进专业市场由中转型向产地型的转变。

商贸物流业虽然占据了规模和数量优势，但市场地产品占有率不足40%，仍处于商品集散型状态，没有形成产购销一条龙专业化体系，如不及时转型，市场将面临着优势衰减的危机。兰山前区委书记李沂明说："要坚持走内涵式发展之路，以量变引发质变，围绕市场做大做强地产品加工业，实现由'兰山经销'向'兰山制造'转变。"

做大地产品加工业，兰山区具备了良好的基础。多年来，该区通过引商兴工战略发展起市场加工企业1500余家，初步形成了"前店后厂"产销模式。只是这些企业多数属于小作坊、家庭式企业，布局分散，技术落后，缺乏品牌意识和行业竞争力，这也正是兰山区进一步做大地产品加工业的突破点。围绕地产品加工业发展，兰山区专门制定了五年五期发展规划，一方面整合提升原有的地产品加工企业，一方面积极引导市场总经销、总代理等商户投资办厂，同时瞄准优势产业的行业龙头进行重点招商。

兰山区实施的地产品加工园项目是精彩的破题之作。2011年被列为省政府重点建设项目的临沂地产品加工园总投资100亿元，一期工程投资15亿元，建筑面积100万平方米，包括了建材加工区、食品加工区、塑料和新能源加工区以及不锈钢加工区，200余家市场加工企业已入驻生产。地产品加工园一期工程可以容纳1000家中小型生产加工企业，年可实现销售收入100亿元，可提升批发市场地产品占有率6至7个百分点。

有什么样的市场，就建什么样的加工区。按照五年五期计划，临沂工业园将本着先急后缓的原则，采用"筑巢引凤"或"引凤筑巢"的形式，有序推进地产品加工业的发展壮大，真正与临沂商城形成"东店西厂"的联动发展格局。

为保障地产品加工业发展，兰山区还同步推进了生产性服务业发展，并专门建设了地产品加工园创业服务中心；加快电子商务的发展，拓宽地产品销售渠道。目前兰山区商贸市场的电子商务交易额已占到总交易额的30%以上。

引商兴工催生了工商共荣。兰山区规模以上工业企业达到近600家，实现总产值1000亿元、利税70亿元；全区批发市场实现成交额720亿元，增长20%。3年内，引商兴工规模企业销售收入占全区规模工业企业销售收入将达到40%以上，五年后地产品市场占有率有望提高20多个百分点。

第七章 │ 临沂商城转型升级之四：
发展会展业

　　会展业是各类会议、展览、旅游以及节庆活动的总称，它的产业链包含了旅游、住宿、广告、餐饮、交通、娱乐等众多行业。一次展会所带来的相关产业的产值与展会本身的收入之比约为9：1。2007年国际展览业的总产值达2800亿美元，约占全世界各国GDP总和的1%，而展览业对全球经济的贡献则达到8%的水平。在中国，虽然会展业是一个朝阳产业，但却成为中国第三产业的一个重要方面，在创造就业机会、促进进出口贸易、技术引进和中外经济合作等方面发挥了重要作用。

　　会展业已成为全球瞩目的服务型产业，发达国家的会展业始于1165年的德国莱比锡博览会，这个号称世界最古老的博览会距今已有800多年的历史。我国会展业起步较晚，这与我国工业经济不发达息息相关。1910年清政府在南京举办南洋劝业会，掀开了中国展览会史的第一页，这也是我国历史上具有现代展览概念的第一个商业博览会。无论是在德国的法兰克福，还是在中国的上海、广州，多年以来，在买家聚集的地方（市场）举办展览会一直是成熟的展览商不变的选择。今天，作为北方第一商贸物流城的临沂市，虽然会展业才刚刚起步，但却已经走上了快车道，显现出诱人的发展前景。

第一节　会展业的特点

　　会展业是社会性的集体活动，是集经济、政治、科技、商业于一身的服务型产业。近年来，会展业以其超常的关联影响和经济带动，成为当前经济发展领域中引人注目的焦点，其特点十分鲜明。

一、会展业对经济的贡献大

作为一种特殊的市场形式，会展业能够促进商品交换、传递信息，促进经贸合作。大型的展会能够给参展商带来大量订单和潜在的商业机会，是维持与客户良好关系的有效手段。从国际上来说，会展经济的利润高于一般贸易的利润，其收益和投资比率大约为 20%。据全球最大的专业会议组织——国际会议协会（ICCA）统计，全世界每年举行的参加国超过 4 个、与会外宾超过 50 人的各种国际会议达 40 万个以上，大型展览达 4000 多个，每年创造的市场价值达 2800 亿美元。

二、会展业产业带动能力强

会展业是"引爆行业"，它可以带动诸如建筑、交通、通讯、运输、广告、旅游、宾馆、餐饮、城市建设等系列产业的发展。据估计，发达国家和地区会展业的产业带动系数为 1:9，即展览场馆收入若为 1 元，则其带动的相关行业收入为 9 元。我国于 2010 年举办的上海世界博览会使相关行业获得优质资源，从而每年拉动中国经济增长 0.6%。香港旅游局在 2002 年曾做过一次调查，当年香港国际展览业创造的产值为 73 亿港元，其中除 19 亿港元来自于会展业本身外，其余 54 亿港元都是会展业拉动所致。这 54 亿港元收入中包括酒店业、餐饮业、运输仓储业、零售业及其他部门的收入，所占比例分别为 26%、10%、17%、23% 和 4%，会展业对其他产业的带动作用可见一斑。

三、会展业的社会效益高

会展业除具有较高的经济效益外，还具有良好的社会效益。会展业的举办，能够提升举办城市的功能和形象，拉动城市基础设施建设，促进城市功能的充分发挥，如铺设交通和通讯网络，加快城市环境保护工作等。会展业举办城市因良好的设施和服务，通过参展商和专业观众的口碑相传，能够提高城市知名度，提升城市旅游形象。昆明世界园艺博览会当年仅投资场馆建设就达 16 亿元，而相关基础设施和环境治理的投入多达 200 余亿元，新建和扩建 690 条城市街道，建成 20 多座立交桥和 10 座人行天桥。这些新建设施为昆明锦上添花，其旅游城市的形象得到极大提升，世博园至今仍是昆明的重要旅游胜地，专家预测，如果没有世界园艺博览会的推动，昆明的城市建设要达到现在这个水平，至少还需要 10 年的发展时间。而昆明居民在文明素养方面所受到的潜移默化的精神陶冶，其价值更是难以估量，丰富了居民的文化生活。

基础设施的建设还能够改善城市的投资环境，会展业的举办使其迅速与国际接轨。通过会展经济的发展，能够带来信息流、技术流、资金流和观念的碰撞与革新，吸引大量具有创新思维的专家、学者及企业家，有利于外界人士了解该城市，吸引投资。

四、会展业具有科学性、前沿性和全球性特点

会展业一般展示本行业的最新技术和最新资讯，特别是在产品更新换代迅速的汽车、航空等专业展中，其科技性表现更为突出。另外，不少大型国际会展充分使用电子识别系统、网上登记等电子技术，其自身的科技水平就很高。会展业往往也是引领世界潮流的新产品"横空出世"的最佳舞台，引领时尚，展示时尚，满足参观者求新、求异的心理。而参展商经常利用低成本的会展活动，将刚开发的新产品或具有"新概念"的产品拿出来展示，以测试市场的接受和认可程度，并依此为依据，不断完善产品性能，以谋求公司利益最大化。

随着经济全球化和区域一体化进程的加快，资本、技术、人力资源等要素，也在跨国界、跨区域流动，而会展业主要经营目的即推动要素流动，会展业活动地域空间扩大，形成全球性产业类型。会展业的全球化，反过来也加速经济全球化的步伐。当然，会展业资源不可能均匀地分布在全球任何地方，必然是向会展条件优越的国家和地区流动和集中。

五、会展业具有风险性高的特点

会展业的利润率高达20%，是个高盈利的产业，但它的风险也高。会展业要发展的前提是举办地的城市必须有适合的条件，如除城市基础设施、交通、商贸环境、经济腹地等外，还需要有先期投入的先进的会展设施，即符合要求的会展场馆和优越、规范的会展服务等，这些都离不开大量资金的支持。目前各地政府充分认识到会展业对城市经济的拉动作用，纷纷投入巨大的人力、物力和财力兴建现代化的会展中心，会展中心建好后能否吸引到品牌展会前来举办，该城市能否创建出自己的品牌展会，这是资源风险。在展览业中，品牌意味着高附加值、高利润和高市场占有率，不能创建品牌展会就吸引不来足够数量和质量的参展商，而前来参展的参展商的质量和知名度又决定着所吸引的有效购买商的数量。因此，会展业的发展必须能够代表行业的发展方向，需要有强劲的产业依托，得到权威协会的支持，而且还必须坚持长期的品牌战略规划。

第二节   会展业对区域经济发展的影响

会展能够迅速提升城市的功能，增加收入，增强办展单位或城市与会展相关领域的国际交流合作，促进城市经济又好又快发展。

一、会展业能够提升城市自身的竞争力

从理论上讲，城市竞争力是一个城市与其他城市相比所具有的多快好省地创造价值、为其居民提供福利的能力，实际上是城市创造财富的能力。会展业以其产业关联度高、经济影响力大等优势迅速在全球发展起来，其原因在于会展是城市所有产业中一个关键的环节，如果把所有的部门都放进一个大产业看，每一个产业、每一个企业都需要宣传，都需要有展览，所以所有的产业都要有会展环节，会展这个环节是产业链中高附加值的环节，它能够为各个产业带来巨大的利润和财富，同时会展与地方企业经济活动也具有紧密联系，能够提升城市自身的竞争力。

二、会展业能推动区域产业结构的优化

会展业带动建筑、旅游、餐饮、金融保险等产业的发展，使产业结构顺着第一、二、三产业优势地位顺向递进的方向演进；顺着劳动密集型、资本密集型、知识密集型分别占优势地位的方向演进，使城市的产业结构向着更加合理化和高度化的方向发展，最终推动经济的发展，产业结构的优化反过来又推动城市经济的发展。第三届临沂商博会期间，临沂市内十大商场贸易额同比增长37.1%，十大宾馆入住率提高48.2%，全市第三产业产值同比增加17%；每年在临沂举办的"书圣文化节"，有5万人汇聚临沂，给整个城市的宾馆、广告、餐饮、交通、印刷等行业带来的收益超过2000万元。

三、会展业能够增强城市功能，改善城市面貌

2010年上海举办世博会将其基础设施整整提前十年。现在上海已经有两个机场，地铁长度跃居世界第一，铁路形成五个方向、七条干线，年旅客发送量达到4500万人次，同时建造了650公里覆盖市域和与长江三角洲周边地区城市相连的高速公路网络，以及一些专门的交通路线。还包括进一步完善通讯、供电、供水等基础设施建设。"如果在一个城市开一次国际会议，就好比有一架飞机在城市上空撒钱"，一位世界展览业巨头如此评价会展经济的重要

性。

　　会展业，在国民经济中属于服务贸易领域的特殊行业。在以商贸物流而闻名的临沂，尤其适应其以市场为导向的产业结构。自 2003 年以来，以小商品博览会为代表的会展业在临沂蓬勃兴起，与各批发商城互相促进，并带动了周边地区一大批相关制造基地的发展壮大。以 2000 年第一届中国（临沂）商博会的成功举办为标志，临沂这座靠地摊、大棚兴起的商贸物流城市，已经成为我国会展城市中一匹稳健的黑马。

第三节　临沂市会展业现状

　　山东省会展业起步较晚，目前基本上每个地级市都建有专门的展览中心场馆，全省规模化的展馆达 36 个，可供使用的展览面积超过 70 万平方米，全省的民营专业展览公司也已超过 40 家，年办展数量达 200 个，与之相配套的会展服务企业（不包括酒店等）已经达到了 120 多家。

　　临沂作为全国著名的商贸物流城市，近几年吸引了众多的展览公司来此办展，先后成功举办了首届（临沂）全国农村适用型工业品博览会、五届书圣节和智圣节、四届临沂消费品博览会、中国（临沂）日用商品博览会、中国（临沂）国际家用电器博览会和山东省秋季糖酒商品交易会等 24 个较大规模的展会。尤其是中国（临沂）国际商贸物流博览会是国家工商行政管理总局等单位和山东省人民政府共同举办的国家级综合性博览会。自 2010 年以来，商博会已成功举办了六届，共设展位近 2.8 万个，参会人数超过 162 万人次，现场成交额超过 300 亿元，签约合同及协议金额超过 2000 亿元，实现了以贸促展、以展兴贸、产销联动，构建内外贸一体化、线上线下相融合、创新创业相配套的经济发展新平台。除此以外，每年以各专业批发市场、企业为主办方组织的各种小型的展会、洽谈会、订货会等会展节庆活动也超过了 100 个。

　　临沂市区现有室内展馆三个，即临沂国际会展中心、临沂商城会展中心和建于 50 年代的临沂展览馆。

　　临沂国际会展中心坐落于临沂经济技术开发区，总建筑面积为 10 万平方米，其中室内展览面积 6 万平方米，可提供国际标准展位 3500 个，室外广场面积 4 万平方米。作为中国（临沂）国际商贸物流博览会的主展馆，临沂国际会展中心规模宏大，服务设施完备。会展中心一号馆于 2007 年 8 月正式投入使用，目前是鲁南苏北地区规模最大、设施最先进齐全的综合性会展场馆，能够承接国内国际各种大型的高规格的展会。展馆东西长 258 米，南北长 120

米，共两层，其中一层高 12 米，屋面最高点 30 米，二层高 6 米，建筑面积 6 万多平方米，可提供 2000 个标准展位。展馆主体为钢筋砼结构，大跨度钢结构屋面，配备大容量货梯、客梯、高规格会客室、会议室等辅助性设施，是省内最高水平的场馆。会展中心紧靠日月雷迪森大酒店、临沂宾馆（开发区店）、皇山会所和港湾商务会所，可同时容纳两千余人住宿就餐。

临沂商城国际会展中心位于临沂市兰山区蒙山大道与育才路交汇处，西临大商城、大学城、长途客运总站；北靠北城新区；南接涑河风景区；东依沂河风景长廊，地理位置优越。是临沂商城中央商务区的核心，中心占地 85 亩，总建筑面积 69822 平方米（地下一层停车场，地上两层），共分五个展馆，室内展览面积 34911 平方米，可布置标准展位 1600 个，室外广场展览面积 20000 平方米，地下停车场可容纳 400 余辆，具有容纳 1500 人的报告厅 1 个、20 人贵宾接待室 2 个、30 人会议室 4 个，达到国际会展中心规模。内部功能配置声、光、电、自动喷淋、空调、消防联动，提升了会展中心的建筑品位，既为临沂大商城市场集群提供了配套服务，也为"大美新临沂"增添了一道亮丽的风景线。为完善会展中心配套服务功能，全力打造会展中央商务区，现已完成会展配套服务工程 15.6 万平方米，会展配套建设完成后将形成集展览中心、会议中心、购物中心、演艺中心、商务办公、会展商务住宅、会展商务酒店式公寓、会展商务酒店、会展商品采购配送、仓储物流、电子商务交易、金融服务、休闲、娱乐等多功能于一体的会展中央商务区。

第四节　临沂会展业发展的若干问题

一个城市会展业发展的主要影响因素有地理位置、交通和通讯条件、经济发展状况、对外开放力度、三产发达程度、会展硬件设施水平、文化底蕴和生态资源等。会展基础设施的好坏，对会展活动的成败和档次有很大影响。近几年，临沂的会展设施建设不断完善，全市现已有旅游定点饭店 204 家，其中三星级以上饭店 84 家。临沂现有国际会展中心和商城会展中心两个规模化展馆，从硬件设施上具备了一些成熟的条件。临沂是以商城为主体的商贸城，流通业发达，发展会展业具有独特优势。自市委、市政府提出大力发展会展经济以来，临沂会展业经历了从无序发展、恶性竞争到逐步规范的过程，但存在的问题也不容忽视。

一、展馆选址问题

选址失当为会展业发展的大忌。临沂国际会展中心是国际标准的大型展馆，也是临沂最大的展馆，但由于原始选址错误，公共交通不畅，公交车线路少，间隔时间长，再加之周边配套，如酒店、餐饮等设施不全，特别是展馆所在的经济开发区开发时间短，未形成有效的商业氛围，人气不旺，致使展馆建成一年有余，无法投入正常使用，造成展馆经营入不敷出。

临沂国际会展中心本身硬件档次很高，在全省也是最大的单体展馆之一，众多的展商也看好这一点，开馆之初，曾有很多展商前来联系业务，但在多方考察论证，特别是在举办了两场展会后，没有取得满意的社会效益和经济效益，再加之场馆内部设施，如广告价位不太合理，摊位费相比同等城市稍许偏高，展馆初始运营一些管理没有到位等等，使展商积极性大受打击。2009 年以来，转变了思想，调整了经营思路，降低了摊位及设施租用的价格，对一些大型的有影响的展会承诺给予更多的优惠政策，经营状况有所好转。

作为一个全国著名的商贸物流城，展馆应该选址在靠近商城或周边的位置是最佳的。因为商城主要的 120 多个大型批发市场，每年举办的各类订货会、洽谈会、招商会、小型展览会不下于 100 个，可谓商机无限。因此现实看，最佳的地理位置应该是在临沂西部，蒙山大道以西沿祊河至临西十路之间为上佳。

二、社会效益及经济效益均不显著

许多行外人士仅从会展活动的表象认为，会展就是轰轰烈烈，就是大热闹、大场面，只注重场面和主办单位的自身利益，而忽视了临沂的外部形象和参展商的实际效果，这是当前临沂会展普遍存在的现象。目前在临沂举办过的展会鲜有规模超过 500 个摊位的，许多展会都是拉郎配，招商不足常常采取临时从临沂商城拉客户的方式，以低价甚至免费的方式招来部分与展会主题不同甚至相违的企业来参展，违背了办会的初衷，给展会带来不利的影响。还有的展会，一开幕，就找不到组织者了，他们拿到摊位费就开溜了，管你什么后期管理，展览效果什么的。

正所谓外行人看热闹，内行人看门道，马路上张灯结彩，展馆里熙熙攘攘，真正成交虚假成分太多，只有参展商心中有数，更何况一些参展商是被政府行政行为半强迫拉来的，既不敢怒也不敢言。这样大忽悠的展会不会长久，只会对一个地方的会展经济带来负面作用。而这种负面影响的显现是需要五到十年的时间的，是会对一个地方的会展经济带来硬伤的，往往等发现就已经为时晚矣。

纵观临沂近几年所办的大大小小的展会，均没有突出的社会和经济效益，没有形成什么大的影响。所谓直接收入，是指展馆的出租费以及展位搭建费等，我们可以算一笔账，临沂国际会展中心自开业以来一直惨淡经营，一度成为开发区的包袱；商城会展中心开馆于 2000 年 9 月，至今已有 15 年的时间，按每年平均收入 30 万元计算，会展直接收入最多也就 500 万元；办展最多的人民广场建于 2001 年，至今不到 14 年的时间，目前每年接待展会 30 个左右，平均每年会展直接收入约 150 万元，14 年积累会展直接收入约 2000 万元；其他一些场地、宾馆举办的小型展会、洽谈会、订货会就按 1000 万元计算，合计相加，临沂近 15 年以来会展的直接收入不会超过 3000 万元。

一个城市要想成为一个地区性会展城市，每年举办的大型展览会不能低于 50 个，展览直接收入要达到 3 亿元人民币以上。可见临沂要成为一个地区性会展城市，还有很长的路要走，还有很多的工作要做。

三、会展市场需要进一步的理顺和规范

从山东省各地市会展业成功的发展历程来看，首先介入会展业的不是专业的会展公司，而是各大报社、新闻媒体。这与会展业离不开宣传推介和广告是分不开的。济南是这样，威海是这样，临沂也是这样。临沂鲁南商报，每年举办和参与的各类会展活动大小不下 40 余次，从参与书圣节到主办每年二届的车展和房产会，从万人相亲大会到普通市民都乐于参与的购物节、理财节，无一不见新闻媒介的影子。虽然现在临沂专业性的会展公司超过 10 家，但真正开展业务的不到 3 家，其中以福瑞德会展公司做得最大最好，但每年也就十几个大小不同的展会，结合一些新闻发布会等小型活动，社会效益不错，经济效益勉强糊口。

目前，临沂每年举办的大大小小的展会、洽谈会、订货会上百个，重复题材的也有十几个，撞车的就更多。如消费品博览会与日用品博览会，虽然名称有所区别，实际题材完全重复。从 2006 年起，山东省家具协会就与临沂市贸促会合作，准备在临沂培育北方家居和板材展，前期准备工作进行了二年之久，考虑到与兰山区主办的人造板展会存在题材上的冲突，多次想与兰山区合作，以求将这个展会在原来的基础上做大做强。但因种种原因谈不拢，省家协顾全大局，暂时停止了这个展会的操作。但某展览公司知道这个消息后，却捷足先登，提前赴南方进行活动，游说一些家居企业和板材企业来临沂参展，给省家协的工作带来了被动。举办的鲁南住博会，为便于招展，题材从房地产延伸到了日用消费品的范畴，以至于福瑞德会展公司已经连续成功举办了四届的临沂消费品博览会被迫缓办。福瑞德会展公司为此前期投入 30 多万元，提前 6 个月开展招商和宣传推介工作，投入了大量人力、物力和财力，由此造成了极大的损失。连续培育了四年的展会，极有可能因此而夭折。不仅如此，还有

一些展览公司积极游说政府和有关部门，力图介入消费品这个题材，因为大家都心知肚明，临沂是商城，是物流之都，这个题材是临沂最容易做起来的展会。

第五节　加快临沂会展业发展的对策建议

一、成立会展业领导机构

建议市政府成立由市长任组长，分管市长任副组长，市直有关部门参加的全市会展业发展协调工作领导小组，下设专门的会展业管理办公室，作为专职常设机构，配备专职人员，负责对全市会展业的组织、管理、指导、协调；负责制定行业发展规划、行业标准及管理办法；负责向市政府和上级部门起草申报办展报告；负责统筹调配会展资源等。

1. 集中办好商博会。成立专门筹办机构，建立高层次、高效率的会展工作决策、指挥、协调机制。依托临沂商城商贸物流优势，借鉴广交会办展模式，坚持"政府主导、企业主体、市场运作"的原则，按照"规模更大、档次更高、机制更活、成效更好、特色更鲜明"的要求，创新办展模式、组织方式、推介形式，逐步把中国（临沂）国际商贸物流博览会打造成专业性系列性展会。

2. 争办行业展会。市直行业部门、商会协会加强与上级对口单位联系，争取中国教育装备用品博览会、山东省糖酒交易会等国家级和省级行业展会落户临沂，着力办好资本交易大会。重点扶持国家贸促会主办的国际采购商大会，争取省贸促会、口岸办在临沂举办口岸边境贸易博览会。

3. 培育专业展会。立足市场优势和产业优势，重点筛选汽车用品交易会、太阳能交易会、劳保用品交易会等10至15个专业展会，加大扶持和培育，逐步把这些中小型展会培育成规模大、专业性强、能够有效拉动本土产业提升壮大的品牌展会，形成临沂商城专业市场和专业展会互促联动机制。

要发挥临沂优势，学习义乌、宁波等地经验，依托市场办会展，立足产业办会展，会展与旅游相结合，把临沂建成全省三大会展城市之一。要瞄准国际化、专业化、规模化，突出重点，争取把木业、农业、农用肥料、食品、建材等博览会办成国家级、国际级的品牌展会。同时，结合书圣文化节举办临沂投资贸易、文化产业等博览会。

4. 扶持办展主体。有重点地引进一批办展主体。加强与上海东方国际会展集团、中展集团北京华港展览有限公司、普烨国际会展（上海）有限公司、新之联展览服务有限公司、青岛金诺国际会展有限公司等会展企业的联系，支持其在临沂开办分支机构、举办会展。积极争取外商投资会展业，特别是国际著名会展企业在临沂设立分支机构、代理机构和合作机构，参与会展及相关行业经营。加大对本土会展企业的培育。鼓励现有会展企业通过合资、参股等形式，壮大企业规模，提高招会引展、办会办展能力，重点扶持福瑞德、贝格、格益传媒等会展企业发展壮大。

从近几年临沂市的会展业基本情况看，临沂展会市场化程度较高，政府主导型的较少，国际性的展会基本没有。对于一个刚开始起步培育会展经济的城市来说，政府主导型展会应该是主流，是临沂会展做大做强的基础。但近两年，政府在此方面上的投入太少，前几年的会展的主要投入也基本是在每年一届的书圣节上，平均每年综合投入不会超过 100 万元，与威海相比在政府主导办展上的花费实在微不足道。威海市近几年以来在威海中韩经贸洽谈会、高新技术洽谈会、东北亚经济论坛、世界产业转移研讨会等累计投入已经超过 1800 万元。除此以外，在培育一些展会上各地市也都下了很大的功夫，比如威海的中韩经贸洽谈会已经连续培育扶持了 10 年，青岛市的啤酒节培育了 6 年，潍坊市的风筝节至今为止以政府为主导已培育扶持了 15 年。而我们的书圣节仅培育了 4 年，第五届就尝试市场化运作，但从实际效果看没有达到预期。无论从新闻媒体报道和实际操作上，均雷声小，雨点更小，对书圣节的进一步做强做大是很不利的。

5. 完善提升配套服务功能。加快临沂国际会展中心和临沂商城国际会展中心周围住宿、餐饮等商业配套设施的规划建设，尽快把临沂国际会展中心和临沂商城国际会展中心打造成为设施一流、服务优良、运行高效的大型会展中心，为承揽和举办大型展会提供良好平台。切实加大交通、通讯、物流、金融、保险、咨询、翻译等相关配套服务，改善提升办展综合环境。

新建一批与会展业相配套的星级特别是五星级宾馆、酒店。把临沂市的会展业和旅游业统一规划，统筹发展。积极争取增开临沂发往全国各大城市的旅客列车和航班。加大对会展设施建设扶持。会展中心是城市公益性基础设施，根据国内各地会展中心建设运营经验来看，绝大部分地方会展的基本模式是政府投资，政府建设，政府运营。因此临沂国际会展中心的建设与运营离不开市委、市政府的大力支持，建议市政府参照其他城市做法，对会展中心给予财政补贴、减免税费、贴息融资等优惠政策，及时保证会展中心场馆建设运营所必需的土地证、规划许可证、施工许可证、预售许可证等相关手续的办理，满足给水排水、供电、燃气、通信等配套市政工程的需求。

二、制定特殊优惠政策

按照省发展服务业的意见规定，从事会展业的企业，以扣除有关费用后的余额为计税营业额计算缴纳营业税。会展业属新型高端服务业，具有高新技术企业的性质，建议将会展公司按照高新技术企业对待，对取得的收入减或免征营业税、城市维护建设税和教育附加费。建议市政府设立会展业发展专项基金，扶持会展公司，用于展位补贴，扶持国家级以上重点展会，奖励为会展作出贡献的企业和个人。

三、明确展会运作模式

会展业是一个特殊行业，其运作模式是"政府主办、会展公司具体承办、市场化运作"，所以，对市域范围内筹备举办的展会，请市政府作为主办单位下发文件予以落实，由会展公司具体承办组织实施；对国际级和国家、省级展会，请市政府帮助协调国家各部委及省政府相关部门作为主办单位，由会展公司具体承办组织实施。国内外重要的参展商和采购商也应由市政府及有关部门邀请。

第八章 │ 临沂商城转型升级之五： 发展第三方物流

第一节 临沂市现代物流业发展状况

作为城市发展引擎的现代物流业，已成为能够影响国民经济长远发展的朝阳产业，成为城市和地区发展新的经济增长点和衡量一个地区综合实力的重要标志。现代物流产业的发展，不仅能迅速膨胀第三产业和提升产业素质，而且是企业降低物耗、提高劳动生产率，获取"第三利润源泉"的必然选择。临沂地处鲁南苏北，是全国重要商贸物流城，不仅具备较为发达的陆空交通网络和东距海岸港口近的位置优势，还拥有巨大的货物吞吐量，为物流产业的发展奠定了良好的基础，物流业在临沂经济社会发展中占有举足轻重的地位。

一、现代物流业的概念及统计范畴

物流的起源最早始于法国，物流的概念认识初期阶段源于美国，第二次世界大战中，美国军队建立了"物流"理论，美国军队将后勤理论成功地用于战争期间的物质生产、采购、运输、配给等活动。后来，"后勤"一词在生产、流通过程中得以广泛应用，逐渐发展为现代意义的"物流"，所以，在英语中"后勤"和"物流"是同一个词，即"logistics"。中国在2001年制定的国家标准《物流术语》（GB/T18354 - 2001）中，将物流定义为：物品从供应地向接受地的实体流动过程，将运输、储存、装卸、搬运、包装、流通加工、配送、信息处理等基本功能实现有机结合。而现代物流是指原材料、产成品从起点到终点及相关信息有效流动的全过程，它将运输、仓储、装卸、加工、整理、配送、信息等方面有机结合，形成完整的供应链，为用户提供多功能、一体化的综合性服务，不仅重视效率因素，更强调整体流通过程的物流效果。

为统一物流产业统计口径，根据物流定义的含义，按照《国民经济行业分类》（GB/T4754－2002），参考目前国家行业划分标准，将两大类行业纳入物流产业统计测算范畴。第一类是交通运输仓储邮政业。包括铁路运输业（含铁路货物运输、货运火车站、其他铁路运输辅助活动）、公路运输业（含道路货物运输、道路运输辅助活动、其他道路运输辅助活动等）、水运业（含水上货运、货运港口、其他水运辅助活动）、航空运输业（含航空货物运输、其他航空运输辅助活动）、港口及交通运输辅助业（含管道运输、装卸搬运、运输代理服务）、邮政仓储业、邮政业（含国家邮政和其他寄递服务其中货物寄递部分）、仓储业。第二类批发零售业。包括批发业（共有 49 个小类的批发业）、零售业（含向最终消费者销售活动中的配送活动和大型超市 65 类中的专业物流配送部分），共 5 大行业，涉及 130 个国民经济行业小类，以上各类产业的统计对象包括全部法人企业、产业活动单位和个体工商户。

二、临沂物流产业发展现状及特点

临沂商贸业经过多年发展，各类商贸企业及个体户年销售额在 2500 亿元以上，其总量已居全国同类城市前列，如此规模的商贸交易为全市的物流业发展提供了得天独厚的优势条件，物流产业规模得以长足发展。据全市第二次全国经济普查资料和相关国民经济资料，笔者对全市物流情况进行专门测算，分析现状如下：

1. 物流交通基础设施日臻完善。京沪高速、日东高速、新亚欧大陆桥铁路、沿海铁路大通道在境内纵横交错，4 条国道、14 条省道结网相连，临沂机场建设规模 4C 级，为国家二级机场。截至 2015 年，全市公路通车总里程达 25577 公里，密度为每百平方公里 130 公里；铁路运营里程达 339 公里；机场已开通北京、上海等国内航线 18 条；营业性运输车辆达 15.8 万辆。以光纤通信为主，卫星通信、移动通信、微波通信为辅的高速宽带多媒体通信网络体系已基本形成。这些基础设施为物流业发展奠定了坚实的基础。

2. 物流园区建设步伐加快。依托区位、产业、资源等优势，规划建设了临沂商城、城区东部、临港 3 大综合物流园区，郯城银杏、苍山蔬菜、沂水食品、沂南蔬菜和畜禽、平邑石材和金银花、费县板材、蒙阴果品、莒南花生、临沭复合肥等 9 处特色物流园区。全市建有各类物流园区 50 处，其中，规模较大的 11 处，临沂商城、临沂市城东物流园区、临沂市会展博览园、临沭县全国优质复合肥基地物流园区被列为省级重点物流园区。

3. 物流业发展水平显著提高。金锣集团、华盛江泉、鲁南制药、九州集团等一批制造企业、商贸企业开始采用现代物流管理理念、方法和技术，实施流程再造和服务外包；传统运输、仓储、货代等企业实行功能整合和服务延伸，加快向现代物流企业转型；一批新型物流企业迅速成长。物流总费用与GDP的比率由2000年的19.4%下降到2010年的15%。目前，全市共有全国物流百强企业2家，省50强企业6家，有14家企业入选中物联A级企业评选，荣庆、立晨两家被认定为5A级物流企业，荣庆物流被评为"中国冷链物流第一供应商"。

4. 多种所有制物流企业竞相发展。在政府引导和市场机制作用下，临沂市物流业形成了多种所有制企业共同发展的格局。国有物流企业通过整合和优化资源，不断提升物流服务水平。运输公司、邮政、翔宇等物流企业发展为第三方物流企业。集体物流企业发展迅速，天源物流、金兰物流、林丰物流等由配载市场向现代物流转型。民营物流企业加快发展，荣庆物流、立晨物流、北方物流等已具备现代物流功能。

5. 物流业发展环境明显改善。为规范、促进物流业发展，临沂市政府出台了《关于加快现代物流业发展的意见》《临沂市现代物流业发展规划》《临沂市物流园区标准》《临沂市物流园区外物流公司标准》《临沂市物流园区内物流经营户标准》等政策措施。意见在整顿规范物流业收费管理、市场秩序、用地政策、税收优惠政策、资金扶持和人才培养等方面作出了详细规定。规划提出临沂物流业的发展坚持"总体规划、协调发展、信息化带动、物流国际化"的原则，发挥区位、交通和商贸流通等优势，全面整合社会物流资源，构建现代化物流基础设施和公共信息平台。成立了临沂现代物流协会，对全市物流行业的行业自律、规范行业行为，起着越来越重要的作用。

6. 商贸流通网络基本形成。消费升级带动流通服务功能创新，使连锁、物流、代理、电子商务等现代流通方式成为开拓市场、扩大需求、拉动经济增长的新亮点。目前，全市已基本建成与城市总体规划相适应的城市商业体系，形成了以城市商业中心为主导，以社区商业为基础，以大型批发市场和物流业为特色，多层次、有分工、多形式的城市商业整体结构。全市供销系统和九洲集团、桃源超市等较有影响力的连锁企业依托自身较为完善的物流系统，实行统一进货、集中配送，使企业迅速壮大起来。

7. 物流信息化进程明显加快。一是供应链管理信息系统出现。铁通、立晨与卫通强强联合，共建中国顶级商贸物流信息平台，改变了临沂市物流业通讯不畅、信息滞后的局面。二是网上临沂商城建设步伐加快。临沂商城电子交易中心与阿里巴巴的合作，推动了临沂有形市场和电子商务无形市场的有效结合，提升了市场发展潜力。三是企业信息系统升级改造步伐加快。荣庆、天源、金兰等一大批物流企业均建立了自己的信息交易中心，促进了企业的快速发展。

三、发展现代物流业存在的困难和问题

近年来，临沂市的物流业虽有较大的发展，其实现的增加值占全市生产总值的比重有所上升，但与先进国家和发达地区相比，还存在一定的差距。

1. 物流专业化程度低，物流企业规模小，现代物流业还处于起步阶段。目前，全市部分物流企业特别是大中型企业受传统观念影响，对物流配送中心认识不足，大而全、小而全的思想仍存在，专业化程度低，大多数企业仍集中在公路运输，批零餐饮等传统物流行业，现代电子商务、物流配送、大型连锁超市经营企业少，企业科技含量不高，缺乏现代化经营手段，真正委托第三方物流的现代化流通方式比例还很小。发达国家企业利用专业化物流服务高达75%，而临沂还不到10%；全市物流产业含有的物流企业大多数规模偏小，大型的、有实力的、拥有跨地区乃至全国性网络的物流骨干企业和龙头企业较少；物流服务层次较低，物流的精细化组织和管理等能力仍显不足，具有管理整套供应链能力的物流企业屈指可数。

临沂市现代物流企业发展相对较慢，还只停留在某一层面或某一个环节上，没有实现从原材料供给到商品流通整个供应链的全套服务。近几年新引进几家大型物流企业，由于受市场拆迁和同类市场竞争的影响，建设项目进展较慢。

2. 物流成本较高、效率低。与发达国家物流成本对比看，发达国家物流成本占 GDP 的比重在 9.5% ~ 10% 之间，而我国为 16.7% ~ 20%，比发达国家高 7.2 ~ 10 个百分点，从临沂的情况看，要高于全国先进地区和发达国家平均水平。流通周期较长，2004 年，限额以上批发企业流动资产周转量为 4 次，规模以上工业企业流动资产周转数为 3 次，而青岛海尔物流的资本周转为 15次，远远快于临沂市的物流企业资本周转次数，物流企业的资金流转不快，易造成原材料、半成品、库存商品积压，物流企业效率低下。据测算，2004 年临沂市限额以上批发企业库存商品占批发业 GDP 的比重在 15% 左右，发展中国家不超过 5%，同时临沂原有的国有商业、物资和仓储企业在改制中，部分物资仓储设备被闲置，也使部分物流企业的资源因闲置而浪费。

3. 物流业管理体制和机制与现代物流的发展不适应。根据物流业发展的新形势，市委、市政府适时提出了树立"五个意识"实施"六个一体化"的发展思路，推动了现有物流企业向社会专业物流企业的转变，为物流业的发展

创造良好的客观环境，但由于临沂市现代物流市场仍处于起步阶段，传统的物流企业受计划经济的影响，物流业社会化程度低，物流管理体制相互交错，机构多元化，与物流相关各部门分别由铁道、交通、民航、邮电通讯、内外贸易等不同的政府部门进行管理，造成物流组织布局分散，部门、企业间缺乏横向联合，许多物流设施只为某行业、某部门服务，综合性、社会性服务水平较低。另外，物流产业的发展，涉及基础设施、技术设备、产业政策、税收等各方面，而这些问题的管理分属于不同政府职能部门，各部门对现代物流认识缺乏统一协调的战略思想，成为影响现代物流产业发展的因素之一。处于起步阶段的物流市场，由于市场机制不健全、竞争秩序不规范，现有的规章制度和管理方式也不适应现代物流的发展。

四、对加快现代物流业发展的思考

物流业的发展对国民经济的增长起着支持和带动作用，发展现代物流业不仅能带动相关产业的发展，而且也是提升一个地方经济的综合实力的重要举措。现代物流业的发展是一项复杂的社会系统工程，要想使临沂市的物流业得到高层次的发展，需要方方面面的共同努力。

1. 树立现代物流观念，增强物流产业意识。加快物流业的发展，应加大宣传优势，引导现有企业从根本上改变"大而全""万事不求人"的观念，树立现代物流经营理念，明确物流业的重要地位，走出把运输送货认同为物流的误区，增强现代物流产业意识。充分认识在市场经济条件下，生产和流通日益社会化、专业化，物流已不再是生产、流通的派生部门和辅助手段，而是相对独立分离出来的、大有发展前景的新兴产业部门。学习借鉴先进地区的好经验、好做法，发挥现有优势，指导企业积极重组，整合社会存量资源，改变企业各自为政的局面，形成一个完整、统一的社会物流体系。

2. 构筑和完善物流运输平台，适应国际物流发展需要。以铁路、航空、海运、公路枢纽为核心，实施货畅工程建设，形成铁路、公路、航空和管道运输配套设置的流通格局，提高临沂现代物流的集疏运能力。公路方面，将临沂与周边的国道、省干线及县级公路连接成网，畅通物流重点功能区域和物流交通枢纽之间的连接。铁路方面，加强地方与铁路部门之间的协调，增辟对外铁路通道，在加强原有基础设施、提高技术装备的同时，建立铁路快捷货运网络体系，加快保税仓库和保税区建设，实现铁路运输高速化。空运方面，发挥空运高效快捷的优势，拓展航空过境、中转和直达运输等各类服务，构建连接国内各大经济中心城市和国际航线的航运物流基地。另外，要注重多式联运网络建设，构筑与邻近海岸港口的直接运输联接。

3. 依托商贸优势，整合资源，发展第三方物流。临沂商贸城，拥有广阔的物流产业发展的优势。加快物流业的发展既要考虑原有资源，又要选准发展重点，防止盲目建设、重复投资。一是以现代商贸城建设为契机，重新整合现有物流资源，完善市场物流配套设施，提高运作效率。依托新市场建设，高起点规划布局市场区内的仓储区、商业物流配送、综合服务区等，注重市场在中转、装卸、仓储、信息等方面的物流设施配套的区域性物流体系建设。依托重点企业，以超市、便利店、社区商业为重点，以居家生活用品为主，拓展连锁经营范围和领域，积极推行物流配送，大力发展现代流通。二是以物流基地建设为依托，加快培育优质、高效、便捷的物流配送、运转体系。物流基地是物流产业在地理位置上的集中所形成的具有特定业务功能的职能区域。临沂目前规划建设的物流基地在河东区内，政府有关部门除继续搞好与基地相关联的基础硬件设施和软件设施建设的同时，还要协调好各方面的利益关系，如河东区钢材市场与鲁信钢材物流城在地理位置上较近，又经营同类商品多，使双方市场发展前景彼此影响较大。加快各个物流项目的建设进度，带动其他传统物流向现代物流转变的快速发展。三是大力发展企业物流，把发展大型企业物流作为现代物流的重点。引导有条件的大型加工企业按照发展现代物流的要求，建立物流中心等专门管理机构。倡导和鼓励中小型工商企业逐步将生产制造领域以外的原材料采购、运输、仓储，和产成品流通领域的加工、整理、配送等业务有效分离出来，按照现代物流的要求进行整合和重组，或以委托方式交给专业物流公司运作，全面推行原材料和零配件直送到位，向现代物流企业中倡导的零距离、零库存迈进。四是大力发展全社会的第三方物流，着力第四方物流研究和实施。以交通部门现有的大型物流企业为基础，加快其向第三方物流管理的运作，以物流分拨配送为核心，构建各物流企业的交易场所，实现对各种运输方式和货物的动态跟踪，形成对跨各地区物流网点的有效服务，逐步实现第三方物流公司服务个性化、功能专业化、管理系统化、信息网络化。形成物流行业的全方位的供应链。

发展第三方物流重在利用资源，在开展第三方物流建设时，注重重点建设，打破行业界限和地区封锁，发展社会化的物流企业，满足中小企业需要，提供高效快捷的配送服务。

4. 发展电子商务物流，建立全市物流公共信息平台。经济全球化、世界网络化，使信息化进程日新月异，物流业在全市经济的地位日益突出，发展现代物流业离不开信息化，因此把当前蓬勃发展的电子商务和现代物流产业结合起来的最佳途径就是发展电子商务物流，培育第四方物流，建立全市物流行业的公共平台，通过因特网形式整合物流企业资源，使全市物流业真正实现质的提高。

5. 引进和培养优秀物流人才。作为一个人才密集型的行业，物流业的发展需要一大批熟悉服务对象的生产、经营、销售人才，熟悉物流服务、组织运输、组织管理相关业务的人才，熟悉市场营销和计算机网络、信息开发维护等方面的人才。要引进和培养一批高层次、高素质的物流人才，除利用高校资源外，还要加强全市现有物流人员的职业培训工作，造就一大批熟悉物流运作规律，并有开拓创新精神的人才队伍。

第二节　第三方物流及其特征

一、何谓第三方物流

所谓第三方物流是指生产经营企业为集中精力搞好主业，把原来属于自己处理的物流活动，以合同方式委托给专业物流服务企业，同时通过信息系统与物流企业保持密切联系，以达到对物流全程管理和控制的一种物流运作与管理方式。

第三方物流，英文表达为 Third – Party Logistics，简称 3PL，也简称 TPL，是相对"第一方"发货人和"第二方"收货人而言的。3PL 既不属于第一方，也不属于第二方，而是通过与第一方或第二方的合作来提供其专业化的物流服务，它不拥有商品，不参与商品的买卖，而是为客户提供以合同为约束、以结盟为基础的，系列化、个性化、信息化的物流代理服务。最常见的 3PL 服务包括设计物流系统、电了数据交换能力、报表管理、货物集运、选择承运人、货代人、海关代理、信息管理、仓储、咨询、运费支付、运费谈判等。由于第三方物流企业的服务方式一般是与企业签订一定期限的物流服务合同，所以有人称第三方物流为"合同契约物流（contract Logistics）"。

第三方物流内部的构成一般可分为两类：资产基础供应商和非资产基础供应商。对于资产基础供应商而言，他们有自己的运输工具和仓库，他们通常实实在在地进行物流操作。而非资产基础供应商则是管理公司，不拥有或租赁资产，他们提供人力资源和先进的物流管理系统，专业管理顾客的物流功能。广义的第三方物流可定义为两者结合。因此，对物流各环节如仓储、运输等的严格管理，再加之拥有一大批具有专业知识的物流人才，使得他们可以有效地运转整个物流系统。故而，第三方物流又称为"物流联盟（Logistics Alliance）"。

从字面上看，第三方物流是指由与货物有关的发货人和收货人之外的专业企业，即第三方来承担企业物流活动的一种物流形态。在有关专业著作中，将第三方物流供应者定义为"通过合同的方式确定回报，承担货主企业全部或一部分物流活动的企业。所提供的服务形态可以分为与运营相关的服务、与管理相关的服务以及两者兼而有之的服务三种类型。无论哪种形态都必须高于过去的一般运输业者（common carrier）和合同运输业者（contract carrier）所提供的服务。

第三方物流企业的利润从哪里来？从本质上讲来源于现代物流管理科学的推广所产生的新价值，也就是我们经常提到的第三利润的源泉。第三方物流则是站在货主的立场上，以货主企业的物流合理化为设计系统和系统运营管理的目标，争取客户利润最大化。第三方物流企业的经营效益是直接同货主企业物流效率、物流服务水平以及物流系统效果紧密联系在一起的，是利益一体化。并不是一方多赚一分钱，另一方就少赚一分钱的传统交易方式，为客户节约的物流成本越多，利润率就越高，这与传统的经营方式有本质不同。因此，第三方物流是第三方物流提供者在特定的时间段内按照特定的价格向使用者提供的个性化的系列物流服务，是企业之间联盟关系。

首先，第三方物流是合同导向的一系列服务。第三方物流有别于传统的外协，外协只限于一项或一系列分散的物流功能，如运输公司提供运输服务、仓储公司提供仓储服务，第三方物流则根据合同条款规定的要求，而不是临时需求，提供多功能，甚至全方位的物流服务。依照国际惯例，服务提供者在合同期内按提供的物流成本加上需求方毛利额的20%收费。

其次，第三方物流是企业之间联盟关系。第三方物流的企业之间充分共享信息，这就要求双方能相互信任，才能达到比单独从事物流活动所能取得更好的效果，而且，从物流服务提供者的收费原则来看，它们之间是共担风险、共享收益；再者，企业之间所发生的关联既非仅一两次的市场交易，又在交易维持了一定的时期之后，可以相互更换交易对象，在行为上，各自不完全采取导致自身利益最大化的行为，也不完全采取导致共同利益最大化的行为，只是在物流方面通过契约结成优势相当、风险共担、要素双向或多向流动的中间组织，因此，企业之间是物流联盟关系。

第三，第三方物流合同的特征。就目前而言，关于第三方物流的法律、法规呈真空状态，在处理有关争议过程中，只能机械地将《合同法》中有关仓储、运输、委托加工等法条相加，既而加以调整。综合《合同法》和相关物流著作的学理分析，我们认为第三方物流合同特征有下列五条：

1. 第三方物流是物流企业向他人提供以物流服务为标的的合同，但是第三方物流不是传统意义上的劳务合同。提供劳务只是第三方物流企业经营范围的一部分，包括仓储、运输、装卸等。正如上所述第三方物流还是一个战略联盟，不仅仅是为他人提供劳务，而且还要为客户选择供应商、采购、应用信息管理系统等。因此第三方物流还综合委托、代理，甚至信托等功能。

2. 第三方物流合同是双务有偿合同。双方当事人互负给付义务，一方提供物流服务，另一方给付报酬和费用。另一方面，客户一方应标明需要物流企业处理的标的物的真实有效性、合法性及安全性。第三方物流企业处理标的物的时候，为减少成本，通常会采取整合包装或拆另包装，这就要求客户真实说明货物的性质（易燃、易爆、易腐蚀、有毒等），并提供相关资料。因为可能会在整合包装或拆另包装过程中对其他标的物造成影响。同时第三方物流企业要求客户对其委托的标的物提供相应合法凭证，如发票、仓单等有效原始证据。在整合包装或拆另包装中可能会混淆原标的物性质，将非法的转化为合法的，使赃物变成合法有效的商品。因此在实际操作过程中物流企业对客户送交的标的物也应尽到如下义务。①验收义务。物流企业对其处理的货物进行检验、核查，如果是危险物则要求客户提供有关资料。②物流企业作为经营企业应当具备相应的处理条件，包括硬件和软件。如专门处理危险物的堆场、分拣设备，有特定功能的打包机，有专门的条码识别器、处理危险物的滑槽等。当然，在计算机系统处理上也应有相关软件的支持。同时，物流企业应配备有专业人士，包括化工、生物、装卸等专业人士。如果某物流企业不具备上述条件，这就要求其尽到添置和完善的义务。③审查义务。物流企业在处理客户的标的物时，应对该物的来源、性质进行审查，要求客户提供原始凭证，并且办理必要的备案入户手续。

3. 合同一方是特定主体。第三方物流合同中处理标的物的一方必须是公司制的第三方物流企业，是专为提供服务收取报酬而经营的法人。众所周知，物流业的兴盛是由于物流被称为"第三利润源泉"。不可否认，物流的确由仓储、运输、加工、信息处理等流程组成，但其中每个过程的最低利润机械相加并不等于利润最低化。因此物流企业是一个统筹、综合处理上述过程的专营企业。故其他单位，如单个仓储、运输单位或委托加工单位，是不能成为专业物流营业人的。

4. 物流合同应为诺成性合同，这是由物流的性质决定的。在客户交付标的物之前，物流企业可能已经为履行合同支出了一些成本，如腾空仓位、整理仓库、安排车辆，并且还可能因为物流企业自身规模原因而拒绝潜在的客户要约。所以，只要经过客户要约和物流企业的承诺既宣告合同成立。这样，不仅对物流企业有利，而且也对客户有利，维护了双方交易的安全。因为如果该合同是实践性合同，那么在客户未交付标的物之前，合同是不成立的。这就意味着客户只要不实际交付标的物，就可以任意改变其先前许诺，不受合同约束，这样物流企业受损风险大大增加。即使追究客户缔约过失，其诉讼成本使得物流企业无精力过问，事实上往往息事宁人。同样，实践性合同也使得客户的风险增加。客户和物流企业经过要约和承诺之后，客户花了较大成本将易耗物收购到手，根据原来计划由物流企业为其提供包括设计方案等服务，经核算分销后是盈利的。但是物流企业在客户准备交付标的物的时候，自行毁约，可以说对客户造成两方面的损失，而且产品不及时上市的话，因积压库存无法销售，将使得客户血本无归。综上所述，为减少风险，有利于交易安全，诺成性合同较为实际和安全。

5. 物流合同应为要式合同。任何一个行业应该有统一标准的文本格式，物流行业也应如此。为了维护行业标准，并且防止一定企业的行业垄断，应该遵循一定的格式。不仅有利于整个物流行业市场规范，防止限制竞争行为发生，而且从保护客户的角度上看是有利的。

二、第三方物流经营业态中的法律类型分类

综观现今中国物流行业中第三方物流企业的经营业态主要有两种。

其一，第三方物流企业接受客户委托，根据客户提出要求处理相关货物。这种业态的经营模式实质是一个委托的法律关系，从物流学理意义上属于初级业态。其表现形式是以处理委托人事务为目的，根据委托事项支付一定费用，受托人（物流企业）根据实际成本加上利润收受费用并提供相应服务。如果委托人没有尽到告知义务致使受托人设备和其他委托人设备、货物造成损失的，且受托人已尽了审查义务（《合同法》406 条受托人有关义务），受托人免责，造成第三人损失的，由第三人直接向有过错的委托人追索。在实际操作过程中，也是往往根据委托合同有关条款加以调整。如《合同法》407 条受托人处理委托事项，因不可归责于自己事由受到损失的，可以向委托人要求赔偿损失。故第三方物流的初级业态实质是委托法律关系。目前中国物流刚刚起步，因此大多数物流企业都是基于这层委托关系而成立的。

其二，另外一种模式是物流企业根据客户要求，以物流企业名义向外寻求供应商、代理商、分销商，同时又向客户提供相应的仓储、运输、包装等服务，为客户设计物流计划。该模式往往是从事第三方物流服务的企业通过与固定客户（通常是连锁企业）建立稳定的契约关系，以物流企业名义与生产企业建立广泛的商品关系，是第三方物流和终端客户建立的长时间联盟合作。这种经营模式是第三方物流的高级经营业态，是一种隐名代理行为而非行纪行为。隐名代理（agency of unnamed principal）是英美法系的概念，指代理人以

自己名义，在被代理人授权范围内与第三人订立合同，第三人在订立合同时，明知代理人与被代理人的代理关系，只要是代理人为被代理人利益，由被代理人承担责任。其与行纪行为最根本区别在于行纪人只能以自己名义对外活动，因而其与第三人订立合同不能对抗委托人。实践中，生产企业、供应商等，都与第三方物流企业有买断、代理关系，并由第三方物流企业根据终端客户订单进行处理、配送、加工等。可以看出在这种模式下，第三人明知物流企业其实是某终端客户的代理人，只不过第三方物流企业没有以终端客户名义而以自己名义与其发生关系，责任由最终客户承担。需要指出的是在此过程中，物流企业为了自己利益越权代理，行为无效。而且由于第三人过错造成终端客户损失，由第三人直接向终端客户承担责任。上述种种经营活动可以说明第三方物流的高级经营业态实际上是一种隐名代理的行为。

三、第三方物流的基本特征

（一）第三方物流是合同导向的一系列服务

第三方物流有别于传统的外协，外协只限于一项或一系列分散的物流功能，如运输公司提供运输服务、仓储公司提供仓储服务等。第三方物流虽然也包括单项服务，但更多的是提供多功能、甚至全方位的物流服务，它注重的是客户物流体系的整体运作效率与效益。同时，第三方物流都是根据合同条款的要求，而不是客户的临时需求，提供规定的物流服务。

（二）第三方物流是个性化物流服务

第三方物流服务的对象一般都较少，只有一家或数家，但服务延续的时间较长，往往长达几年。这是因为需求方的业务流程不尽相同，而物流、信息流是随价值流流动的，因而要求第三方物流服务应按照客户的业务流程来定制。这也表明物流服务理论从"产品推销"发展到了"市场营销"阶段。第三方物流企业提供物流服务是从客户的角度考虑，为客户提供定制化的服务。从这个角度来看，第三方物流企业与其说是一个专业物流公司，不如说是客户的一个专职物流部门，只是这个"物流部门"更具有专业优势和管理经验。

（三）第三方物流要求需求方与供应方之间建立长期的战略合作伙伴关系

在西方的物流理论中，非常强调企业之间的"相互依赖"关系。也就是说，一个企业的迅速发展光靠自身的资源、力量是远远不够的，必须寻找战略合作伙伴，通过同盟的力量获得竞争优势。而第三方物流企业扮演的就是这种同盟者的角色，与客户形成的是相互依赖的市场共生关系。客户通过信息系统对物流全程进行管理和控制，物流服务企业则对客户的长期物流活动负责。第三方物流企业不是货代公司，也不是单纯的速递公司，它的业务深深地触及到客户销售计划、库存管理、订货计划、生产计划等整个生产经营过程，远远超越了与客户一般意义上的买卖关系，而是紧密地结合成一体，形成了一种战略合作伙伴关系。从长远看，第三方物流的服务领域还将进一步扩展，甚至会成为客户营销体系的一部分。它的生存与发展必将与客户的命运紧密地联系在一起。

（四）第三方物流以现代信息技术为基础

信息技术的发展是第三方物流出现和发展的必要条件。现代信息技术实现了数据的快速、准确传递，提高了仓库管理、装卸运输、采购订货、配送发运、订单处理的自动化水平，使订货、包装、保管、运输、流通加工实现一体化，客户企业可以更方便地使用信息技术与物流企业进行交流和协作，企业间的协调和合作有可能在短时间内迅速完成。同时，电脑软件的迅速发展，使得人们能够精确地计算出混杂在其他业务中的物流活动的成本，并能有效管理物流渠道中的商流，从而促使客户企业有可能把原来在内部完成的物流活动交由物流公司运作。目前，常用于支撑第三方物流的信息技术有：实现信息快速交换的 EDI 技术、实现资金快速支付的 EFT 技术、实现信息快速输入的条形码技术和实现网上交易的电子商务技术等。

四、第三方物流的核心竞争力

（一）核心竞争力的涵义

在激烈的市场竞争中，有些企业在各种复杂的市场环境中长盛不衰，而有的企业却只能成功一时。成功的企业能够持续发展的关键，在于这些企业在不断变化的竞争环境中能始终保持着自身的竞争优势，而从根本上决定并制约企业保持竞争优势的能力就是核心竞争力。核心竞争力是企业独有的一种特殊资源，普拉哈拉德和哈默尔于 20 世纪 90 年代初在《哈佛商务评论》上指出："核心竞争力是能使公司为顾客带来特别利益的一类独特技能和技术。"这篇标志性文章首次提出了核心竞争力的概念。此后，核心竞争力的概念和理论得到迅速的推广和发展，竞争战略研究的重点开始由以外部的市场结构为中心的竞争理论转移到企业自身的素质培育上来。

企业核心竞争力是指企业独具的、支撑企业可持续性竞争优势的核心能力。它可更详细表达为，企业核心竞争力是企业长时期形成的，蕴涵于企业内质中的，企业独具的，支撑企业过去、现在和未来竞争优势，并使企业长时间内在竞争环境中能取得主动的核心能力。企业的一般竞争力，如营销竞争力、研发竞争力、理财竞争力、产品竞争力等，只是企业某一方面的竞争力，而企业核心竞争力却是处在核心地位的、影响全局的竞争力，是一般竞争力的统领。从企业核心竞争力不同表现形式角度可将企业核心竞争力分为三类：核心产品、核心技术和核心能力。他们之间关系密切，产品来自技术，技术来自能力。

（二）核心竞争力的特征

普拉哈拉德和哈默尔认为核心竞争力与其他竞争力之所以不同，是因为它具有如下基本特征：

1. 价值性。核心竞争力具有充分的市场价值，能给消费者带来价值创造和价值增加；为企业创造长期性竞争的主动权；为企业创造超过行业平均利润水平的超额利润。

2. 独创性。即企业的核心竞争力为企业独自拥有，并不易被竞争对手所模仿，抄袭或经过努力可以很快建立。因此，那些内化于整个组织体系，建立在系统学习经验积累之上的专长，比建立在个别专利，个别技术骨干或某个出色管理者基础之上的专长，具有更好的独创性。

3. 延展性。核心竞争力可支持企业进入各种更有生命力的市场。核心竞争力为企业现有各项业务提供一个坚实的平台，也是发展新业务的引擎，它决定着企业如何实行多元化经营以及如何选择市场进入模式，是差别化竞争优势的源泉。

4. 渐近性。这是因为核心竞争力是在企业演进过程中长期培育，并经过长时间知识、技术和人才积累逐渐形成的。许多企业成功的经验表明，核心竞争能力的形成需要 10 年左右，甚至更长时间。

5. 动态性。在企业间竞争日益激烈的市场环境下，若企业固守某一产品或技术原地不动，则其核心竞争力随时间推移就会减弱，而长时间形成的技术和产品优势也会丧失。另外当其他企业纷纷掌握了有关技术专长以后，这个专长就仅仅是进入这一市场的基本条件，而不能再为企业提供相对于其他竞争对手的优势了。

6. 整体性。企业核心竞争力的核心是企业的核心技术能力，但它不仅由技术因素决定还与企业经营理念，员工精神状态，道德标准等非技术因素有密切关系。企业核心竞争力是企业技术水平、研发能力、生产能力、管理能力和经济实力的综合体现。

（三）第三方物流企业核心竞争力的内容

企业的核心竞争力是一个复杂的多元系统，归纳起来主要包括以下几个方面：

1. 核心技术能力。企业的核心技术能力构成核心竞争力的核心。第三方物流企业的核心技术能力不仅取决于现有的物流设施、技术装备的现代化水平，而且更重要的是企业能够有效地将这些技术装备应用到提供的服务中去，提高服务水平，使技术资源转化为企业的技术优势。它包括第三方物流企业的研发能力和服务创新能力。沃尔玛将传统的配送方式进行改革，运用越库运输技术大大提高了配送过程的效率，这种创新使其在零售领域后来居上，建立了竞争对手所无法企及的竞争优势。

2. 应变能力。企业应变能力是指第三方物流企业要随时根据物流市场供求状况的变化、需求模式的改变和技术革新进展而及时调整服务方式，这种应变能力是物流企业在快速发展的竞争环境中得以取胜的关键。由于终端消费模式的转换以及生产和零售领域的变革使得物流服务市场发生了重大变化，第三方物流企业要想获得持久的生存能力就必须要不断调整企业的运营方式和提高企业的信息化水平，以适应物流需求向小批量、多频次发展的趋势。

3. 整合能力。企业的整合能力涉及第三方物流企业的组织结构，信息传递，企业文化和激励机制等诸要素。它的作用在于通过管理过程的制度化、程式化，将企业的技术知识和服务技巧融入企业的核心竞争力中。第三方物流企业组织效率的高低决定了企业将物流技术优势向市场优势转换的效率。现代物流尤其强调各个物流功能的整合作用，整合能力是第三方物流企业核心竞争力非常重要的一个方面。

4. 营销能力。企业的营销能力反映第三方物流企业在成长过程中培育的市场影响力，它通过将潜在竞争优势转化为现实利润优势而直接或间接影响物流企业的核心竞争力。它主要包括第三方物流企业的服务营销能力、企业在顾客中的形象和声誉。满足顾客需要是物流活动的最终目的，第三方物流企业与现有顾客之间的关系和对潜在顾客的渗透能力是第三方物流企业核心竞争力的直接体现。

（四）第三方物流企业核心竞争力培育的战略方针

企业的核心竞争力是一个复杂的系统，并不是一些技术、能力的简单堆砌，也不是在较短的时间内一蹴而就形成的。我国的第三方物流企业总体尚处于发展初期，因此，核心竞争力的培育应结合企业自身的特点，循序渐进，可以从以下几个方面入手：

1. 企业核心竞争力发展战略。核心竞争力的培育是一项庞大的企业管理系统工程，涉及企业管理的各个层面、各个要素、各个环节，因此必须从企业战略的高度来进行统筹规划和组织实施。第三方物流企业应在继承和发挥现有成功经验和竞争优势的基础上，全面审视企业在核心技术、应变能力、组织整合和营销传播四个方面的能力状况，分析这些能力是否有其独特性？与竞争对手相比，是否具有竞争优势？建立企业的核心竞争力已具备哪些基础，还需要哪些条件？然后制定企业核心竞争力的培育目标及其选择核心竞争力获取的方式。在发展战略制定中应当注意第三方物流企业核心竞争力目标的制定要适应物流需求发展趋势和企业自身的特点，所定的目标要与企业整体发展目标相一致，体现统一性和连续性。同时把物流企业构建和发展成一个创新型的学习组织，在不断学习、积累经验的过程中，增加企业所特有的有形资源和无形资源，形成竞争对手难以模仿和超越的竞争能力，并不断地改进和发展这种竞争能力。

2. 确定企业核心要素。从我国第三方物流企业的自身特点和实际出发，确立企业核心要素。企业中的要素包括人力资源、财务、设备、技术、信息、过程、服务、设计、研发、加工等等，企业核心要素即从这些要素中选择。它是企业核心竞争力形成的出发点和基础。由于企业要素的特点和在企业生产经营活动中所起的作用不同，因而所形成的核心要素对企业核心竞争力的贡献大小也不相同，使企业核心竞争力的效益、运作方面均有区别，但只要企业一经形成核心竞争力，则以核心要素为基础的核心竞争力就是其他企业所难以模仿和取代的。积极进行企业核心要素的积累，为其核心竞争力的构建创造条件。物流企业一方面可以通过内部积累来增强核心要素，另一方面通过吸收外来资源也可能在较短时间内获得必要的核心要素。企业可以通过关键技术的引进，吸引掌握关键技术和技能的人才，与拥有核心专长的公司建立战略联盟等多种途径来积累核心要素。根据实际，物流企业核心要素的积累可采取内部积累与吸收外来资源相结合的方式进行。

3. 企业组织管理的变革。进行物流企业内部流程重组，尤其是组织管理的变革，推动企业核心竞争力要素的整合，以促进企业竞争力构建。物流企业的核心竞争力是由核心技术、应变能力、组织整合和营销传播四个要素构成的互补的知识体系，这些要素相互影响、相互依存、相互制约，渗透在物流活动的各个物流功能领域中。这些不同的功能，只有相互协调、相互配合，将企业的核心竞争力战略贯穿于各活动环节的始终，才能实现企业的核心竞争力目标。而现阶段我国的物流企业管理集成度不高，一个关键的因素就是管理缺乏一个明确的协调沟通渠道，使各种管理职能无法整合。因此，第三方物流企业只有按照现代物流发展规律，重组企业的业务流程，建立一个完善的信息沟通渠道，才能从根本上提高企业管理的整合能力和快速反应能力。

4. 企业文化创新。树立不断创新的企业文化，建立相应的人才使用培育机制、服务创新体系、信息扩散机制等。在第三方物流企业中，人是企业核心竞争力的内核，只有拥有一批具有创新意识和敬业精神的高素质服务队伍，才能统一和提高服务质量，才能在互动过程中创新服务的方式和服务的个人风格，才能提高顾客的满意程度。物流企业应提供激发创新的氛围，注重人力资源的开发与培养，创造吸引创新人才的企业文化和管理制度，通过项目合作、开发、学习、培养、参观访问、成果交流等来实现知识的扩散和信息共享。只有这样，第三方物流企业才能保持创新的活力，从而保持持续的竞争优势。

（五）提高第三方物流企业核心竞争力的策略

1. 提供增值服务。目前中国的大多数企业还处于直接压缩物流基础作业成本的阶段，缺乏从物流服务的创新与开展物流增值服务中寻求利润的冲动。处于这样初级阶段的国内物流企业和发达国家的第三方物流企业相比，不仅服务内容单一、服务手段原始，而且根本就没触摸到物流业的核心，即建立在信息技术基础上的物流增值服务，如物流信息服务、订单管理、库存管理、物流成本控制、物流方案设计以及供应链管理等等。增值服务是国际物流发展的趋势之一。对竞争激烈的物流企业而言，单独的物流服务如运输业务已经无法构成企业牢固的基础，企业一方面必须提供新的附加业务，扩大业务范围；另一方面也必须不断推陈出新，为客户提供独家的、或者至少是特别的服务内容——增值服务，以增加企业的核心竞争力。

增值物流服务是相对于常规物流服务而言的，主要是借助于完善的信息系统，根据客户的需要，提供除基本物流服务以外的，个性化、创新的、融信息和知识一体化的物流服务，主要是依托人员的经验、技能和智慧等"软"件来实现的，诸如打制商业发票、为货物托运方投保和管理全程的服务，努力对客户的供应链进行管理和服务，使得客户可以在第一时间掌握全面、准确、动态的信息，属于技术和知识密集型的服务，可提供信息效用和风险效用。可以通过物流业务的创新，加强客户关系管理，构建物流信息系统等方式来实现。

2. 建立完善的物流信息管理系统。我国的物流企业应当通过建设完善的物流信息管理系统，来实现其核心技术能力。可以通过高校及IT公司，采用联合购并的方式来提升自己的信息技术能力。一方面为客户设计满足需要的物流管理信息系统，同时，开发适合自己的管理信息系统，提高企业的效率。建立一个公共物流信息平台。通过这个平台整合行业旧有资源，对行业资源实现共享，发挥物流行业的整体优势，从根本上改善物流行业的现状。物流企业可以考虑在此基础上采用建立公共物流信息平台的形式达到目标。由于互联网的发展以及物流信息技术运用的成熟，物流信息平台已成为物流行业发展的一大热点。基于互联网的公共物流信息平台的功能，与其他物流系统相比，真正实现了物流企业之间，企业客户之间的物流信息和物流功能的共享。其优势在于通过互联网可以将分布在不同地区的若干家物流企业连接在一起，远程进行行业内信息发布和业务数据传输。系统通过公网将各地用户的订单汇总起来，由信息平台根据物流资源统一调控，通过规模物流，做到以最低的成本为客户提供最好的服务。为客户提供全面的物流信息，以及个性化的物流服务。对于不具备全面开展信息化的中小企业而言，通过会员注册就可以加入物流信息平台，即以低成本就能开展网上业务，共享物流业内信息，拓宽业务范围。

3. 完善企业的服务网络。我国的物流企业应该设法积极地通过联合、兼并和战略加盟等方式加速建立自己的跨地区、跨行业的服务经营网络。在服务网络建设方面，物流企业应当首先明确自己的核心服务行业及主导服务区域，针对现有目标客户，有的放矢地跟踪设点，逐步建立起自己的服务网络，避免盲目扩大经营规模，浪费企业有限的资源。在本企业核心服务行业和主导服务区域之外的业务可以利用管理信息平台与其他企业联合，做到信息与资源共享。另外，我国的物流企业应与客户建立长期的战略合作伙伴关系，这样可以降低企业的经营费用和经营风险。在知识经济时代，供应链面临的核心挑战是随着供应链的形成和实施其战略决策而获得节点企业积极的和自愿的合作。当节点企业认为供应链整体战略决策公平时，他们在信任和承诺态度的基础上显示出高度的自愿合作。

4. 加速人才的培养。物流产业是一个跨行业、跨部门的复合产业，同时它又是劳动密集型和技术密集型相结合的产业，所以发展物流产业，不仅需要高级物流管理人才，更需要大量物流执行型与操作型人才。为此，必须在发展学历教育的同时，发展非学历教育职业培训工作。第三方物流企业自身需要在资金投入上确保现有从业人员的进修和培训方面的需要，同时积极寻求与高校和管理咨询机构的协助，通过开展服务管理咨询和企业内部培训与企业人力资源开发等方式提高自己企业员工的现代物流业务知识和业务水平以及现代物流管理的水平。除了内部培训，同时也需要吸引优秀的物流人才，加强人才的管理，提高员工的忠诚度，首先要营造良好的组织环境，最基本策略就是精心设计企业组织环境留住人才，使之高效工作；其次，要实施有效的薪酬策略，设计合理的薪酬制度，体现员工的价值，并与员工加强沟通交流，听取其意见和建议，以增强薪酬制度的合理性和员工参与感；另外要制造和谐的人际关系，当员工能和同事保持友好关系、身处轻松和谐的气氛，而不用在一个紧张的环境中整天疲于应付错综复杂的人际关系时，他们会增加工作的满意感，更愿意留下来；最后，给予员工宽松的职业发展空间。优秀的人才总希望通过发展自己来实现自我价值，让这些人才以最快的速度成长是非常重要的。

在物流企业的发展中，我们的政府也应该在政策面上予以大力支持。物流产业的发展不仅仅要有充分的市场需求基础、活跃的市场主体以及完善的物流设施，更为重要的是要有适应物流产业发展的制度环境，以保证市场机制能够充分发挥作用并使各种物流活动规范有序地进行，促进物流产业健康有序发展。政府应该建立起一整套适合物流企业发展的制度，使我国的物流企业建立自己的核心竞争力不断做强做大。

第三节　我国第三方物流的现状及发展对策分析

我国第三方物流的现状体现在企业规模不大，服务水平不高，第三方物流还只停留在某一个层面或某一个环节上，没有实现从原材料供给到商品销售整个供应链的全程服务，还没有形成真正意义上的网络服务。

我国第三方物流发展中存在的主要问题，体现在物流观念落后，自办物流现象突出；条块分割严重，企业规模偏小；物流渠道不畅；服务功能不全；物流人才匮乏，设施落后，管理水平较低等几方面。应该从加快产权制度改革，激发企业活力；以信息技术应用为核心，加强网点建设；培育具有国际竞争力的物流集团，实行集约化经营；强化增值服务，发展战略同盟关系；重视物流人才培养，实施人才战略等几个方面入手，来制定我国第三方物流的发展对策。

第三方物流作为现代物流的一种新兴服务模式，体现了社会化大生产所需要的规模与效率，以及物流与信息相结合所反映出的巨大价值。在经济全球化的背景下，深入研究第三方物流，对促进我国物流企业跨越式发展，提升企业竞争力，完善社会主义市场经济体制具有重要的现实意义。第三方物流是由物品供方和需方以外的物流企业提供物流服务的业务模式，是在物流渠道中，由专业物流企业以合同的形式在一定期限内提供用户所需的全部或部分物流服务。第三方物流企业的利润不是来自运费、仓储费等直接费用收入，而是来源于现代物流管理科学的推广所产生的新价值，这是我们发展第三方物流的根本原因。

一、我国第三方物流的现状及问题

20 世纪 90 年代中期，第三方物流的概念开始传到我国，它是运输、仓储等基础服务行业的一个重要发展。近几年，随着市场经济体制的完善和企业改革的深入，企业自我约束机制增强，外购物流服务的需求日益增大。特别是随着外资企业的进入和市场竞争的加剧，企业对物流重要性的认识逐渐深化，视其为"第三利润源泉"，对专业化、多功能的第三方物流需求日渐增加。

（一）我国第三方物流的现状

我国较早的第三方物流企业是传统仓储和运输企业转型而来的，从第三方物流企业的形成结构看，大体分有四个途径：第一是传统仓储、运输企业经过改造转型而来，占主导地位，占据较大市场份额。中远国际货运公司、中国对外贸易运输集团总公司（中外运）、中国储运总公司等，凭借原有的物流业务基础和在市场、经营网络、设施、企业规模等方面的优势，不断拓展和延伸其他物流服务，向现代物流企业逐步转化。第二是新创办的国有或国有控股的新型物流企业。它们是现代企业改革的产物，管理机制比较完善，发展比较快。例如，中海物流公司于成立起，从仓储开始发展物流业务，现发展成能为国际大型知名跨国公司，提供包括仓储、运输、配送、报关等多功能物流服务的第三方物流企业。第三是外资和港资物流企业。它们一方面为原有客户——跨国公司进入中国市场提供延伸服务，另一方面用它们的经营理念、经营模式和优质服务吸引中国企业，逐渐向中国物流市场渗透，如丹麦有利物流公司主要为马士基船运公司及其货主企业提供物流服务，深圳的日本近铁物流公司主要为日本在华的企业服务。第四是民营物流企业。它们由于机制灵活、管理成本低等特点，发展迅速，是我国物流行业中最具朝气的第三方物流企业。

从提供的服务范围和功能来看，我国的第三方物流企业仍以运输、仓储等基本物流业务为主，加工、配送、定制服务等增值服务功能处在发展完善阶段。像宝供、中海这样功能完善的第三方物流企业目前为数不多，规模也不是很大。中远集团、中外运集团、中国储运总公司，这样大型的运输、仓储企业虽已向第三方物流企业转化，但它们的传统运输、仓储业务仍占主要部分，第三方物流的功能还不完善。中国仓储协会的调查也说明生产企业和商业企业的外包物流主要集中在市内配送、单纯仓储和干线运输。生产企业和商业企业外包物流主要以"分包"为主，即将不同功能的业务分别委托给不同的企业，这从物流供给的角度看，第三方物流企业为用户提供一揽子服务的比重不大。

目前，我国第三方物流的服务对象主要集中在外资企业，其次是民营企业和少数改制后的国有企业。如中海物流的客户主要有 IBM、美能达、诺基亚、三洋、东芝、三星、华为、联想等企业；宝供物流公司服务的对象是宝洁、飞利浦、雀巢、沃尔玛、联想等。随着物流热的兴起，第三方物流得到长足发展，既有量的增加，涌现出许多物流企业，又有质的提高，物流服务功能显著改善，出现像中远集团、中外运集团那样既有规模又有效益的物流企业。但从整体上看，企业规模不大，服务水平不高，第三方物流还只停留在某一个层面或某一个环节上，没有实现从原材料供给到商品销售整个供应链的全程服务，还没有形成真正意义上的网络服务。

（二）我国第三方物流发展中存在的主要问题

我国第三方物流发展中存在的主要问题，体现在以下几个方面：

1. 物流观念落后，自办物流现象突出。由于对物流作为"第三利润源泉"的错误认识和受"大而全""小而全"的观念影响，很多生产或商业企业既怕失去对采购和销售的控制权，又怕额外利润被别的企业赚去，都自建物流系统，不愿向外寻求物流服务。

2. 企业规模偏小，管理水平较低。长期以来，由于受到计划经济的影响，我国物流企业形成多元化的物流格局，除了新兴的外资和民营企业外，大多数第三方物流企业是计划经济时期商业、物资、粮食、运输等部门储运企业转型而来。条块分割严重，企业缺乏整合，集约化经营优势不明显，规模效益难以实现。我国物流业还处在起步阶段，高等教育和职业教育尚未跟上，人才缺乏，素质不高；物流设施设备落后、老化，机械化程度不高，不符合客户特定要求。

3. 物流渠道不畅，服务功能不全。一方面，经营网络不合理，有点无网，第三方物流企业之间、企业与客户之间缺乏合作，货源不足，传统仓储业、运输业能力过剩，造成浪费；另一方面，信息技术落后，因特网、条形码、EDI（电子数据交换）等信息技术未能广泛应用，物流企业和客户不能充分共享信息资源，没有结成相互依赖的伙伴关系。大多数物流企业只能提供单项或分段的物流服务，物流功能主要停留在储存、运输和城市配送上，相关的包装、加工、配货等增值服务不多，不能形成完整的物流供应链。

二、我国第三方物流的发展对策分析

基于我国第三方物流现状和我国第三方物流发展中存在主要问题的分析，我们认为应该从加快产权制度改革，激发企业活力；以信息技术应用为核心，加强网点建设；培育具有国际竞争力的物流集团，实行集约化经营；强化增值服务，发展战略同盟关系；重视物流人才培养，实施人才战略等几个方面入手，来制定我国第三方物流的发展对策。

（一）加快产权制度改革，激发企业活力

我国现有的第三方物流企业多数是从国有仓储、运输企业转型而来，带有许多计划经济的遗迹，不能适应国际市场竞争。因此，必须建立股权多元化的股份制企业和完善的法人治理结构，理顺权益关系，实现政企分开、所有权和经营权分离，保证企业按市场规则运作，激发企业活力，向现代物流业转化。特别是规模较大的企业，一方面要进行内部的整合，优化内部资源配置，重新构建覆盖全球的物流服务网络；另一方面，借助资本市场的力量，进行企业改制上市，吸收和利用社会闲散资金，克服资本金不足的缺陷，促使企业快速成长，以及现代企业制度的建立和运作。

（二）以信息技术应用为核心，加强网点建设

信息化与否是衡量现代物流企业的重要标志之一，许多跨国物流企业都拥有"一流三网"，即订单信息流、全球供应链资源网络、全球用户资源网络、计算机信息网络。借助信息技术，企业能够整合业务流程，能够融入客户的生产经营过程，建立一种"效率式交易"的管理与生产模式，物流市场从国内扩展到国际，能否有四通八达的网络愈发重要。企业要双管齐下抓网络建设：一方面，要根据实际情况建立有形网络，若企业规模大、业务多，可自建经营网点；若仅有零星业务，可考虑与其他物流企业合作，共建和共用网点；还可以与大客户合资或合作，共建网点。另一方面，要建立信息网络，通过因特网、管理信息系统、数据交换技术等信息技术实现物流企业和客户共享资源，对物流各环节进行实时跟踪、有效控制与全程管理，形成相互依赖的市场共生关系。

（三）培育具有国际竞争力的物流集团，实行集约化经营

在市场经济中，一切要靠实力说话。只有具备强大的经济实力，才有可靠的资信保证，才能取信于人。调查显示，企业在选择第三方物流企业时最看重的是物流满足能力和作业质量。同时，第三方物流企业只有具备一定规模，才有可能提供全方位的服务，才能实现低成本扩张，实现规模效益。目前，许多第三方物流企业都是计划经济时期商业、物资、粮食等部门储运企业转型而来，都有特定的服务领域，彼此间竞争不大。若要适应激烈的市场竞争，必须打破业务范围、行业、地域、所有制等方面限制，树立全国一盘棋的思想，整合物流企业，鼓励强强联合，组建跨区域的大型集团，而且只有兼并联合，才能合理配置资源和健全经营网络，才有可能延伸触角至海外，参与国际市场竞争。

（四）强化增值服务，发展战略同盟关系

根据物流业的发展对策看，那些既拥有大量物流设施、健全网络，又具有强大全程物流设计能力的混合型公司发展空间最大，只有这些企业能把信息技术和实施能力融为一体，提供"一站到位"的整体物流解决方案。因此，我国物流企业在提供基本物流服务的同时，要根据市场需求，不断细分市场，拓展业务范围，以客户增效为己任，发展增值物流服务，广泛开展加工、配送、货代等业务，甚至还提供包括物流策略和流程解决方案、搭建信息平台等服务，用专业化服务满足个性化需求，提高服务质量，以服务求效益；公司要通过提供全方位服务的方式，与大客户加强业务联系，增强相互依赖性，发展战略伙伴关系。

（五）重视物流人才培养，实施人才战略

企业的竞争归根到底是人才的竞争。我们与物流发达国家的差距，不仅仅

是装备、技术、资金上的差距，更重要的是观念和知识上的差距。只有物流从业人员素质不断提高，不断学习与应用先进技术、方法，才能构建适合我国国情的第三方物流业。要解决目前专业物流人才缺乏的问题，较好的办法是加强物流企业与科研院所的合作，使理论研究和实际应用相结合，加快物流专业技术人才和管理人才的培养，造就一大批熟悉物流运作规律、并有开拓精神的人才队伍。物流企业在重视少数专业人才和管理人才培养的同时，还要重视所有员工的物流知识和业务培训，提高企业的整体素质。

发展第三方物流是一项系统工程，仅靠物流企业自身的努力是远远不够的，还需要政府和行业协会的推动和调控作用，为第三方物流企业发展创造良好的外部环境。一是尽快建立健全相应的政策法规体系，特别是优惠政策的制定和实施，使第三方物流的发展有据可依。二是尽快建立规范的行业标准，实施行业自律，规范市场行为，使物流业务运作有规可循。三是发挥组织、协调、规划职能，统一规划，合理布局，建立多功能、高层次、集散功能强、辐射范围广的现代物流中心，克服条块分割的弊端，避免重复建设和资源浪费现象，促进第三方物流健康、有序发展。

第四节　临沂第三方物流的现状及其发展对策研究

一、临沂第三方物流的发展现状

（一）第三方物流的优势和机遇

1. 第三方物流在政策上的机遇。物流业是服务业的重要组成部分，是第一、第二产业和现代商贸业发展的大动脉，它的发展，不仅能迅速膨胀第三产业和提升第一、第二产业素质，而且是企业降低物耗、提高劳动生产率，获取"第三利润源泉"的必然选择。它已经成为一个城市发展的引擎，成为能够影响国民经济长远发展的朝阳产业，成为城市和地区发展新的经济增长点和衡量一个地区综合实力的重要标志。国家"十二五"规划纲要明确提出，要大力发展现代物流业。党的十八大报告更是提出，要加快转变经济发展方式，推动产业结构优化升级。要由主要依靠第二产业带动向依靠第一、第二、第三产业协同带动转变。发展现代服务业，提高服务业比重和水平。中共临沂市第十一次代表大会上的报告中指出，要巩固临沂市商贸业发展的优势地位，居安思危，居大思强，全面实现传统商贸物流向现代物流转变，用现代物流理念和业态改造提升传统商贸业，真正建成全国一流的商贸物流中心，长久形成"南有义乌，北有临沂"的格局。

2. 第三方物流在产业发展上的优势。临沂经济发展的亮点不是她的商品批发市场，而是由她的商品批发业催生出的物流市场。临沂商城拥有庞大的物流配载体系，形成了以金兰、天源、林丰等国际物流企业为龙头，20 余处大型客货运市场为主体，40 余家第三方物流公司、2000 多配载业户为支撑的综合运输网络。每天发车 6000 多个班次，货物运输从业人员 11.3 万人，物流总额达到 1500 亿元。临沂商品批发市场在发展过程中带动了物流市场的诞生，而其物流市场的逐步发展又推动了商品批发市场本身的提高。商品、物流二者相辅相成，相互促进，构成了一个闻名遐迩的商品批发世界，也促成了一个商品批发世界里的物流天堂。

习近平总书记 2013 年在视察兰田金兰物流基地时指示，"要加快物流标准化信息化建设，提高流通效率，推动物流业健康发展"，为临沂商城物流发展指明了方向。临沂商城的物流场站、园区有 38 家，网络覆盖全国 1800 个县城以上网点，2013 年货运量和货运周转量分别达到 3.52 亿吨和 1028 亿吨公里，均居山东第一。在推进商贸物流转型升级的新阶段，如何加快商贸物流结构调整，提升商贸物流的对外开放度和国际竞争力，实现商贸物流功能创新、结构重组和业态转型，打造现代化的物流商贸名城，成为临沂面临的新课题。建设符合市场需求和当地物流产业发展现状、拥有可持续发展实力的物流园区，将成为临沂未来物流业发展的趋势。

（二）第三方物流的威胁和劣势

1. 第三方物流在企业上的困境。由于很多企业在发展过程中，重视资本积累和赚取利润，企业的经营者和管理者把主要精力投入到企业的生产经营活动中，尤其重视企业的资金筹集、生产原料购买、财务的收取和支出、产品的开发和生产、产品的销售、原料和产品的库存、市场的开拓、客户对产品的反馈等等，对物流管理不甚重视，尤其是在临沂市居多的大多数小企业的所有者，简单地把生产原料的运输和产品的输送等同于物流活动，认为只要生产原料及时到达不耽误企业生产，产品及时交到客户手中，不耽误客户需求就可以了。并且当前很多企业在物流管理方面仍然采取传统物流方式，即把主要精力投放在生产原料的及时购入和产品的及时输送上，而对于采取什么样的运输方式和运输费用则不甚重视，还有的企业经营者把物流等同于运输，把数据分析及库存管理等物流因素排除在外，这种理念上的误差致使企业在物流管理方面存在很大的不足和疏漏，从而使企业在发展过程中造成物流成本的增加，致使许多物流企业的物流不仅不能成为企业的利润源反而成为企业的亏损源，从而对企业的生产和发展造成不利影响，甚至使企业发展陷入困境。

2. 第三方物流在新形势下的挑战。2008 年世界金融危机以来，临沂的第三方物流企业面临着市场萎缩、外部竞争加剧、利润率降低、燃料费用增加、安全卫生标准提高等新问题，造成企业的运营成本大幅度增加，运营风险加大，因而成本控制已经成为每个企业必须着重考虑的问题。而当前形势下，临沂第三方物流企业面对的客户群体同样采用严格的库存策略和成本策略，间接减缓了临沂第三方物流企业的资金流动速度，使得其库存成本进一步提高。物流企业作为国民经济的晴雨表，始料未及地遭遇金融危机侵袭，使得在临沂市已经有一定规模和影响力的荣庆、立晨、金兰三家大型的物流企业都受到了危机的影响，业务量明显减少。其他的小型第三方物流企业的境遇更是不言而喻了，因此不难看出第三方物流企业面临被洗牌的危险。

3. 第三方物流在应用中的难题。目前，标准化问题成为制约第三方物流在临沂市企业中的应用的瓶颈问题。每个公司都有自己的软件，但是软件都不一样，数据结构不同，很不标准，容易导致"信息孤岛"，是一种浪费。各公司物流软件的无法对接影响了资源共享和效率。现在的第三方物流企业以及其他的一些企业都在投巨资构建物流或企业的信息平台，然而各自开发，无法兼容使资源共享难以实现，这样就不仅导致了极大的资源浪费并且还使得信息的反馈不够及时。

二、临沂市发展第三方物流的建议

临沂位于我国南方和北方、东部和中部的交集地带，拥有得天独厚的区位优势，为发展成为立足鲁南苏北、面向全国的第三方物流中心城市提供了支持。从临沂第三方物流业的发展现状看，依托商贸流通业而得以发展的第三方物流业，已具备一定规模，第三方物流企业专业化程度得以提高，第三方物流业信息化建设滞后局面得以明显改观。从临沂第三方物流业的市场需求看，经济社会的快速发展以及日益增强的经济实力为第三方物流企业提供了巨大的市场需求空间。由于临沂的物流业起步较早，占绝对比重的传统物流业已具备了规模经济效应，若对其进行改造提升，市场潜力是巨大的。

（一）第三方物流的支持需求

1. 第三方物流的政策需求。由于第三方物流对临沂市经济的重大影响，临沂市政府应积极采取多种政策措施鼓励和支持第三方物流企业的发展，培育具有一定规模与影响力的综合性的大型第三方物流企业，进而通过龙头企业的带动作用，促进传统物流企业通过改造提升向现代物流企业的转型；另外，应鼓励临沂中小企业的兼并重组，通过兼并重组后的中小企业不仅可以使自己的规模得以扩大，在交通运输以及仓储等方面获得规模经济，而且可以使兼并双方实现资源与优势互补，从而形成合力，提高企业的核心竞争力；最后要以创造良好的投资环境为目标，吸引国际性的物流公司入驻临沂，为临沂的外贸出口业务提供必要的物流支持，千方百计扩展临沂的出口业务。临沂市委、市政府应当立足市情、把握机遇、乘势而上，将第三方物流业作为批发市场的配套产业和临沂经济发展支撑产业重点支持发展，有必要采取一系列灵活、高效、优惠的支持政策。在市场管理方面，为支持物流业迅速做大做强，要采取灵活的管理方式，顺应市场发展规律，先兴市、后建场，先发展、后规范，逐步走向划行归市，专业化发展；在对第三方物流管理上，政府有必要专门成立第三方物流业的相关办事部门，并且有必要纳入政府直属序列，加强管理；在财政支持方面，市级财政有必要设立第三方物流业发展引导资金，在国家预算投资、国债投资、国债转贷、国债贴息资金中，要优先支持发展潜力大的第三方物流项目，在技改贴息项目申报中，应当适当对第三方物流项目进行倾斜；在税收优惠方面，新办第三方物流企业，符合国家规定的有必要给予一定的优惠政策；在土地政策上，可以按全市现代第三方物流业发展规划，优先对物流园区、物流中心用地进行规划预留，物流园区建设需要占用耕地的，优先安排用地计划，解决耕地占补平衡指标，土地出让金按工业用地或交通项目用地标准执行。

2. 第三方物流的协作需求。由于对临沂市乃至全国而言，第三方物流业是全社会的服务行业，覆盖了国民经济的所有产业，应重视它的总体发展规划。应当把第三方物流作为国民经济大系统中的一个重要子系统来抓，就像对工业和农业进行总体规划一样，制订具体的发展目标，分部门组织实施，使第三方物流行业各个部门协调发展。随着市场经济的高度发展，流通不再只对生产起一种反作用。从某种意义上讲，流通对生产起一种决定作用。更重要的是，第三方物流的开展不仅需要的是本行业各个部门的协调，更需要的是政府相关部门如海关、卫生防疫、铁路、邮政、银行等的相互配合。为此，必须进一步加强领导，统一认识，以强化对各部门的职责权限约束与提高办事效率并举，对于限制物流业发展的部门规章制度，一律废除，并且在适合的时宜内，成立有市主要分管领导任组长的临沂市现代物流发展领导小组，通过实地考察调研以及召开座谈会的形式，经常性的了解临沂第三方物流企业在发展中所遇到的实际困难，并根据有关规定予以解决，为现代物流业创造一个良好的发展环境。此外市统计局等相关部门要加快建立起覆盖城乡的物流核算制度，临沂是物流发展的沃土，交通不断完善为物流发展提供了有力支撑。

（二）第三方物流的个性化需求

伴随着当今社会第三方物流企业的快速发展，物流业竞争越来越激烈，临沂各第三方物流企业应以"个性化服务"为宗旨，全方位提高自身的服务质量，来满足多样化的、个性化的消费需要，进而树立自己的服务品牌，提高市场占有份额与社会影响力。

1. 第三方物流的专业化需求。为实现临沂第三方物流业的社会化、国际化，有必要采取一系列从长远来看行之有效的措施。首先要做的便是要尽快增加临沂大学物流专业布点，提高教学质量。在具备条件的情况下继续批准设置物流管理、物流工程和物流经济等新专业；鼓励并支持尽快开展物流专业第二学士学位教育，探索人才培养新模式。成立物流专业教学指导委员会，制定并完善物流专业的设置标准和基本要求，建议在工商管理一级学科下设立物流管理、物流工程和物流经济三个二级学科。其次，第三方物流人才的培养应围绕着现代物流发展目标，拓展用人渠道。企业也要强化员工培训和继续教育，重视培养"复合型"人才，逐步形成一支高级的经营管理人才队伍，进一步适应现代第三方物流的管理需要。临沂大学自 2007 年始物流本科专业开始招生，并陆续承担了部分有关区域物流的省市级社科课题，便是一个很好的体现。

2. 第三方物流的增值服务需求。由于从第三方物流业的发展形式看，那些既拥有大量物流设施、健全网络，又具有强大全程物流设计能力的混合型公司发展空间最大，只有这些企业能把信息技术和实施能力融为一体，提供"一站到位"的整体物流解决方案。因此，临沂市的第三方物流企业在提供基本物流服务的同时，要根据市场需求，不断细分市场，拓展业务范围，以客户增效为己任，发展增值物流服务，广泛开展加工、配送、货代等业务，甚至还提供包括物流策略和流程解决方案、搭建信息平台等服务，用专业化服务满足个性化需求，提高服务质量，以服务求效益；公司要通过提供全方位服务的方式，与大客户加强业务联系，增强相互依赖性，发展战略伙伴关系。

（三）第三方物流的核心竞争力需求

在新形势下，作为技术、智力密集型产业的第三方物流，其核心竞争力最主要的便体现在专业技术人才的拥有量和信息化建设的程度。而为了构建核心竞争力，第三方物流企业应从以下几个方面入手：信息的收集、加工、处理、运用能力，物流的统筹规划和精细化组织、管理能力等，力争以最低的成本提供客户需要的物流管理和服务。此外，在提供基本物流服务的同时，要根据市场需求，不断细分市场，拓展业务范围，以客户增效为己任，发展增值物流服务，广泛开展加工、配送、货代等业务，用专业化服务满足个性化需求，提高服务质量，以服务求效益。通过提供全方位服务的形式，与大客户加强业务联系，增强相互依赖性，发展战略伙伴关系。并且为了能真正拥有并可以应用其核心竞争力，应当集中各方力量来采取相应的措施。一方面可以在全市物流企业内，特别是以配货站为代表的传统物流企业间，推广以条形码技术、电子商务技术、全球定位技术、快速反应、有效客户反应等为代表的现代物流信息技术；另一方面则要求政府相关部门提高自身服务意识，积极为各物流企业提供信息咨询服务并建立信息网络平台，降低物流企业的信息搜寻成本。

应用第三方物流根本目的是降低成本，创造更大利润，具体而言，就是要实现如下几个目标：一是降低物流费用，减少物流成本；二是加快资金周转，提高资金利用率；三是降低库存，提高仓储利用效率；四是缩短生产周期，降低风险成本；五是完善内部管理，提高工作效率；六是整合企业资源，提高资源利用率。但是企业应用第三方物流并没有统一模式可循，尤其是在市场经济条件下，所有企业的发展必须依据市场经济发展的规律来运行，过分的拘泥于某一模式或某一经验只会让企业发展陷于"死胡同"，所谓"水无常势，兵无常形"，所有企业的发展必须遵循规律，具体问题具体分析，探求最适合自身的发展和管理之路。不同的企业要根据不同的行业和不同顾客对物流的要求探寻应用之路，从而制定出适合企业自身发展需求的道路，只有这样才能为企业发展节约成本，提高效益奠定坚实的基础。

资料：临沂发展第三方物流案例：立晨物流与临工沃尔沃联动项目

山东临工工程机械有限公司是我国装备机械行业的大型骨干企业，伴随着进出口业务的不断增多，其清关速度、货物周转速度、交货方式等明显不能满足市场需求，物流管理及作业的不规范给企业带来较大困扰。针对这些问题，山东立晨物流股份有限公司积极与山东临工工程机械有限公司进行业务洽谈，在双方信息进行有效对接的基础上，充分发挥本地化保税仓库的优势，重点为山东临工工程机械有限公司提供国内外采购、金融物流服务，实现了快速通关、供应商库存管理和准时制配送，节省了物料在港费用和时间，降低了库存成本，提高了生产线物料的及时到达率和准确率等。与此同时，山东立晨物流股份有限公司也在双方业务不断融合的过程中，提升了自身的物流服务能力，扩大了知名度，并逐步走向规模化和成熟化。

一、背景介绍

装备制造业是为国民经济发展和国防建设提供技术装备的基础性产业，是制造业的核心组成部分。经过多年的发展，我国装备制造业已经形成了门类齐全、规模较大、具有一定技术水平的产业体系。在国家振兴装备制造业战略和市场需求旺盛的推动下，产业得到进一步提升。山东临工除了在技术革新取得较大成就外，在关注物流环节、改变传统的物流作业模式，加强与发展良好的物流企业合作，优化企业的物流管理流程，不断提高客户服务水平、逐步开拓市场，力争在新一轮的市场竞争中占有一席之地。

2009 年 5 月，山东省人民政府出台的《山东现代物流业振兴发展规划》中将"制造业与物流业联动发展工程"列为山东省物流业发展的重点工程之一，鼓励制造业物流流程与物流业务分离外包。2010 年 8 月，山东省人民政府又出台了《关于加快推动制造业与物流业联动发展的实施意见》，提出了八项推动制造业与物流业融合、加快促进二三产业分离、推动产业升级和发展方式转变具有十分重要的意义。

（一）山东临工牵手沃尔沃，物流运作问题凸显

山东临工工程机械有限公司位于临沂市，始建于 1972 年，拥有总资产 60 亿元，是我国工程机械行业的大型骨干企业。2006 年底，沃尔沃收购山东临工 70% 的股份，山东临工与沃尔沃集团下的沃尔沃建筑设备公司组建了大型机械企业——临工沃尔沃。主导产品有装载机、挖掘机、压路机、挖掘装载机四大类近百个品种，产品销往 60 多个国家和地区。2010 年 1 月 11 日山东临工品牌的挖掘机产品线首次正式发布，涵盖了 6～29 吨的八个型号产品，临工沃尔沃实现了由传统的装载机制造商向全线工程机械产品供应商转变的历史新突破。

然而物流管理及运作问题一直制约着临工沃尔沃的发展。在国内零配件采购业务中，临工沃尔沃直接与供应商签订采购合同，并且委托供应商送货上门。但是供应商通过整合社会零散车辆，将原材料、零配件运至临工沃尔沃的仓库内，货物运到时间不能保证，时而会出现不能按时到场而造成生产延误的状况；另外在费用结算上，零配件费用和物流费用是加在一起的，造成临工沃尔沃采购部门对零部件成本估算有一定的难度。为解决这一问题，临工沃尔沃开始从战略高度重视物流功能的整合，实施物流流程再造，分离外包物流业务，与物流企业加强了合作，将物流业务分别委托给 12 家第三方物流公司进行运作管理。物流业务的分离外包在一定程度上提升了临工沃尔沃的物流运作管理水平，但由于为临工沃尔沃提供物流服务的第三方物流企业较多，管理上很混乱，物流车辆多，员工多，工位器具标准不统一、易混淆，交错货、货物交付延迟等状况时有发生，给实际物流操作带来众多不便，且管理成本巨大，这些问题制约着临工沃尔沃经济效益、生产效率以及服务水平的提升。

另外，临工沃尔沃有一部分原材料和零配件需要从国外采购，但是清关速度慢、滞港费用高等问题日益凸显，物料供应时间不能保证，影响了产品的正常生产，致使临工沃尔沃在进口业务上耗费了大量的时间和费用，效果却不尽

如意。

（二）立晨物流不断创新模式，双方合作水到渠成

山东立晨物流股份有限公司（以下简称"立晨物流"）创建于 2002 年，位于山东省临沂经济开发区，由山东立晨集团与美国威特集团合资经营。截止到 2011 年 9 月，立晨物流拥有固定资产为 1.53 亿元，净资产为 3.53 亿元。在临沂设有四个物流中心和一个电子商务交易中心，在国内外设有分支机构 43 家。主营业务包括第三方物流服务、大型仓储物流服务、进出口贸易、公用性保税仓库、国际货代、电子商务、金融物流服务等，2013 年被中国物流与采购联合会授予"AAAAA"物流企业称号。

立晨物流现为中国物流与采购联合会常务理事单位、国家第二批物流税收试点单位、全国制造业与物流业联动示范发展企业，先后获得中国物流百强企业、国家 5A 级综合物流企业、国家高新技术企业、国家级守合同重信用企业等称号。

立晨物流委托浪潮集团开发了立晨物流仓储管理系统（WMS），并与卫通集团共同开发了配货系统，为货物和车辆搭建了信息平台，技术水平和管理水平有了大幅度提高。2004 年，集物流信息交易、车辆配载、仓储服务和报税仓库与一体的国际国内物流中心——立晨国际物流园正式建成，在临沂设有四个物流园区，分别是临沂罗庄物流园、临沂兰山物流园、临沂河东物流园、莒南临港物流园，仓储设施占地面积达到了 100 万平方米，所有园区均实现了智能化管理。

2008 年的金融危机使得企业融资难问题加剧，立晨物流适时作出战略调整，进入第二个重要转型时期——将物流服务延伸到了金融物流服务，为广大客户提供动产质押监管服务，拓宽了客户的融资渠道，有效缓解了流动资金不足的压力。同时立晨物流着眼未来，战略布局电子商务，借助电子商务平台和电子交易手段提升供应链管理，2008 年成立了临沂商城电子商务有限公司，可提供从电子商务平台的设计开发，到电子商务平台的运营管理，再到商品的网络营销渠道，覆盖全流程的电子商务外包服务。

经过十多年的发展，立晨物流已经形成了庞大的物流营销网络，同时为联想、中国重汽、中石化、中储棉、中农资、中国神华、格力、美的、临工机械、沃尔沃（中国）机械、亚泰森博、黄海粮油、联邦家私、福建鳄莱特等 200 余家海内外知名企业提供现代物流服务。无论是运输、配送、仓储、包装等基础物流服务，还是国际物流、金融物流等供应链物流管理服务，再到物流咨询、物流信息化和电子商务服务，立晨物流沿着供应链的三条主线：实物流、资金流和信息流，为制造企业提供全程的供应链一体化物流服务。

因临工沃尔沃与立晨物流同在临沂经济技术开发区内，因此得到了立晨物流的特别关注。立晨物流在深入分析了临工沃尔沃物流运作管理上存在的问题后，主动与其进行业务洽谈，经过双方反复商定，最终临工沃尔沃对 12 家物流企业的管理水平、工位仪器性能、配送的准时率和正确率等多项指标进行了综合评定，将物流服务企业缩减至 4 家。其中立晨物流凭借其国际物流、保税物流、专业化运输、庞大的物流网络以及先进的信息管理能力脱颖而出，赢得了临工沃尔沃的青睐，加上临工工业园与立晨物流园区均在临沂经济技术开发区的地理优势，更加促进了双方的合作。

二、联动合作总体方案设计

2008 年底，立晨物流与临工沃尔沃正式达成合作意向，双方签订了《山东立晨物流股份有限公司—临工沃尔沃供应链管理服务项目》，在该联动项目中，立晨物流计划投资 2200 万元，建设 10828 平方米的分拣车间、仓储、配型中心，购进 20 辆运输车辆（重汽、欧曼），搭建集清关、保税、分拣、包装、配送、结算等于一体的信息服务系统。双方的参与部门包括立晨物流青岛分公司、国际业务部、国际货运部、仓储服务部、信息部、调度中心、财务部；临工沃尔沃采购部、生产部、销售部、信息中心、调度中心、财务部。

在信息系统实现有效对接的基础上，立晨物流为临工沃尔沃提供采购、清关、配送以及金融物流等物流服务。双方实施联动的具体做法是：

1. 在国内采购业务上，临工沃尔沃采购部将零配件采购清单交给立晨物流，由立晨物流到供应商循环取货，然后放到立晨物流仓库内，最后统一配送到临工沃尔沃的生产线上。

2. 在国际采购业务上，立晨物流把临工沃尔沃生产所需原材料、零配件从青岛港转移到临沂口岸，并且负责为沃尔沃生产线进口件的总成线和山东临工的工程机械设备生产线提供物流服务，同时保证两条生产线的生产有序运转。

3. 立晨物流依托自身良好的信誉、资金优势以及国际贸易经验，通过与多家金融机构签订战略合作协议，为临工沃尔沃提供金融物流服务，相继开展了代理采购融资、动产质押、保兑仓业务等金融物流服务。

立晨物流通过为临工沃尔沃提供供应物流、金融物流服务，并且将双方信息系统进行有效对接，最终实现了双方物流、资金流和信息流的全面协同发展。

三、联动项目主要途径

临工沃尔沃通过实施物流流程的再造和分离外包，将物流业务以合同的方式委托给立晨物流。立晨物流为临工沃尔沃提供国内外采购物流、金融物流、信息管理等。

（一）承担采购物流业务，实现供应物流一体化

1. 国内采购物流。立晨物流的作业流程及效果是：立晨物流到供应商循环取货，降低了供应商的库存，同时省去了供应商空车返回的浪费；物料全部放在立晨物流仓库内，实行供应商管理库存，为临工沃尔沃节约仓储成本。

2. 国际采购物流。当物料抵达青岛港后，立晨物流负责将物料从青岛港运输到临工沃尔沃生产线。（1）当物料从德国、韩国等运抵青岛港后，临工沃尔沃从其 ERP 系统中下达收货指令，将进口物料信息以及转关申请所需要的单据通过"临工沃尔沃供应链管理服务项目信息系统"传给立晨物流；（2）立晨物流根据临工沃尔沃提供的单据和转关申请，到海关处办理换取提货单、转关放行手续，并提供货物检验和入出保税仓库报关等服务；（3）转关放行后，物料运至立晨物流在临沂的公用型保税仓库，为临工沃尔沃提供保税仓储服务；物料进入立晨物流公用型保税仓库后立即进行入库清关操作，清关完成后即可把货物转到立晨普通仓库中存放，并进行正常的在库操作，如标记货物的参数信息和在仓库的位置等；（4）根据临工沃尔沃下达的生产计划，立晨物流进行出库作业并将物料直接配送到临工沃尔沃的生产线上。

3. 拉动式物料补充模式。通过将采购物流业务外包给立晨物流，临工沃尔沃由过去的推动式物料补充变成了现在的拉动式物料补充，生产一线实现了零库存的数字化管理。立晨物流现在可控外调车辆有千余台，自有大小车辆160 余台，搬运设备运输器具 90 余台，立晨物流在自有运输车辆和整合车辆上都安装 GPS 全球定位跟踪设备，实现了全天候 24 小时实时跟踪和调度管理。当有客户下达订单时，临工沃尔沃可以通过信息联动系统直接查看立晨物流的仓库中有哪些配件、库存数量、核查状态信息等。当库存配件不足以支撑生产时，系统自动给出警示信息。（1）立晨物流按照临工沃尔沃的生产计划，将物料统一配送到生产线上，通过准时制配送，保证了物料的及时供应；同时立晨物流也可以通过查看临工沃尔沃下达的生产用料计划，提前做好出库和货运计划，提高生产效率。①临工沃尔沃在其 ERP 生产系统中根据客户订单，制订生产计划。生产计划会同时生成相应的物料需求，不同的物料可能会存储于不同的仓库中。②因 ERP 系统和立晨物流的 WMS 系统实现了联动，在 ERP 系统制订生产计划的同时，就给立晨物流仓库下达出库计划。立晨物流仓库管理人员据此计划制定出库任务，下达出库指令。指令包括操作人、出库的具体仓库，所出配件的名称、型号、数量、送达生产线的具体时间、运送货物的车辆信息等。③配送操作人员根据指令备货出库，并在指定的时间将生产所需物

料送到临工的生产线上。（2）配送服务的操作规范。①仓管员接到出货单后，认真仔细核对物料的名称、规格、数量等详细信息，如有不明之处及时向相关人员反映，杜绝仓管员在不清楚出货单的情况下出货。②仓管员在确认出货单后，核对出货单上的物料库存以及存放位置情况，如有库存数多或不足等相关情况及时向相关人员反映。③按照先进先出的原则，找到日期最早的一个存放仓位，先盘点一下仓位上的实物数量，在销存卡上减帐。④仓管员安排搬运工把物料搬运到指定地点，同时搬运工协助仓管员核对数量，并保持包装物的完整。⑤仓管员在发货过程中发现物料破损或在搬运过程中出现破损现象时，填写破损单，并及时上报。⑥全部交接无误，办理相关出库手续，在仓储管理系统操作出库确认。借助专业的物料配送流程和服务规范，立晨物流实现了对货物装车、接车和付货等操作的快速处理，通过实时了解货物的当前信息，准确判断货物的流转状态，大幅降低了串货、丢货的发生几率，提高了运输效率。

（二）拓展金融物流服务，缓解企业资金压力

金融物流不仅可以协助企业拓展融资渠道，降低融资成本，提高资本的使用效率，而且能提高物流企业的服务能力和经营利润。目前，立晨物流已与建设银行、农业银行、民生银行、光大银行、工商银行、中国出口信用保险公司等15家金融机构签订了金融物流战略合作协议，相继开展了代理采购融资、代理采购、动产质押等多种金融物流服务。

1. 代理采购融资业务。临工沃尔沃通过立晨物流搭建的供应链融资平台，委托立晨物流对其所需原材料或者零配件进行代理采购，承接企业面向上游供应商所有采购执行环节的商务操作、物流运作、资金配套或结算及数据信息处理服务，缓解了临工沃尔沃生产和销售环节流动资金不足的力。

2. 动产质押业务。临工沃尔沃将原材料、成品或半成品存放在立晨物流的仓库内，以立晨物流出具的动产质押单和商检局出具的品质证明，向农行、建行等金融机构申请相应额度的贷款；在质押期间，立晨物流承担对动产质押所载标的的物质进行监管，并承担损坏、灭失的责任，有效缓解了临工沃尔沃流动资金不足的压力。

3. 保兑仓业务。临工沃尔沃（制造商）、立晨物流、银行与客户（经销商）四方签署"保兑仓"业务合作协议书，客户根据与临工沃尔沃签订的《购销合同》，向银行缴纳一定比率的保证金，并且该款项不少于经销商计划提货的价款，申请开立银行承兑汇票，专项用于向临工沃尔沃支付货款，由立晨物流提供承兑担保，客户以货物对立晨物流进行反担保。银行给临工沃尔沃开出承兑汇票后，临工沃尔沃向保兑仓交货。

（三）建立专用信息系统，规避信息传递风险

信息系统的对接可以实现企业间信息的快速传输，提高信息共享率，满足

信息时代对于物流作业的高标准要求，而立晨物流同各合作企业间实现信息系统对接的最大障碍就是各企业对于货物信息的关注点不同，各企业的信息系统中数据统计口径不统一，各种详细参数在原本各企业自有信息系统中的统计不尽相同；另外各合作企业对于货物的仓储管理、货运管理等都要在自身的信息系统中保存相应的一份记录，才能在自身业务系统中完成相关的业务操作。这些问题就造成了很多数据需要重复录入，在数据统计口径不统一时还要经过多方电话、邮件等传统数据交换方式来进行沟通解决，致使工作效率大幅下降，而且出错率较高。

针对上述问题，临工沃尔沃和立晨物流经过协商，通过整合各系统的数据格式、扩充各系统的自有数据字段，以通用的 WebService 服务为应用组件、SOA（Service – Oriented Architecture）为软件架构，基于 XML（可扩展标记语言）、XSD（XML Schema）等独立于平台、独立于软件供应商的标准，实现了跨平台的互操作性，将原有的临工沃尔沃 ERP 生产管理系统和立晨物流仓储管理系统进行对接，投资 200 万元人民币建立了"临工沃尔沃供应链管理服务项目信息系统"，集海关清算、分拣、包装、配送、清关、保税、结算于一体，实现了跨防火墙通信、应用程序集成、软件和数据重用等功能，很好地解决了各参与企业的自有业务系统的复杂环境。

在各方企业的业务流程中，临工沃尔沃在其企业自有的 ERP 系统中首先根据销售订单制订生产计划，生产计划将会生成物料的需求清单，系统会统筹管理所需要的物料信息，制定物料需求计划和完成步骤，这些数据通过系统接口和立晨物流的供应链一体化服务系统实现同步数据共享，同时在立晨物流的系统中创建相应的出库计划，后续的出库、货运、配送等操作则由立晨物流的业务系统来完成，货品配送状态等信息再通过系统接口共享给临工沃尔沃，完成了两家企业的信息联动，摆脱了电话、邮件交换信息带来的时间延迟，信息不准确、不规范，容易出现差错等种种弊端。

（四）改善物流企业形象，实现服务的规范化

为解决上述因多家物流企业同时提供物流服务而导致临工沃尔沃在物流运作管理上的混乱，避免生产延误、货物交付延迟等状况发生，临工沃尔沃要求第三方物流公司在运输工具、工位器具喷涂该公司的标志，同时要求工位器具统一规格标准、作业人员统一着装；立晨物流对临工沃尔沃提出的要求给予积极配合，帮助临工沃尔沃有效缓解了对于物流企业的管理难题，提升了物流作业效率、减少了货损货差的出现比率。

四、联动项目实施效果

双方联动项目的实施，提升了临工沃尔沃的物流运作管理水平和物流作业

效率，缩短了清关时间、降低了各项物流费用，同时对于提升立晨物流的知名度、实现更大经营效益起到了很大的推动作用。双方取得的成绩如下：

（一）临工沃尔沃的成效

立晨物流与临工沃尔沃供应链管理服务项目的实施，使得临工沃尔沃在订单完成率、订单完成周期等方面有了较大改善，该项目的实施还缩短了进口配件等货物在港口保税仓库存放的时间，提升了临工沃尔沃供应链的响应能力和生产线 JIT 准时生产效率，为临工沃尔沃节约了大量的费用和时间。另外，临工沃尔沃通过物流业务外包，降低了运输设备、仓库和其他物流设施等方面的投资额度，把更多的资金投在了企业的核心业务上，提高了产品的市场竞争力，同时保证了企业的正常运作。将物流业务外包给立晨物流的同时，临工沃尔沃集中优势兵力在产品的生产和经营上，呈现出快速发展势头。2009 年临工沃尔沃的产品销量为 17600 台（其中装载机 17100 台），实现销售收入 38 亿元、利润 3 亿元。2010 年临工沃尔沃装载机产销 29000 台，装载机市场占有率由 12.5% 提高到 14.6%，销售收入和利润分别达到 71 亿元、10 亿元，较2009 年分别增长 87%、233%。

（二）立晨物流的成效

立晨物流在获得较高的知名度的同时，实现了经济效益的大幅提升。在金融危机的影响下，立晨物流不但没有受到太大的影响，反而通过实施联动项目，努力提升自身物流服务水平，实现了新突破。2010 年，立晨物流实现营业收入 2.674 亿元、利润 3160 万元。2011 年 1 月至 9 月，立晨物流实现营业收入 3.04 亿元、利润 4088 万元，营业收入和利润分别同比增长 153%、243%；2011 全年营业收入达 5.5 亿元，利润达 6600 万元。物流货物周转值连续三年突破 400 亿元，企业发展势头良好。

五、联动项目展望

在国外采购业务上，立晨物流只负责货物从青岛港—立晨物流保税仓库—普通仓库—临工沃尔沃生产线的运输过程。伴随合作的逐步深入，临工沃尔沃将逐步释放国外采购业务给立晨物流，使立晨物流直接与国外供应商联系，实现采购业务的全权代理。在产成品的销售环节，目前立晨物流只负责在机械生产完成后把产成品运输至立晨物流普通仓库或临工沃尔沃的销售网点，然后将成品信息录入立晨仓储管理系统，直到客户上门提货，再进行出库、机械检测、交付等完成销售操作。立晨物流通过逐步整合社会车辆资源，未来将借助自身的物流服务网络，率先在山东及周边地区提供部分产成品的配送服务，继而实现全国乃至国际产成品运输服务。另外，立晨物流会进一步加强运输网点的建设，特别是网点的配送能力建设，充分利用信息化整合社会运输资源，开展多式联运、甩挂运输等技术手段优化运输方案，降低运输成本，提高运输时效性，以适应临工沃尔沃未来对运输配送的更高要求。

立晨物流正逐步在供应链融资业务上不断拓展，积极为临工沃尔沃的上游供应商和下游采购商在提供基础物流服务的同时提供金融物流支持，以期有效提高生产效率和减小资金不足的压力，从而促进临工沃尔沃的规模化发展。

六、应用推广价值

伴随国际化战略的升级，我国装备制造企业的物流运作及管理水平明显不能满足自身发展的需要。立晨物流以供应物流为切入点，启动了与临工沃尔沃的联动合作；以供应物流一体化运作为主线，稳固了双方的联动合作；金融物流增值服务业务的开展又深化了双方的联动合作。

本案例双方这种找准合作切入点、抓住合作主线、扩展合作增值服务的联动模式，不仅为装备制造企业在解决自身物流问题的同时实现在更高层次、更宽领域的发展提供了有力支撑，而且也为物流企业寻求并稳固与制造企业的合作关系拓展新的利益增长点提供了借鉴，对于推动我国制造业与物流业的联动发展具有较好的推广价值。

第九章 ｜ 临沂商城转型升级之六：
发展绿色物流

第一节　绿色物流的兴起及意义

一、绿色物流的内涵

绿色物流是指以降低污染物排放、减少资源消耗为目标，通过先进的物流技术和面向环境管理的理念，进行物流系统的规划、控制、管理和实施的过程。

1. 可持续发展是绿色物流的最终目标。可持续发展是指既满足当代人的需求，又不对后代人满足其发展需要的能力造成威胁。绿色物流的目标除了实现企业的赢利、满足客户需求外，还追求节约能源、保护环境的经济属性和社会属性相一致的目标。

2. 绿色物流活动的范围涵盖产品的整个生命周期。物流活动是从采购原材料开始到消费、直至报废的物流过程。从生命周期的不同阶段看，绿色物流活动分别表现为物资供应物流的绿色化、生产物流的绿色化、销售物流的绿色化、产品回收及废弃物处理的绿色化。因此，绿色物流的活动范围涵盖产品的整个生命过程。

3. 绿色物流行为主体多样化。绿色物流的行为主体包括了政府、广大的公众（消费者）和具有物流活动的各行各业。这些行为主体的环境意识和战略对他们所在的供应链物流的绿色化将产生重要的推动作用或抑制作用。因此，与物流系统相关的政策法规、消费者督导、企业自律等也是实施绿色物流战略的宏观管理策略。

二、绿色物流发展的原因

绿色物流也称环保物流，是指为了实现顾客满意，连接绿色供给主体和绿色需求主体，克服空间和时间阻碍的有效、快速的绿色商品和服务流动的绿色经济管理活动过程。绿色物流从诞生到现在，只有短短十几年的历史，但其发展速度是十分迅速的。从绿色物流的发展史中可以发现，绿色物流的发展主要有以下三个原因：

1. 环境问题受到广泛的关注。自 20 世纪 70 年代开始，环境问题受到越来越多的关注，几乎融入到社会经济的每一个领域中。随着人类经济活动中的排放物不断增多，自然景观受到的破坏越来越严重，如热带雨林面积的缩减、生物多样性的下降等。许多环境组织和热爱环境的人们，为了阻止这种趋势的进一步发展，唤醒人类保护自然环境的潜在意识，于是在许多方面都使用这一颜色，强调对自然环境的保护。此后，绿色物流逐渐形成一个比较新的物流研究分支。

2. 物流市场的不断拓展，竞争的加剧。从传统物流到现代物流，物流市场在不断的扩张和发展。传统物流的着眼点只是关注从生产到消费的流通过程，而绿色物流则强调整个物流过程对环境的包括，达到最大的社会效益和经济效益。

3. 物流的技术和要求的不断提高。随着各种物流技术的提高，包括新式的车船和保鲜储藏技术的出现以及各种废物的实时处理技术的成熟，也极大地促进了绿色物流的发展。举个例子来说，伴随着经济的发展，物流业正成为新兴的朝阳产业，国内传统的核心大城市和一批大中城市中心区域的物流运输在需求旺盛的同时，对汽车尾气环保的要求与日俱增，排放标准也更加严格，这对绿色物流提供了极其有利的发展环境。

三、物流中的非绿色因素分析

要进行现代绿色物流管理，我们就必须掌握现代物流活动的构成。现代物流活动是由实现物质或商品空间移动的输送、时间移动的保管、流通加工、包装、装卸以及信息等六大元素构成。下面根据现代绿色物流的理论基础，对现代物流活动的每一元素进行分析，给出非绿色因素，为现代绿色物流管理提供切入点。

（一）输送对环境的影响

输送是使商品发生场所、空间移动的物流活动。输送过程的非绿色因素主要表现为三个方面。一方面是交通输送工具的大量能耗、对大气的污染和噪声污染，大部分交运工具的运行都需要消耗燃料，过分的耗竭，不利于可持续发展。而且交通运输工具排放出大量有害气体，产生噪声污染，这些都不利于人类的身体健康，降低了环境效益。另一方面，大量的流通导致道路需求面积的增加，道路修建是对生态平衡的一种破坏。行驶的交运工具排放的废气损害了道路周边植物的健康生存，加剧了生态失衡。最后，输送的商品也有可能对环境造成损害。

（二）保管对环境的影响

保管具有商品储藏管理的意识，保管的主要设施是仓库。保管过程中的非绿色因素主要有两个方面。一是商品保管中必须对之进行养护，一些化学养护方法，如喷洒杀虫剂，对周边生态环境会造成污染；另一方面，商品，如易燃、易爆、化学危险品，由于保管不当，爆炸或泄漏也对周边环境造成污染和破坏。

（三）流通加工对环境的影响

流通加工是在流通阶段所进行的为保存而进行的加工或者同一机能形态转换而进行的加工。流通加工作为提高商品附加价值、促进商品差别化的重要手段之一，其重要性越来越显著。流通加工中对环境也有非绿色影响因素，表现为加工中资源的浪费或过度消耗，加工中可能产生的废气、废水和废物。

（四）包装对环境的影响

包装是在商品输送或保管过程中，为保证商品的价值和形态而从事的物流活动。包装过程中的非绿色因素主要表现在两个方面。一方面是包装材料的环境污染。如白色塑料污染，这类材料在自然界中，不易降解，滞留时间很长。另一方面是过度的包装或重复的包装造成资源的浪费，不利于可持续发展，同时也无益于生态经济效益。

（五）装卸对环境的影响

装卸是跨越交通机关和物流设施而进行的，发生在输送、保管、包装前后的商品取放活动。装卸过程中的非绿色因素有装卸不当、商品的损坏、造成资源浪费和废弃、废弃物还有可能对环境造成污染，如化学液体商品的泄漏，造成水体污染、土壤污染等，同样不经济，也不利环保。

（六）信息对环境的影响

通过收集与物流活动相关的信息，可以使物流活动能够有效、顺利进行。信息流对环境几乎无损害或无直接的损害。

四、绿色物流发展的意义

首先，绿色物流适应了世界物流行业发展的潮流。加入 WTO 后，我国不再限制外国物流企业进入我国市场。国外物流企业经营管理水平相当完善，必然给国内物流企业带来巨大冲击。我国物流企业要想继续保持自己的竞争力，发展绿色物流将是我们最好的选择。

第二，绿色物流也是物流企业获得核心竞争力的保证。在目前物流行业专业化程度不断提高的前提下，发展绿色物流不仅仅是一个新的领域，同时也会成为原有物流形式的一个有益补充。

第三，绿色物流也是物流不断发展壮大的根本保障。物流要发展一定要与社会的可持续发展相互配合，人类的经济活动绝不能因物流而过分的消耗资源，破坏环境，以至造成再次重复污染。因此选择绿色物流是物流发展的必然。

第四，绿色物流是最大限度降低经营成本的必由之路。专家分析认为，产品从投产到销出，制造加工时间仅占10%，几乎90%的时间为储运、装卸、分装、二次加工、信息处理等物流过程。绿色物流强调的是低投入大物流的方式，因此绿色物流不仅是一般物流的节约和降低成本，更重视的是绿色化和由此带来的节能高效少污染及它对生产经营成本的巨大节省。

我国的物流行业起步比较晚，大多数企业已经认识到了现代物流的重要性，但是这些企业的物流系统构建主要还是以降低成本，提高效益和效率为目标。虽然有少部分企业在和外商合作的过程中开始建立绿色物流的体系，但是对绿色物流的认识还是非常有限。国内对于绿色物流的相关研究还处于起步阶段，缺乏具体的评价体系和相关标准。

第二节　我国绿色物流领域的问题及对策

一、我国物流领域的一些不绿色的现象

（一）我国的物流行业整体水平还是处于小散乱的阶段

以承担70%物流任务的公路物流企业为例，全国共有注册企业78.9万家，但是平均每家拥有的车辆仅仅2.5辆。如果包括那些数量巨大的未注册的个人经营者，公路物流企业的规模更小。这些小微企业缺乏绿色物流的意识，有一些即使了解绿色物流，想做出一些努力也因为资金、技术问题而放弃了绿色物流系统。在乱收费和缺乏监管的环境下，小微的物流企业为了获得利润，难以及时更新最新环保要求的运输车辆，长期处于保养不良的车辆污染更加严重。根据环境保护部发布的《2012年机动车污染防治年报》，占机动车总量

17.4%的柴油车，氮氧化物排放量为388.7万吨，颗粒物（PM）排放量为59万吨，其排放量分别占汽车排放总量的67.4%和99%。而更严重的是，超载的卡车对于环境的压力更大。运载同样吨位货物的情况下，一辆国产的卡车排放物相当于七辆欧洲的卡车。除此之外，一些物流运输企业没有环境保护和可持续性发展的意识，随意进行危险品运输。比如2011年的云南铬渣污染事件，就是由于个体运输者关于危险品对环境危害的知识缺乏，随意丢弃铬渣所造成的。

（二）生产企业对绿色物流不够重视

除了在物流行业中绿色物流遇到了一些问题外，在生产型企业中，对于绿色物流的热情流于表面。我国是制造业的大国，在企业物流方面推行绿色体系也同样困难重重。以国际上衡量企业的环境管理体系的ISO14000的标准为例。我国已经有几十万家企业通过了ISO14000的认证。但是相比于全部企业的基数，仍然是一小部分。而这些通过ISO14000认证的企业，很多是迫于国外厂商的压力，而不是自身对于绿色物流的深刻认识。这些企业虽然通过了相关认证，但是在采购物流、生产物流和销售物流领域仍然有着很多传统高排放，高污染物流的影子。

（三）现代物流自身对于绿色物流发展的阻碍

物流经济中存在的不绿色的物流方式，从外部原因分析看是企业对绿色物流认知不足或者资金不足等原因导致的。从内部原因分析，是现代物流趋势导致了绿色物流推广出现了问题。根据Jean - Paul Rodrigue etal在 *The Paradoxes of Green Logistics* 中提到，现代物流的一些特性本质上不利于绿色物流的建立。随着经济的飞速发展，现代物流对于物流成本的要求、对于物流可靠性的要求也越来越高。比如企业的 JIT（Just in Time）生产方式要求物料小批量多批次的送货，这种方式一定程度上满足了企业减少库存，及时满足客户要求的变化，另外一方面也加重了物流的压力，对于绿色物流的实施造成了一定的困扰；另外，一些城市的物流配送中心设置不合理，没有经过科学的交通影响评估，集中过量的废气、噪声等对周围的环境影响很大；除此之外，电子商务的流行，很多客户过度的消费也与绿色物流的理念相悖，比如以往可以去超市集中采购的货物，现在改为网络上分散采购，各个网站分别配送，造成繁重的物流行为，对应着更多的污染更多的能源消耗。现代物流的这些新要求，对于绿色物流的实施提出了新的挑战。

二、发展绿色物流的对策

绿色物流必须依靠管理方式的创新，积极采用新技术、应用新设备，创新管理方式，以现代信息技术、通信技术等现代高新技术改造和整合物流管理程序，重建适应绿色物流发展需要的高效管理流程。绿色物流战略的实施是一项系统工程，需要政府、企业、社会等各方面的共同努力。

（一）政府应完善绿色物流的管理

我国作为一个发展中国家，在基础薄弱的条件下，在绿色浪潮兴起之初，要想迅速培育、发展绿色物流事业，需要政府部门的宏观管理、监督指导，以及政策、资金上的扶持。

1. 制定政策法规。借鉴发达国家的实践经验，政府可完善有关环境方面的法律法规。在控制物流污染发生源方面，政府应该采取有效措施，从源头上控制物流企业造成的环境污染，治理车辆的废气排放，收取车辆排污费，推广使用绿色交通运输工具等。在限制交通量方面，促使企业选择合适的运输方式，发展共同配送，统筹建立现代化的物流中心，最终通过有限的交通量来提高物流效率。在控制交通流方面，通过道路与铁路的立体交叉发展、建立都市中心环状道路、制定道路停车规则以及实现交通管制系统的现代化等措施，减少交通阻塞，提高配送效率。

2. 提高基础设施绿色化水平，绿化物流渠道。物流基础设施薄弱严重阻碍物流绿色化的发展。要发展绿色物流事业，进行绿色改造，就必须正视我国物流现状，在合理配置现有资源的基础上，全面规划、大力发展基础设施建设，完善设计物流基础设施的配套和网络构筑，避免或减少重复建设和人为浪费。随着通信技术和网络技术的发挥发展，应将全球定位系统引入物流活动中，结合公路、铁路、海运和空运信息，合理安排物流运输的车辆和路线，实现物流活动的快速、准确运行。

3. 以标准化促进绿色化。绿色产品需要标准，绿色物流同样也需要标准。因为物流系统的功能环节涉及不同行业、不同管理部门，如果没有各环节统一的技术标准，很难保证相互之间的有效衔接。如果各环节之间不匹配，就必须增加一些中间环节。这样一来，既增加了货物中间损失的概率，也增加了能量消耗和资源占用，使物流费用上升、效率下降。政府可以制定绿色物流标准，如最低排放标准、车辆技术标准、装卸工具标准、包装尺寸标准等促进绿色物流的发展。比如提高汽车排放物标准，我国从 20 世纪开始实施第一阶段机动车排放标准以来，已经从国 I 走到了国 IV，这中间花费了 10 年，平均提高一个等级用了 2.5 年。欧美国家则是每五年提高一个标准。除了机动车排放标准外，对于成品油含硫量也做出了具体的规定。绿色物流的实施一方面靠硬性的规定淘汰不符合规定的高污染车辆，另一方面需要引导，国家需要积极推动物流信息化，健全城市规划过程中物流功能的评价体系，加强对环保物流企业的激励。

4. 加强绿色物流人才的培养。我国绿色物流发展落后，除对绿色物流的认识有限外，还与科技水平落后、相关人才缺乏有关。作为新生事物的绿色物流产业，对营运筹划人员和各专业人员的要求比较高，各大专院校和科研机构只有进行针对性地培养和训练，才能为绿色物流产业提供更多优秀人才。也只有这样，现代物流才能在绿色轨道上健康发展。对绿色物流人才的培养，应该坚持长期专业教育和短期培训相结合、理论与实践相结合。长期专业教育和短期培训应分别由教育和商务部门负责。国家和地方教育部门选择一批有条件的大专院校或科研机构，设立现代物流专业或学院，培养现代物流高层次、综合性、复合型人才；商务部门则可委托相关协会负责短期培训，重点是物流企业具体操作、管理和信息技术人员的培训。

5. 积极传播绿色理念。政府必须重视对绿色理念的教育，重视对消费者和企业的绿色物流宣传教育，使公众了解环境问题的严重性和有关环保法规，增强生态环境意识，树立可持续的消费观念，通过自己的绿色行动鼓励和监督企业的环保行为。政府可以通过国民素质教育提高国民的环境意识，也可以向企业和广大公众进行有导向性的宣传，提供有益的信息，使企业及消费者认识到从可持续发展中获得的利益。

6. 大力发展第三方物流。第三方物流是由供方与需方以外的物流企业提供物流服务的业务模式。第三方物流是由专门从事物流业务的企业为供方或需方提供物流服务，可以从更高的角度考虑物流合理化的问题，简化配送环节，进行合理运输，有利于在更广的范围内对物流资源进行合理利用和配置，可以减缓供需方自有物流带来的资金占用、运输效率低、配送环节烦琐、企业负担加重、城市污染加剧等问题。专业物流企业可以减少大城市的运输车辆，从而减轻物流对城市环境污染的压力。

（二）企业应加强绿色物流管理

物流绿色化归根结底就是企业营运的绿色化。绿色物流对中国物流企业是一个巨大的机遇和挑战，积极发展绿色物流，必将有利于企业竞争力的提升。

企业应该建立和完善企业技术创新机制，不断提高技术应用能力。绿色技术创新主要包括投入的节约和原材料的替代、污染控制和预防技术、废弃物的循环利用、清洁生产等方面的技术。企业技术创新是企业竞争力的核心。绿色物流要求尽快建立和完善企业物流技术创新机制，不断改造现有物流装备，调整物流经营结构，提高物流服务水平，实现物流现代化发展。绿色企业的创建以及原有企业的改造必须将其经营战略与环境保护有机联系起来，主要包括以下几个方面。

1. 大力推行绿色采购。绿色采购是指企业内部各个部门协商决策，在采购中充分考虑环境因素，通过降低材料使用成本、末端处理成本、保护资源和提高企业声誉等方式提高企业绩效。企业内部应加大采购部门与产品设计部门、生产部门和营销部门的沟通与合作，共同决定采用何种材料和零部件以及选择什么样的绿色供应商，与供应商采取何种合作方式，通过减少采购难以处理或对生态系统有害的材料，提高材料的再循环和再使用，减少不必要的包装和更多使用可降解或可回收的包装等措施，控制材料和零部件的购买成本，降低末端环境治理成本，提高企业产品质量，改善企业内部环境状况，最终提高企业绩效。

2. 进行绿色流通加工。绿色流通加工是指在流通过程中继续对流通中的商品进行生产性加工，以使其成为更加适合消费者需求的最终产品。它是出于环保考虑的无污染的流通加工方式及相关政策措施的总和。流通加工具有较强的生产性，也是流通部门对环境保护大有作为的领域。企业可以采取两个方面的措施。一是变消费者加工为专业集中加工，通过规模作业方式提高资源利用率，降低对环境的污染程度，如饮食服务业对食品进行集中加工，以减少家庭分散烹调所带来的能源消耗和空气污染；二是集中处理消费品加工中产生的废料，以此减少消费者分散加工所造成的废弃物的污染，例如流通部门对蔬菜集中加工，可减少居民分散加工所带来的垃圾处理问题和相应的环境问题。

3. 加强绿色包装管理。绿色包装是指在产品包装的整个生命周期内，既能经济地满足包装的功能要求，同时又不污染生态环境，不损害人的身体健康，可以回收和再利用，满足可持续发展的要求，促进生产部门采用尽量标准化的由可降解材料制成的包装。在流通过程中，应采取措施实现包装的合理化与现代化。

4. 完善绿色仓储与保管。绿色仓储与保管是在仓储环节为减低储存货物对周围环境的污染及人员的辐射侵蚀，同时避免储存物品在存储过程中的损耗而采取的科学合理的仓储保管策略体系。仓库的布局要合理，若过于密集，则会增加能源消耗和污染物排放；若过于松散，则会降低运输效率，增加空载率。仓库布局要总体规划，依据企业可持续性发展战略要求，做到仓储绿色化。在整个物流仓储与保管过程中要运用先进的保质保鲜技术，保障存货的数量和质量，在无货损的同时消除污染，尤其要注意对有毒化学品、放射性商品、易燃商品、易爆商品的泄漏和污染的防治。一般在储存环节，应加强科学养护，采取现代化的储存保养技术，加强日常的检查与防护措施，使仓库设备尽可能少受侵蚀。

5. 推行绿色运输管理。绿色运输是指以节约能源、减少废气排放为特征的运输。其实施途径主要包括合理选择运输工具和运输路线，克服迂回运输和重复运输，以实现节能减排的目标；改进内燃机技术和使用清洁燃料，以提高能效；防止运输过程中的泄漏，以免对局部地区造成严重的环境危害。具体方式包括开展共同配送、采取复合一贯制运输等。

6. 加强绿色信息搜集和管理。物流不仅是商品空间的可转移，也包括相关信息的搜集、整理、储存和利用。绿色信息搜集和管理是企业实施绿色物流战略的依据。面对大量的绿色商机，企业应从市场需求出发，搜集相关的绿色信息，并结合自身情况，采取相应措施，深入研究信息的真实性和可行性。绿色信息的搜集包括绿色消费信息、绿色科技信息、绿色资源和产品开发信息、绿色组织信息、绿色竞争信息、绿色市场规模信息等。绿色物流要求搜集、整理储存的都是各种绿色信息，并及时运用到物流中，以促进物流的进一步绿色化。

7. 实行绿色营销策略。绿色营销重视环境保护，强调把消费需求与企业利益及环保利益三者有机统一起来。绿色营销的主要内容是搜集绿色信息、开发绿色产品、设计绿色包装、制定绿色价格、建立绿色销售渠道及开展绿色促销等。实施绿色营销的企业一方面通过自身的绿色形象在新的市场环境中提高产品的环境竞争力；另一方面也承担着相应的社会责任，对公众的消费行为存在导向和强化作用，这有利于开拓绿色产品市场。这就要求企业必须树立绿色营销观念，正确认识和对待绿色营销，及早培育、实施绿色营销，将绿色营销融入企业文化中，以更好地提高企业市场竞争力。

8. 积极申请 ISO14000 环境管理体系标准认证。ISO14000 侧重于组织的活动、产品和服务对环境的影响，要求产品在设计、加工、包装、贮藏、运输、销售、消费，乃至废弃后的回收、再生等方面都符合环境标准。面对全世界的绿色革命浪潮和基于环境标准竞争而形成的绿色壁垒，我国的物流经营者应创造条件积极申请 ISO14000 环境管理体系标准认证，用国际标准来规范自身的物流行为，塑造绿色物流形象，进而增强在国际市场的竞争能力。

在行业内处于领先地位的企业需要承担更多绿色物流推广的义务。根据头羊效应，领头的企业往哪里走，后面的羊就会跟着往哪里走。由供应链环节上的龙头企业牵头，推进绿色物流往往会起到很好的作用。比如世界五百强第一的沃尔玛公司，积极推动"环保360"计划。这个计划包含了包装、物流、供应商及店铺设计四大方面。包装方面，沃尔玛提倡绿色包装，要求每吨包装材料的温室效应气体排放量平均减少15%。到2013年减少5%的包装用料，相当于每年从道路上减少21.3万辆卡车，节省32.4万吨煤和6700万加仑柴油。带领供应商共同提高是绿色包装活动的关键。沃尔玛为供应商设定了包装计分卡。计分卡里分为 9 个标准对供应商进行评估。在 2008 年后，没有得到绿色包装规范标准的供应商和制造商按照违约处理。

（三）消费者要积极倡导绿色消费

作为消费者，要积极倡导绿色需要和绿色消费，通过绿色消费行为方式迫使企业实施绿色物流管理，通过绿色消费舆论促进政府强化绿色物流管理。然而，消费者个体比较分散，如果不联合起来，力量就十分薄弱，发挥不出应有的作用，而且一般消费者对绿色物流的认识还很不够，因而必须依靠消费者的联合代表——消费者协会或建立类似的机构来代表消费者参与当前的绿色物流管理。

保护环境是一项关系到公众切身利益和子孙后代长远利益的事宜。推进绿色物流发展除了政府政策引导，领头企业以身作则之外，还需要广大公众的积极参与。民众对于绿色物流的支持，环保概念的觉醒，从客观上会加速绿色物流的进程。比如民众对于非绿色包装的抵制，尽量选择可替代的低污染的产品，在经济条件允许的情况下优先选择碳排放少的产品。从市场经济的角度促使企业和国家实施绿色物流。总之，绿色物流的发展是一个复杂而艰巨的系统工程，它的成长需要生产企业、物流企业、行业协会、政府部门、消费者等方方面面面共同努力。它的普及离不开社会、政治、经济、技术等方面的进步。

近年来，依托临沂闻名全国的商品集散中心和商贸物流城，物流需求快速增长，临沂现代物流借势而起，发展极为迅速，取得了长足进步，物流效率稳步提高，基础设施不断完善，为保证国民经济平稳较快发展发挥了至关重要的支撑保障作用。临沂正在成长为山东省乃至全国举足轻重的物流基地，甚至在业界被誉为"物流之都"。目前，绿色物流拥有广阔的发展前景，但尚缺乏成熟的理论体系，尤其是临沂市绿色物流的策略优化和评价体系研究仍处于起步阶段。一方面，如何优化临沂企业绿色物流的工作策略是理论工作者和企业实践者共同关心的问题；另一方面，建立临沂市绿色物流的评价体系也是急待探讨的课题。

通过物流系统的绿色优化，将可持续发展思想融入到临沂物流业的规划与物流管理活动中，将生态环境与经济发展联结为一个互为因果的有机整体。通过绿色优化物流系统，可充分提高资源和能源的利用率，也间接地保护了生态环境，顺应了绿色环保的主流，塑造了临沂绿色形象，可使临沂物流业保持低成本的市场竞争优势。

第三节 临沂绿色物流发展与优化

一、临沂发展物流业的优势

(一)临沂具有良好的区位优势

临沂地处长三角经济带和环渤海经济圈的过渡带,山东和江苏两个经济大省的交界处。临沂坐拥亚洲最大的长途汽车站,东靠青岛港、日照港和连云港不过百余里,京沪高速公路穿临沂城西而过,长深高速公路、日东高速公路、新亚欧大陆桥铁路、沿海铁路大通道在临沂境内纵横交错,南北交汇,海陆兼济。临沂机场为国家二级机场,年客运量超过100万人次,辟有20余条到国内外重要城市的航线,同陆路交通一起构成了一个非常便捷的海陆空立体交通主干线,为临沂商贸物流业的发展提供了宽广的辐射空间。

(二)临沂拥有发达的商贸批发市场

临沂素以商品批发而著称,临沂批发市场经过多年的发展,已成为辐射地域广阔、商品种类繁多、服务功能齐全的全国最大商品集散地之一,年批发量和批发额均居长江以北第一。批发商就是批量的发货,那也就是说临沂物流背靠的是临沂批发城的诸多商家。日交易额的批进与批出都需要与物流企业之间的互动,这为临沂物流业的快速发展奠定了坚实的基础。

(三)临沂市场具有很强的包容性

常年在临沂经商的外地人超过30万,仅浙商就7万多人。与之类似的外来经商群体一方面为临沂市场的发展添加了活力,另一方面也带来了新颖的观念,对临沂本地经营户产生了潜移默化的感染熏陶作用,使临沂人民的商品经济观念不断增强,临沂人民进行个体商业经营的越来越多,物流需求不断增大。

(四)政府有力的引导和推动

临沂市委、市政府这些年一直把商贸物流业作为一个重要的经济增长点来抓,不断出台政策引导市场发展,提升市场管理水平,学习借鉴外地市场经营的先进经验,专门制定搬迁改造规划,在城区西部规划了4.2平方公里的市场区。截至2015年初,近百个市场已经搬迁结束,原来经营比较粗放、业态相对落后的状况有了质的变化,形成了"南有义乌,北有临沂"的市场格局。

二、临沂物流业的发展现状

临沂物流业依托以上优势得到了快速的发展,使临沂成为了具有全国影响力的物流城。临沂的物流具有一些自己的特点。

（一）物流相关行业种类多，交运业居主导地位

2011 年根据经济普查资料测算，全部物流行业总产出为 389.3 亿元，占全市总产出的 7.5%。按行业划分，交通运输业 298 亿元，批发业 106 亿元，邮政业 3.5 亿元，仓储业 3.9 亿元。从产出看，交通运输业在整个物流产业中占有较大的比重，占全部物流产业总产出的 69%，批发业、邮政业、仓储业各占 35%、1.5% 和 1.1%。

（二）临沂物流业产业规模大，发展水平领先全省平均水平

临沂作为全国著名的贸易城，拥有得天独厚的物流业发展优势，物流业总体发展领先全省平均水平。经过多年的发展，各类商贸及个体户年销售额超过 2600 亿元，各类专业批发市场 128 处，商铺和摊位 6.2 万个，从业人员近 19 万人。目前，全市注册的物流企业超过 200 家，出现了越来越多的大型物流公司，立晨、荣庆、金兰、天源、盛安等一批物流企业成为全国、全省物流百强。

（三）第三方物流已呈雏形

近年来，临沂市适应社会化分工和现代物流发展方面，充分发挥区位和交通优势，把发展第三方物流列入议事日程，积极推动专业物流企业发展。九州、立晨、澳龙、香江、鲁信等集团入选全市新建扩建重点物流企业。

三、临沂市发展绿色物流面临的困境

临沂物流产业总体发展领先山东省全省平均水平，不过，临沂市的绿色物流建设与先进国家和发达地区相比，还存在一定的差距，主要表现为社会环境和企业自身两个方面。

（一）建设绿色物流的社会环境困境

主要表现在绿色物流政策法规制度不完善、鼓励措施不健全、绿色物流观念尚未普及。我国针对物流行业发展的政策法规等，尤其是前瞻性发展绿色物流鼓励措施还不是很多。绿色物流的建设必须从政府约束的角度，对现有的物流体制强化治理，构筑绿色物流建立与发展的框架。绿色物流建立与发展的框架也不够清晰，从部门分工来看，临沂物流管理体制涉及流通事业发展局、商城管委会、经贸委、发改委、贸易、交通、信息产业、海关、工商、物价以及公安交警等多个管理部门，全社会整体物流过程被分割开来，加上各部门管理范围职权不明晰，部门之间协作难度大，制约了物流业发展的总体规划和规范管理，也为以后物流运作产生的环境污染的治理增加了过多的成本。此外，经营者和消费对绿色物流的认同度不高，为数众多的中小企业认为绿色物流只是

一种环保理念，不切实际，不能为企业带来任何经济效益，还会增加物流成本，也有些企业认为绿色物流是政府的事，与企业无关。

（二）企业在建设绿色物流中的自身局限性主要表现在规模小、技术落后、治理水平较低，绿色理念还有待进一步提升

临沂全市从事物流服务的企业成千上万家，但企业规模普遍较小，骨干物流企业和龙头企业较少，具有管理整套供应链能力的物流企业更是屈指可数。企业各自为战，车辆空驶率高，物流设施忙时不够用，闲时没人用，物流成本居高不下。大部分企业专业化程度低，在物流技术的自动化、信息化和网络化这些绿色物流的支撑环节上，都缺乏先进的物流技术的保障。同时缺乏绿色理念和现代化经营手段，可循环利用的包装使用率不高，包装废弃物分类回收工作严重滞后，回收率低，丢弃率高，包装的回收渠道管理不到位。这种状况是由临沂物流人才的相对匮乏造成的。临沂物流的发展是基于临沂商贸的发达而发展起来的，从业人员大多是从事商贸的人员转过来的，学历普遍较低。据测算从业人员中具有中专以上学历的不到10%。接受过现代物流知识培训的人员不到0.1%。这反映了物流发展过程中物流知识特别是绿色物流等现代知识学习不足的状况。此外，由于绿色物流强调设计、材料、工艺、包装等在产品生命周期内的有效集成，与传统模式下的供给链相比，绿色物流的供给链的运作与控制的内容与范围要广得多，这也加大了物流建设中的难度。

四、临沂发展绿色物流的策略

"十二五"时期，随着国民经济总量增长、经济结构优化和人民生活水平提高，在推动现代物流业规模扩张和结构调整的同时，对物流服务质量提出更高的要求。未来几年临沂市物流发展将继续保持较快增长，接下来结构调整的步伐加快，基础设施进一步完善，物流布局结构将会不断优化，物流企业进一步做大做强的最好的时机已经来临。因此，构建绿色物流的优化策略具有重要的现实意义。

构建绿色物流的优化策略的现实意义，具体体现如下几个方面：首先，由于物流过程中不可避免地要消耗能源和资源，产生环境污染，因而为了实现长期、持续发展，必须采取各种措施来保护自然环境。现代绿色物流管理正是依据可持续发展理论，形成了物流与环境之间相辅相成的推动和制约关系，进而促进了现代物流的发展，达到环境与物流的共生。其次，物流是社会再生产过程的重要环节，它既包括物质循环利用，能量转化，又有价值转化与价值实现。因此，物流涉及经济与生态环境两大系统，理所当然地架起了经济效益与生态效益之间联系的桥梁。而传统的物流管理没有处理好二者之间的关系，过

多强调了经济效益，而忽视了环境效益，导致了社会整体效益的下降。经济效益主要涉及目前和局部利益，而环境效益则关系到长远与宏观利益。现代绿色物流的出现，较好地解决了这一问题。绿色物流以经济学的一般原理为指导，以生态学为基础，对物流的经济行为、经济关系和规律与生态系统之间的相互关系进行研究，以谋求在生态平衡、经济合理、技术先进条件下的生态与环境的最佳结合以及协调发展。最后，为了人类自身更健康和安全地生存与发展，为了千秋万代的切身利益，人类应自觉维护生态平衡。这是时代赋予我们的不可推卸的责任，也是人类对自然应尽的权利与义务。绿色物流正是从生态伦理学中得到了道义上的支持。

近年来，临沂市作为"物流之都"物流量保持较高增速，绿色物流已初具规模。随着人们对经济可持续发展模式的认识不断加深，绿色物流运作模式在临沂势必成为未来物流业发展的新方向。但是，在临沂绿色物流发展战略的可持续性框架下，可持续性发展的一些实质性的问题一直未能得到很好的解决，导致物流业的发展仍停留在"认识到了可持续性发展的重要性"，而不能真正实施的阶段；或者不知道该怎样实施，从哪里下手；或者实施了却没有确切的方法来评价好坏等等。在对可持续性的考虑中，研究者们对环境管理和运作的焦点也已从简单的对环境因素进行本地优化转变为对整条供应链的考虑，包括生产、消费、客户服务以及产品的后期处理等。同时，对可持续供应链概念的理解也不应仅仅停留在对环境的影响上，而应从环境、社会、经济三个维度共同权衡考虑。从概念可知，现代绿色物流管理是对现代物流活动作为系统整体加以绿色管理和运行。实施物流系统的绿色优化必须把逆向绿色物流与正向绿色物流相互协调、融合，使它们形成一个循环闭环体系，才可取得经济效益与社会效益"双赢"。

（一）正向物流体系的绿色优化

企业作为绿色物流管理的主要实施者，应该积极发挥其在环境保护方面作用，从而形成一种自律型的绿色物流管理体系。一方面要统筹规划绿色物流系统，物流不是一个独立的产业，而是分散在若干个行业内，由于各部门之间分工又有交叉，物流系统中存在管理分散化、条块分割、部门分割、重复建设等种种问题，物流系统化水平很低，综合经济效益低下，物流成本较高。根据绿色物流的理念，要求政府应在加强对物流企业监督的同时，整合优化物流系统结构，建立高效物流信息中心，使各个物流企业成为网络化的战略联盟；加强宏观政策规划指导，制定出符合市场要求的相互配套和具有可操作性的政策，推动绿色物流系统建设，促进绿色物流系统合理布局和统筹规划。另一方面要鼓励物流技术创新。开展绿色物流的关键，不仅依赖物流绿色思想的建立，绿色导向的树立和绿色操作的运用，更离不开绿色技术的创新和应用。物流技术创新包括包装技术创新，减少包装材料的使用，使包装材料无害化和提高包装废弃物的回收再利用率；现有运输策略创新，减少运输里程、提高配送效率；研发新型的绿色交通工具，节约能源、减少污染物排放量；开发新的仓储技术以减少物品损失，同时减少物流仓储系统对周围环境的不利影响；开展绿色流通加工，在提高加工效率和材料使用率的同时减少对环境的二次污染。建立废弃物循环物流，大量生产、大量流通、大量消费的结果必然导致大量的废弃物，废弃物处理困难，会引发社会资源的枯竭以及自然环境的恶化。21 世纪的物流必须从系统构筑的角度，建立废弃物的回收再利用系统。企业不仅仅要考虑自身的物流效率，还必须与供应链上的其他关联者协同起来，从整个供应链的视野来组织物流，最终在整个经济社会建立起包括生产商、批发商、零售商和消费者在内的循环物流系统。这是 21 世纪的绿色物流亟待解决的重大问题。

正向绿色物流是指物料流从生产企业向消费者流动的一系列物流活动，合理高效的正向绿色物流体系主要分为以下四个环节。

1. 选择合适绿色供应商。由于供应商的成本绩效和运行状况对企业经济活动构成直接影响，因此在绿色供应链中，必须增加供应商选择和评价的环境指标，即对供应商的环境绩效进行考察。例如：潜在供应商是否曾经因为环境污染问题而被政府课以罚款，是否存在因为违反环境规章而被关闭的危险，供应商供应的零部件是否采用了绿色包装，供应商是否通过 ISO14000 环境管理体系认证。

2. 实现产品的"绿色包装"。"绿色包装"是指采用节约资源、保护环境的材料来包装商品。这是企业构建绿色物流体系的重要一环。例如，德国、意大利均禁止使用 PVC 做包装材料的商品进口。20 世纪 90 年代发达国家提出"3R1D"包装原则。"3R"原则是指减量化、重复使用和再循环；"1D"原则，是指包装材料应可降解。根据上述原则企业应鼓励生产部门尽量采用简化的、可降解材料制成的包装，商品流通过程中尽量采用可重复使用的单元式包装，实现流通部门自身经营活动包装的减量化，促使生产部门进行包装材料的回收及再利用。

3. 构建绿色运输体系。有效利用车辆，消除交错运输、迂回运输，减少车辆运行，提高配送效率；使用"绿色"运输工具，如使用以天然气、酒精与汽油掺和作为燃料的汽车；采用合理运输方式，不同运输方式对环境的影响不同，尽量选择铁路、海运等环保运输，以及实行联合—贯制运输。合理规划物流网点及配送中心、优化配送路线、提倡共同配送、提高往返载货率。通过以上诸种运输策略，有效降低物流运输环节对资源的消耗和对环境的污染，从而减少企业经济成本和社会环境成本。

4. 实施绿色流通加工。流通加工是指在流通过程中继续对商品进行非生产性加工，以使商品更加符合消费者需求。绿色流通加工的途径主要分两个方面：一方面变消费者分散加工为专业集中加工，以规模作业方式提高资源利用效率，以减少环境污染。如餐饮服务业对食品的集中加工，减少家庭分散烹调所造成的能源浪费和空气污染；另一方面是集中处理消费品加工中产生的边角废料，以减少消费者分散加工所造成的废弃物污染，如流通部门对蔬菜的集中加工减少了居民分散垃圾丢放及相应的环境治理问题。

（二）逆向物流系统的绿色优化

逆向绿色物流是指物流从消费者向企业流动的一系列物流活动。合理高效的逆向绿色物流体系结构需要把握好以下五个环节。

1. 旧产品的回收。回收旧产品是逆向绿色物流系统的始点。旧产品回收的数量、质量、回收的方式以及产品返回的时间选择都应该在控制之列，如果这些问题不能得到有效的控制，很可能使得整个逆向绿色物流体系陷于被动，从而使得这些产品再加工的效率得不到保证。要解决这个问题，企业必须和负责收集旧产品的批发商及零售商保持良好的接触和沟通。企业不仅仅要考虑自身的物流效率，还必须与供应链上的其他关联者协同起来，从整个供应链的视野来组织回收物流，最终在整个经济社会建立起包括生产商、批发商、零售商和消费者在内的回收循环物流系统。

2. 旧产品运输。旧产品一旦收集以后，下一步就是把它们运输到对其进行检查、分类和处理的车间。如何运输和分类没有固定的模式，这要根据不同产品的性质而定，不仅要考虑产品的运输和储藏成本，还要考虑产品随着回收时间延长的成本，从而对不同产品在时间上给予不同的对待。

3. 回收产品的整理。回收产品的测试、分类和分级是一项劳动和时间密集型的工作。企业通过设立质量标准、使用传感器、条形码以及其他技术实现测试自动化就可以改进这道工序。一般说来，在逆向绿色物流体系中，企业应该在产品质量、产品形状的基础上尽早做出对产品的处理决策，大大降低绿色物流成本，缩短再加工产品的上市时间。

4. 回收产品的加工。企业从回收产品中获取价值主要通过两种方式来实现：第一是取出其中的元件，经过修理后重新应用；第二是通过对该产品全部重新加工，再重新销售。相对于传统的生产而言，对回收产品的修理和再加工有很大的不确定性，因为回收的产品在质量以及时间上可能差异很大，这就要求在回收产品分类时，尽量把档次、质量及生产时间类似的产品分为一组，从而降低其可变性。在这方面，Bosch 公司是一个典型，它是一家生产动力工具的公司，"把传感器装到动力工具的马达，显示马达是否还值得修理的做法"大大降低了绿色物流运转的成本。

5. 再循环产品的销售。回收产品经过加工后就可以投入到市场进行销售，和普通产品的销售一样，企业如果计划销售再循环的产品，首先需要进行市场需求分析，从而决定是在原来市场销售，还是开辟新的市场，在此基础上企业就可以制定出再循环产品的营销决策并进行销售。这就完成了逆向绿色物流的一个循环。

（三）物流系统绿色优化

绿色物流的实施不仅是企业的事情，而且还必须从政府规制的角度，对现有的物流体制强化管理，并构筑绿色物流建立与发展的框架。完善有关法律制度的建设，开展绿色物流，走可持续发展道路，是适应社会发展的潮流和全球经济一体化的必然要求。借鉴发达国家的实践经验，政府可以制定相关的政策法规，在宏观上对物流体制进行管理控制，控制物流活动中的污染发生源，限制交通量和控制交通流；除了控制之外，政府还需要建立有效的激励约束机制，比如提高对污染源的惩罚标准与打击力度，为绿色物流模式提供公平的竞争环境；最后，为便于量化，还需要建立合适有效的材料、工艺、包装等评价指标体系与评价模型。

从对影响物流的诸多因素分析可知，产生环境问题的主要物流形式是货车的普及。因而，政府对物流体制的规制集中体现在几个方面，即发生源规制、交通量规制和交通流规制。发生源规制，可以根据大气污染防治法对废气排放进行规制；根据对车辆排放二氧化氮限制来对车种进行规制，推动使用符合规制条件的车辆；普及推进低公害车；对车辆噪音进行规制。交通量规制，包括合理化指导货车使用，促进企业使用合适的运输方式，以推进共同事业来提高中小企业流通的效率化，统筹物流中心的建设。交通流规制，包括环状路道路建设，道路与铁路的立体交叉发展，交通管制系统的现代化等等。

1. 完善有关法律制度的建设。开展绿色物流，走可持续发展道路，是适应社会发展的潮流和全球经济一体化的必然要求。借鉴发达国家的实践经验，政府可以制定相关的政策法规，在宏观上对物流体制进行管理控制。控制物流活动中的污染发生源，限制交通量和控制交通流；除了控制之外，政府还需要建立有效的激励约束机制，比如提高对污染源的惩罚标准与打击力度，为绿色物流模式提供公平的竞争环境；最后，为便于量化，还需要建立合适有效的材料、工艺、包装等评价指标体系与评价模型。

2. 统筹规划绿色物流系统。物流不是一个独立的产业，而是分散在若干个行业内，由于各部门之间分工又有交叉，物流系统中存在管理分散化、条块分割、部门分割、重复建设等种种问题，物流系统化水平很低，综合经济效益低下，物流成本较高。根据绿色物流的理念，要求政府应在加强对物流企业监督的同时，整合优化物流系统结构，建立高效物流信息中心，使各个物流企业成为网络化的战略联盟；加强宏观政策规划指导，制定出符合市场要求的相互配套和具有可操作性的政策，推动绿色物流系统建设，促进绿色物流系统合理布局和统筹规划。

3. 加快绿色物流基础设施建设。要想实现绿色物流，完善的基层设施是有效的保障。这就要求我们，首先，要合理利用、改建原有的基础设施，通过科学有效的整合，将原有基层设施的规模、布局、功能有机整合，发挥最大的使用效率；其次，要加快新的基层设施建设，在新基层建设中，要站在战略高度，对整个物流行业的基础设施建设进行统筹管理、合理分配，杜绝重复建设、防止无用建设，以求在基层设施的建设上就能凸显绿色物流的特点，节约资源；再次，要加大物流便利设施的建设，主要是交通基础设施的建设，交通设施不仅仅可以便利物流，更是地方经济发展不可或缺的命脉，因此，政府需要加大对交通基础设施建设的人力物力投入，扩大物流企业的经营渠道，刺激企业做大做强；最后，加强各种交通网络和各种交通运输衔接基层设施的建设，增强物流企业货物运输的灵活性，从节约、环保上也为物流企业提供了更多的节约、环保途径。

4. 促进绿色物流的信息化发展。随着互联网的普及，信息化建设成为各行各业的工作重点，信息化是绿色物流的重要基础，因此，促进绿色物流的信息化发展势在必行。首先，政府需要引导企业，鼓励企业积极采用信息技术进行管理，从技术层面上全面提升物流企业的管理水平；其次，政府应花大力气支持建设一个物流信息平台，将物流企业间的非商业机密信息进行资源共享，构建一个全国性或区域性的物流网络，同时，在平台中将物流相关部门的资源进行共享，方便物流企业及时了解情况，并对工作进行调整，例如：与气象部门进行信息共享，可以使物流企业及时了解各地天气，及时调整运输路线。

5. 鼓励物流技术创新。开展绿色物流的关键，不仅依赖物流绿色思想的建立、绿色导向的树立和绿色操作的运用，更离不开绿色技术的创新和应用。物流技术创新包括包装技术创新，减少包装材料的使用、使包装材料无害化和提高包装废弃物的回收再利用率；现有运输策略创新，减少运输里程、提高配送效率；研发新型的绿色交通工具，节约能源、减少污染物排放量；开发新的仓储技术以减少物品损失，同时减少物流仓储系统对周围环境的不利影响；开展绿色流通加工，在提高加工效率和材料使用率的同时减少对环境的二次污染。

6. 引导绿色消费理念。消费者有绿色需要，绿色需要是指由于人类生理机制中内在的一种对自然环境和生态的依赖性和不可分割性而产生的需要。在现实市场中，有支付能力的绿色需要转化成为绿色需求。消费者的绿色需求是其督导绿色物流的动力。这种动力的推动，使消费者在绿色物流管理中发挥重要的作用。

首先，消费者通过绿色消费方式倡导企业实施绿色物流管理。其次，消费者通过绿色消费行为迫使企业自律绿色物流管理。另外，消费者通过绿色消费舆论要求政府规制绿色物流管理。引导绿色消费理念，要积极倡导绿色消费，通过绿色消费行为迫使企业进行绿色物流管理。然而消费者个体比较分散，如果不联合起来的话力量就十分薄弱，发挥不出应有的作用。而且一般消费者对绿色物流的认识还很不够，根本谈不上关心绿色物流，因而必须依靠消费者的联合代表——消费者协会或建立类似的机构来代表消费者参与当前的绿色物流发展。

7. 加强对绿色物流人才的培养。德国、美国、日本等国绿色物流发展的历史证明，发展绿色物流的关键是拥有一批优秀的人才。绿色物流作为新生事物，要求物流相关人员知识面更广，层次更高，因此，要实现绿色物流的目标，培养和造就一大批熟悉绿色理论与实务的物流人才是当务之急。

第十章 │ 临沂商城转型升级之七：
物流信息化

第一节 物流信息化的发展历程及发展趋势

一、物流信息化的概念

物流信息化是指物流企业运用现代信息技术对物流过程中产生的全部或部分信息进行采集、分类、传递、汇总、识别、跟踪、查询等一系列处理活动，以实现对货物流动过程的控制，从而降低成本、提高效益的管理活动。物流信息化是现代物流的灵魂，是现代物流发展的必然要求和基石。

二、物流信息化的意义

电子计算机及信息网络技术正促进电子化商务迅速发展、支持信息流加速运动，实现物流少批量、多频率、高性能、快速度、低成本运行，以满足各类用户适应市场需要的变化。全球移动通信、企业内联网、电子数据交换、全球定位技术、物联网等的发展与应用，使信息化战略在其物流战略中的作用越来越突出。

当今社会，物流信息化战略的影响也已经从生产作业层次深化到管理变革层次。因为物流信化必然要求企业组织结构、业务流程和管理方式相应变化，才能从根本上实现管理与信息的融合，发挥二者作为生产力的最大潜力。

在企业战略实施的全过程中，信息不对称、不准确、不及时都会导致企业作出错误判断，既定战略的实施、评估与控制也会受到影响，最终导致总战略不能顺利实现，相反，准确及时的信息有利于企业总战略的实现。物流信息化战略是企业在认真分析内外部环境及内外需求后制定的，它服务于总战略目标。因此，企业制定的物流信息化战略，既要解决上述信息不对称、不准确、不及时的问题，还要实现企业乃至整个供应链的信息共享。

物流信息化战略是现代物流发展的灵魂，是现代物流发展的必然要求和基石。信息化战略目标要清晰，要与企业经营战略目标相辅相成、互为依托。正确的物流信息化战略能够促进物流信息化的发展，提高物流效率，降低物流成本，整合各类物流信息资源，实现供应链信息的无缝接轨，实现物流信息的网络化、实时化传输，真正达到物畅其流的效果。

三、物流信息化的发展历程及规律

近几年，正当物流需求增长放慢，市场竞争加剧的时候，物流信息化的投入却在明显增加，成为物流市场一个引人注目的亮点，并成为物流新一轮发展的主要内容；当大部分物流企业已经积累了越来越多的信息化实践经验之后，不少人却产生了越来越多的疑惑，他们在问物流信息化未来的方向和目标究竟是什么，有规律可循吗，我们可以从物流信息化的发展历史中找到其规律，并从中把握物流信息化的发展趋势。

（一）回顾历史，总结规律

如果从物流信息化的发展历程来看，的确有一些核心的、似乎不变的内容可以概括为规律，对把握物流信息化未来的方向可提供一些启示。总结这些规律既是物流信息化本身的基础建设，对于物流业本质的理解也会有很大的帮助。

现代意义上的物流信息化大体上可以从 20 世纪六七十年代的电子数据交换（EDI）算起。当时一些发达国家的大企业为了提高企业之间的商贸、物流效率，采取了电子数据交换即 EDI 技术，主要是两大措施：一是建立第三方信息交换机构——EDI 中心，企业之间不必建立两两通讯线路，只需与 EDI 中心交换信息即可；二是建立一套交换数据的标准（代码、格式、通讯等），各企业把需要交换的数据按此标准转换后即可与外部交换，不会影响内部数据的安全。尽管由于 EDI 采用专线通讯造成成本较高，普及起来有一定难度，但是给后面的物流信息化带来极其深刻的启发。至今我们建设的各种公共信息平台，依然在遵守上述两条原理，第三方服务和信息交换的标准化。另外还要指出的是，物流信息化发端于数据交换与共享，恐怕是这个行业特有的，至今我们还在为建设物流公共信息平台所困扰，可见物流信息的交换与共享对于这个行业的重要性不同一般。

到了 20 世纪八九十年代，由于微机和局域网技术的普及，推动物流信息化进入到一个新阶段，以管好各企业自身的网络资源和作业流程为目标，并形成了各种以 TMS、WMS 为核心的物流信息系统。从那时开始，物流信息化覆盖了网络和流程两个基本范畴，只不过这一时期的网络和流程仅限于本企业所辖的资源和作业。

从世纪交替到本世纪初的一段时间内，由于互联网技术的大发展，物流信息化的方向再次转向信息的交换与共享，其背后的驱动力是企业希望把网络和流程的概念突破自身所辖的限制，开始考虑社会资源的整合、合作伙伴的协同。但由于种种原因，此项努力进展甚慢，表现为采用互联网为技术架构的物流公共信息平台建设困难重重，影响了物流市场的网络资源整合和作业流程协同。至今，物流公共信息平台的建设仍然是一个影响发展的制约因素，而且尚未对以往的经验教训做出科学的总结，形成行业的共识。但是科技作为第一生产力是不会停脚的，近年来物联网技术的普及应用推动了物流信息化的新发展，尽管在实践中还存在一定的盲目性，但是方向还是依稀可辨的，就是推动产业走向"智能物流"。简要回顾上述历史，可以得出几点结论，对于加深现状的认识和把握未来的发展方向是有益的。

第一，物流信息化会始终围绕着物流的网络和流程这样两个基本范畴展开的，不断地解决网络和流程的问题，也必将遵循网络和流程的发展规律。

第二，物流信息的交换与共享及公共信息平台建设，对于物流行业来说地位特殊，是网络与流程发展中的关键环节。

第三，物流信息化未来的方向是推动物流业的智能化，但基础还是利用信息技术不断提升对于物流资源的管控水平。

（二）市场实践，丰富多彩

我们概括的规律是否符合实际呢，还必须要经过实践的检验。物流信息化的市场实践是如此丰富多彩，确实令人难以把握。为此要先对物流市场做一个简要的分析。其实只要把物流的网络和流程作为两个基本概念提炼出来，物流市场的结构、问题、方向还是比较清楚的。

物流市场中有两大板块，一类是基础服务市场如运输、仓储、快递、装卸等，对于资源的依赖性高，提供的是作业流程相对规范的标准化服务，核心竞争力多依赖于资源的规模和布局均衡，也就是说偏重于依赖网络资产。另一类是专业物流服务市场，如汽车物流、服装物流、食品冷链物流等，提供的是非标准的专业服务，对于资源的依赖性远不如对于专业知识和控制能力的依赖，或者说对于流程的依赖更甚于对于网络资源的依赖。在传统的物流市场，我们不大会看到网络资源与流程作业的分离，但随着物流的深入发展，资源的拥有与使用分离，基础的标准服务与专业的非标准服务分离，尽管他们之间还存在着千丝万缕的联系，甚至合作关系更加复杂多样，但是专业化分工的大趋势是必然的。物流的两大板块已经出现，并各自在探索前进的道路。

基础服务市场总体上看是供大于求的，并由于企业规模小、物流资源散、市场秩序乱、服务水平差，恶性竞争严重。因此发展的方向是通过资源整合，在集约化、规范化的过程中解决供大于求的基本格局。当前我们看到的正是这样一个进程。以最典型的公路市场为例，资源整合出现了一些成功的案例，显示了极强的竞争力，为行业的发展提供了示范效应。其中有三种典型模式：一是以德邦物流为代表的资产性整合，二是以传化物流基地为代表的轻资产整合，三是以卡行天下为代表的半资产整合。实践中还有许多不同的整合形式，但共同的一点就是采用信息化手段实现资源的整合，把资源的管理制度、标准和责任都固化在统一的信息系统之内。在这类市场上，由于流程相对规范，信息化的重点是网络的资源管理。或者说，此类信息化的竞争力最终在于对物流资源（货、车、库、人等）管理的精细化程度和控制能力。随着物流市场需求的发展，对物流资源的管控要求将不断深化，构成物流网络管理信息化的发展轨迹。

专业物流服务市场则基本上是供不应求的，因此大部分专业物流的业务并未实现外包。其中重要的原因是传统的物流企业不太了解专业物流的特殊流程，不习惯基于流程服务的价值创新，也缺少在流程中整合进其他增值服务的能力。只有少数企业掌握了专业物流的运营模式，即以客户的新价值创新为目标，传统作业为接单手段，流程优化和增值服务为盈利基础，具有极强的非标准订单处理能力。在此基础上形成的信息化基本属于流程型信息化发展轨迹，专业细分越来越深，不同环节之间的责、权、利界定和传递越来越清晰规范，也被称之为流程透明化，这些就是流程领域信息化的特点。当前，发展最快的专业物流市场有汽车物流、食品冷链物流、医药物流、服装物流、危化品物流等等。这些专业物流的发展有着很强的产业背景，或者说这些专业物流有着极其鲜明的客户价值驱动。

再来看公共信息平台的建设情况。前一个时期，各级政府纷纷投资建设各种类型的物流公共信息平台，但是成功者少，失败的却很多。近来政府投资谨慎，反而出现了一些民间投资信息平台的成功案例，例如汇通天下、深圳易流，他们的市场越来越大，商业上也进入良性循环。此外还有嘉晟的服装物流平台等都比较引人注目。这反映了一个问题，公共平台实现的信息整合是市场行为，遵行市场规律，即在竞争中形成服务价值，服从优胜劣汰的规则。显然政府投资的平台难以适应这样的要求。

物流信息平台的发展空间很大，因为社会发展过程中的分工与合作越来越频繁，我们会看到分工越来越细，同时合作越来越普遍，层次也越来越深。在分与合之间，需要有一个桥梁或纽带，这就是公共平台的价值。只不过这一切都要在市场规则下进行博弈，才能形成有效的分工与合作。因此公共服务具有宽广的前景，同时，平台的服务必须标准化，所以公共平台的发展实际上也是提炼标准的公共服务的竞争过程。政府在公共平台的领域里更适于那些依法监管的公共服务，而不是商业性的公共服务。

（三）展望未来，把握方向

物流信息化的实践是五彩斑斓的，令人眼花缭乱，难免有人会发出不知未来的方向之慨。但是回顾历史，梳理现状，还是可以把握一些趋势性要求。

首先，物流业的基础市场将加快资源整合，表现在网络信息化是竞争的主要领域。网络信息化的基础是对于物流资源的管控能力，加之对于网络合理布局和动态均衡的调控能力，可能最终落实为资源的身份识别、资源属性的时空跟踪能力。

其次，专业物流仍然取决于背景产业的发展需求，但是流程透明化始终是专业物流信息化的一个基础，这个透明化是无止境的，因为流程中的资源会展现出越来越多的相关属性，这些属性成为专业物流价值创新的源泉。而透明化技术实际上是将这些属性信息按时间、空间记录下来，以便在流程中加以利用。

物流业在物联网时代将走向智能物流时代。何谓智能，其实在物流领域无非表现为网络的智能化和流程的智能化。网络的智能化，本质上是对于物流资源管理的智能化，在复杂多变的情况下都能够减少资源浪费，不断提高利用率。流程的智能化，是价值创新的智能化，是在复杂情况下总能够选择最优方案，实现服务价值最大化的能力。把这两者结合起来就是物流的智能化。

物流公共信息平台的创新将会出现一个新的高潮，但与前期相比市场机制的作用更加明显。公共服务将越来越呈现模块化和嵌入式特点，将公共服务标准化之后被整合在各用户自身的信息系统中。

在技术层面，可以看到身份识别、定位服务和移动通讯这三项技术将成为物流信息化的技术基础。在智能化的趋势推动下，可以预见物流智能终端设备将得到大发展，不管其形式如何多变，其基本特征就是集成身份识别、定位技术和移动通讯功能，如果再根据特殊需求加上某种特有的信息采集功能（传感器），就可以将物流资源的特定属性以及相关的时间、空间记录下来，从而把管控水平提高到所谓的"智能化"水平。

从20世纪六七十年代算起，物流信息化已经走过半个世纪了，其间丰富多彩的实践是一笔无价的宝藏，总结历史经验，探索发展规律对于减少未来工作的盲目性具有重要意义，因此也应该是物流信息化工作的重要组成部分。

四、物流信息技术及其应用趋势

信息技术特别是适应物流行业特点的技术应用，在物流活动中的地位非同一般，堪称区分传统物流和现代物流的标志。实现物流信息化的技术主要包括：计算机技术、网络技术、信息分类、编码技术、条码技术、射频识别技术（RFID）、电子数据交换技术（EDI）、全球定位系统（GPS）、地理信息系统（GIS）等，其中，近年来较受关注主要是 RFID、物联网、云计算等，下面就主要技术进行介绍。

（一）条码技术

以条码为代表的自动识别技术从诞生之日起就与物流系统结下了不解之缘，条码技术实现了数据采集的高速自动化，在数据采集、数据传递方面显现独到的优势，为物流与信息流的结合提供了有效手段。

条码在仓库管理、生产过程控制、供应链管理以及产品售后跟踪服务中均得到了广泛的应用。条码从大类上分为一维码和二维码，目前应用最为普遍的是一维条码，而二维条码能在很小的面积内表达大量的信息。条码识读设备多种多样，从操作方式上可分为手持式、固定式和便携式，其中，便携式条码采集器或手持终端（Hand－hold terminal）是集激光扫描、汉字显示、数据采集、数据处理、数据通讯等功能于一体的高科技产品，它相当于一台微型的计算机。将电脑技术与条形码技术进行了完美的结合，兼具了掌上电脑、条码扫描器的功能，同时，因其体积小、便于携带、具有工业等级的抗摔、防水、抗高低温等特性使其在物流系统各个环节的应用均展现了极大优势。

（二）RFID

射频识别（RFID）技术一度被认为是本世纪最有发展前途的信息技术之一，自 2003 年开始得到高度重视以来，各国纷纷投入大量资金和人力用于技术研发和应用开拓。

作为前端的自动识别与数据采集技术，RFID 在物流的各主要作业环节中应用，可以实现物品跟踪与信息共享，极大地提高物流企业的运行效率。实现可视化供应链管理，在物流领域有着巨大的应用空间和发展潜力。在物流信息化建设中占有举足轻重的地位。目前，我国在 RFID 应用方面主要还是局部分散的。

（三）GPS 和 GIS

全球定位系统（CPS）是一种先进的导航技术，具有全球性、全能性、全天候优势的导航定位和定时测速功能。地理信息系统（GIS）以地理空间数据为基础，采用地理模型分析方法。适时地提供多种空间和动态的地理信息，是一种为地理研究和地理决策服务的计算机技术系统。

将 CPS 和 GIS 技术结合，融入物流配送的过程中，能更容易地处理物流配送中货物的运输、仓储、装卸等各个环节。对选择运输路线、仓库位置，调度运输车辆等进行有效的管理和决策分析，有助于提高企业的物流信息化水平。

（四）物联网

物联网技术的出现使得物流信息化进入了一个新的时代，这个时代在技术上以物联网的应用为特色，业务上以产业物流或供应链建设为基础。物联网是指按照预先约定好的协议，通过一系列信息采集和传感设备（如射频识别装置、红外线感应器、激光扫描器、全球定位系统等），把物品与物品、物品与互联网连接起来，通过信息交换和通讯，以实现物品智能化识别、定位、跟踪、监控和管理的一种网络。

物联网被认为是继计算机、互联网、移动通讯之后又一次信息产业革命，其具体应用领域包括物流、保险、食品溯源和交通运输等。开放式、动态化和信息的集中管理将是物联网时代信息化的重要趋势，这样的一种发展方向和所产生的空间，无疑会使得物流活动更加智能化。从智慧地球到感知中国，物联网会进一步提升物流智能化、信息化和自动化水平。

（五）云计算

云计算是一种让用户能够方便获取的、资源共享的、随机应变的和可实时访问的网络模式，具有快速部署资源或获得服务、按需扩展和使用、按使用量付费、通过互联网提供等特征。

目前，物流领域已经出现了"云"的身影，如车辆配载、运输过程的监控等。借助云计算中的"行业云"，多方收集货源和车辆信息，并使物流配载信息在实际物流运输能力与需求发生以前得以发布，加快了物流配载的速度，提高了配载的成功率。对于物流行业而言，云计算带来的直接效益就是降低成本，提高物流效率。

同时，"云存储"也是可以发展的方向之一，利用移动设备将在途物资作为虚拟库存，即时进行物资信息交换和交易，将物资直接出入库，并直接将货物运送到终端用户手中。

此外，受益于云计算的还有供应链管理，零售业在云计算的影响下也将发生变化，云计算也可为快递降低成本发挥巨大作用，因此，可以断定，云计算在物流业中将有巨大的发展空间。

（六）移动解决方案

近年来物流行业特别是快递业发展迅速，企业对物流管理的要求越来越高，而由于作业的特殊性，提派员、调度员、库管员、货检员等工作经常处于没有 PC、没有网络的环境中。同时，随着智能手机、平板电脑等现代通讯工具的出现和普及，也促使物流信息系统的发展出现终端化、移动化的趋势。目前，中国移动、中国联通都推出了针对物流行业的移动信息化解决方案，以满足物流企业的信息高效交互、信息实时发布、货物库存查询、车辆定位、内部沟通、客户服务等需求。

物流信息化的发展方向和趋势，可从以下几方面进行关注。

近年来，我国物流信息化相关政策体系逐渐发展完善，《国务院办公厅关于促进物流业健康发展政策措施的意见》为代表的一系列促进物流业、信息产业及相关行业发展的政策相继出台，为推进物流信息化工作带来重要机遇，《农产品冷链物流发展规划》《中国物流标准专项规划》《商贸物流发展专项规划》等多项与物流信息化相关产业政策及保障性政策相继出台，特别是《关于推进物流信息化工作的指导意见》的颁布，对于未来的物流信息化工作作了一个全面的部署。

《关于推进物流信息化工作的指导意见》提出积极推进物联网、云计算等新技术在物流领域的应用，重点支持电子标志、自动识别、信息交换、智能交通、物流经营管理、移动信息服务、可视化服务和位置服务等先进适用技术的研发与应用。支持重点企业开展第三代移动通信（3G）、3S（GNSS、GIS、RS）、机器到机器（M2M）、RFID 等现代信息和通信技术在物流领域的创新与应用。大力支持 TD–SCDMA 等移动通信技术和北斗导航等全球导航技术在物流管理中的应用，支持利用软件即服务（SaaS）、平台即服务（PaaS）、云计算等技术，开展物流信息技术服务平台建设试点，提高物流信息化关键共性技术研发、推广和应用水平。在装备制造、食品、药品、危险化学品、烟草等具有高附加值或需重点监管的行业，开展物联网应用试点，支持智能交通系统（ITS）、物流基地综合管理系统、智能集装箱管理系统、物流信息管理系统（LMS）以及海关特殊监管区域信息化管理系统等的开发和应用。

目前，国内一些优秀的物流企业在信息化建设方面已经开始走向业务流程信息化，借助信息化工具整合资源，实现流程协同和服务创新，WMS（仓库管理系统）、TMS（运输管理系统）等物流软件的应用日渐普及。在这一过程中，一些企业不但逐渐摸索和形成自己的经验而且还开始关注整体的信息系统规划，制定符合自身发展的信息化战略，这表明物流信息化已经从技术驱动向需求驱动转变，进入了一个全新的阶段。

但就目前全社会物流信息化的发展情况来看，仍存在一些急需解决的问题。具体包括，对物流信息化的认识和理解程度仍然偏低；物流相关信息的社会化开发程度严重不足；物流信息平台的建设和运营模式尚不成熟；先进信息技术在物流行业的转化、推广和应用水平较低；物流信息标准体系发展滞后等。

对于物流信息化接下来的发展，当务之急是将信息技术和商业模式更好地结合起来，在物流专业领域去延伸和深化。

第二节 我国物流信息化发展现状、问题及对策

物流产业是一个体量巨大的产业，2014 年中国物流行业的产值超过 10 万亿元，占 GDP 比重为 18%。相对于发达国家的 8% 左右的物流比重，我国的物流成本仍然属于居高不下。从落后水平的 GDP×18% 的起点到先进水平的 GDP×8% 这段距离，物流成本在 GDP 中每降低 1% 对应着 6000 亿元的价值，这对我们各方物流业者来说，既是广阔的舞台，更是艰巨的使命。在迈向先进水平的过程中，蕴含着丰富的商业模式和巨大的利益。

而我们所面临的形势却远没有那么乐观，物流经营主体规模小、数量多，全国物流企业近 800 万家，单一市场占有率最高仅为 1.2%，集中度很低；产业经营运作的组织化水平较低，经营模式基本为散兵游勇的状态；运力空闲、空驶、空待，车辆空驶率达 40% 以上，对能源、环境、交通设施等浪费巨大；市场竞争失序、服务行为欠规范、诚信体系不健全、服务品质不足；利润率低下让经营者不满，物流从业者特别是司机的收入微薄、劳动强度大。

一、我国物流信息化发展现状

据 2013 年 5 月发布的《2012 年物流信息化检测报告》显示，我国物流呈现了以下三大显著发展。

1. 物流企业订单（运单）准时率大幅提升，订单（运单）准时率达到 92.21%。其中，78.57% 的企业订单（运单）准时率超过 90%，物流服务水平得到大幅度提升。

2. 车辆追踪水平显著提升，87.50% 的企业实现了对自有车辆的追踪，较 2011 年的 80.95% 有所提升，其中 78.57% 的企业自有车辆追踪率达到 100%。有 75.00% 的企业实现了对外部车辆的追踪，较 2011 年的 66.67% 也有所提升，其中，有 75% 的企业对外部车辆的追踪率超过 50%；41.67% 的企业达到了外部车辆追踪率 100% 的水平。

3. 全程透明可视化率显著提升，有 81.25% 的企业实现了全程透明可视

化，其中，有 69.23% 的企业全程透明可视化程度超过 80%；30.77% 的企业全程透明可视化能力达到 100%。

与此同时，国家也日益重视物流信息化的发展，不断出台了相关的支持政策。2013 年 1 月，工业与信息化部印发《关于推进物流信息化工作的指导意见》（下文简称《意见》）。作为国家首次出台的明确针对物流信息化发展的文件，《意见》为物流信息化的发展指明了方向，加速了我国物流信息化体系建设步伐。同时，工业与信息化部为推进物流信息化设立了专项资金，还在税收、收费、投融资、信用和监管等方面提供政策支持。随后的 2013 年 2 月 17 日，国务院印发《国务院关于推进物联网有序健康发展的指导意见》，明确指出，要在商贸流通、交通能源等八大领域实现物联网试点示范应用，使部分领域的规模化应用水平显著提升。而在 2013 年 10 月 24 日，工业和信息化部发布的《信息化发展规划》（下文简称《规划》），提出到 2015 年，信息化和工业化深度融合取得显著进展，并提出 12 项重要任务和发展重点。物流业作为其中的重要组成部分，在《规划》中被反复多次提及。如在"加快推进服务业信息化"中，提到要引导电子商务健康发展；鼓励电子商务服务平台向涵盖信息流、物流、资金流的全流程服务方向发展；丰富网络商品和服务，拓展网络购物渠道，满足不同层次消费需求。《规划》同时指出，要提升物流信息化水平，促进信息技术应用与现代物流发展的融合创新，提高物流基础设施的信息化水平，鼓励发展新型物流业态和服务模式。加强跨行业的物流信息共享，建立完善行业性、区域性的公共物流信息服务体系。应该说，一系列政策的出台都给物流信息化的发展带来了诸多的利好。

另一方面，整个社会对物流信息化的发展也更加重视。就在 2014 年两会期间，不少代表提出了相关的议案，关注物流信息化的发展，认为这是降低物流成本的关键。而各界对于物流信息化的关注度越来越高，也使得物流信息化应用成为物流业发展中的一个亮点。"依靠信息化的快速发展，国内涌现出一批具有行业影响力的物流企业。比如中外运、中远、中海等大型央企、也有德邦、传化、安能、卡行、顺丰等民营企业。"这些企业依靠雄厚的资金实力、先进的管理经验和先发的市场优势迅速占领市场高地，在各自领域处于领先地位。另一方面，一些中小物流企业依靠现代物流信息化技术，实现自身产业的迅速升级，也进入了发展的快车道。物流信息化快速成长最明显的表现，就是涌现出一批专业的物流信息化服务企业。

分析现代物流信息化在我国得以迅速发展的原因，主要来自于三个层面的因素。

第一是信息技术、网络技术的普及和发展，特别是互联网技术解决了信息共享、信息传输的标准问题和成本问题，使得信息更广泛地成为控制、决策的依据和基础。因此只要解决信息的采集、传输、加工、共享，就能提高决策水平，从而带来效益。在这个层面上可以不涉及或少涉及流程改造和优化的问题，信息系统的任务就是为决策提供及时、准确的信息。

第二是企业在利益机制的驱动下，不断追求降低成本和加快资金周转，将系统论和优化技术用于物流的流程设计和改造，融入新的管理制度之中。此时的信息系统的作用有两个：其一是固化新的流程或新的管理制度，使其得以规范地贯彻执行；其二是在规定的流程中提供优化的操作方案，例如仓储存取的优化方案，运输路径的优化方案等。此时信息系统作用主要在于固化管理和优化操作。

第三个层面是供应链的形成和供应链管理的作用上升，其中物流管理是其主要组成部分。要解决的问题是提高整个供应链的效率和竞争力，主要是通过对上下游企业的信息反馈服务来提高供应链的协调性和整体效益，如生产企业与销售企业的协同、供应商与采购商的协同等，物流信息系统不仅是供应链的血液循环系统，也是中枢神经系统。供应链的基础是建立互利的利益机制，但是这种机制需要一定的技术方案来保证，信息系统在这里的主要作用是实现这种互利机制的手段。例如销售商的库存由供应商的自动补货系统来管理，生产商的生产计划根据销售商的市场预测来安排等等。

二、我国物流信息化建设中存在的问题

（一）我国物流业仍处于信息技术的初级应用水平

当前国内仅有少数的物流公司能够实现借助互联网与局域网运营物流产业链。尚有大多数的企业停留在初级水平，仅进行信息的获取、传递与使用，而加工后的集成信息并未实现有效利用。尽管推动物流信息化发展已经成为各界共识，但业界也认为我国物流信息化建设依旧存在不少障碍需要突破。相比西方国家我国物流信息化建设起步晚，总体的水平还存在差距，当前我国物流企业以中小企业居多。这些企业的规模小、资金少，本身资金不足以用来发展物流信息技术，直接制约了企业物流信息化的建设。这些企业很多依然停留在一部电话、一台电脑的沟通状态。此外，部分企业对信息化缺乏正确的认识，有些企业甚至认为，有了电脑，就是信息化，只要把企业的业务搬上电脑，就是企业实现了信息化，其实最后只是沦为办公的计算机化和流程的电子化，根本没有发挥信息化的真正作用。

（二）行业规范与标准体系有待完善

物流行业发展至今，虽然国家相关部门也出台了很多相关的政策法规，但

是由于各种原因，很多规定并未能真正得到贯彻落实，致使物流业的多个层面标准不一。好的政策法规并没有得到切实应用，从而导致在物流行业的各个层面都存在标准不一致的现象。当前多数物流企业都是在自身原有优势业务的基础上开展信息化建设，缺乏规范的物流流程和信息化标准。由于物流业务和流程具有个性化的特点，一个企业的物流流程和另一个企业的物流流程差别很大。因此，企业的物流信息系统大都实行定制化开发，然而这使得多数企业的物流管理信息系统与其他企业的信息系统在互联互通方面存在一定的障碍，导致信息不能在信息系统之间快捷有效地传递，影响了企业信息处理的水平。物流信息化建设需要标准，但是这又不同于一般意义上的标准。标准具有两重作用，一是管理功能，一是协同功能。体现管理功能的标准需要政府制定，体现协同功能的标准需要市场利益相关方协同产生，而物流信息化的许多标准就属于协同类标准。企业内部的信息系统可以根据企业自身的特点与需要进行个性化的定制，但是在企业与企业之间要实现相互之间的合作，这就需要一个通用的信息交换标准，这一点从技术上并不难实现，关键在于需要利益相关方的合作。

（三）物流信息化专业人才的缺失

随着物流企业对信息化依赖程度的提升，企业信息化除了需要持续不断的投入资金外，也需要专业的人才团队，这不是一笔小的投入，信息化后期维护也是一个很重要的工作。然而这一点上，业内普遍表示，我国物流专业人才目前整体上还处于供不应求的阶段，尤其是在技术上和商业模式上都具有创新精神的高端人才更是如此。针对物流信息化发展的障碍，应该从改善物流业的市场环境、政策支持、资金保障、人才培养等方面着手突破障碍。信息化建设是一个长期的过程，不可能一蹴而就。

三、促进我国物流信息化对策建议

（一）进一步健全物流信息化标准规范

物流信息化发展需要有一定的标准和规范作为支撑。因此，可以从以下几方面完善信息化标准。一是通过法律规定使整个物流业的运行和发展标准化，研究和制定标准化的物流业政策法规。改进对物流相关领域的管理方式，对不适应物流业发展的各类规定和政策进行清理、修改和完善，规范物流企业扶持标准；二是通过建立一体化的物流信息系统，做到持续、简便并准确地移动数据，及时自动地更新数据，提高物流作业过程的透明性和时效性；三是企业应加大资金投入，建立具有广泛兼容性的数据库并选择良好的数据交换工具，充分利用最新的互联网技术平台，使物流信息化再上一个新台阶。

（二）开发引入先进的物流信息技术和设备

信息技术的提高主要依赖于信息应用软件和物流设备的开发和利用，国家应当重视并支持信息化应用软件以及技术设备的研发和使用。首先，国家应鼓励企业信息技术的推广和应用，并在科研项目中增加对信息技术优化物流管理和运行方式的研究，增加研究经费，以便开发新型便捷高效的信息化物流作业技术和设备。其次，我们要借鉴国外先进的经验与技术，不断提高我国的研发能力，进一步完善物流信息化标准，开发具有自主知识产权且先进的物流信息技术，使我国物流运营的效率得到进一步的提升和完善，加快物流信息化的进程。

（三）重视物流公共信息平台建设

物流公共信息平台是物流业实现信息化的必经之路，因此各方要共同努力做好信息化服务平台的建设。作为国家，要重视信息化平台的建设，在信息公共平台建成之后，要对其进行持久的关注，加大资金投入，充分了解市场动向，完善公共平台的质量，提高其公益价值。作为企业，应认识到开发信息平台对企业盈利的重要性，对公共平台的系统进行合理优化，加大资源整合力度，通过不断实践，提高平台的服务质量。物流公共信息平台能较好地整合现有资源，发挥行业整体优势，实现互利共赢，从根本上改善行业现状，促进信息化的发展。

（四）培养高素质的专业性物流人才

随着信息技术在物流业中的广泛应用以及物流信息化的发展，物流企业对工作人员的知识水平和技能有了更高的要求。为了建设高素质的拥有物流专业知识和技能的队伍，实现对专业人才的培养，一方面鼓励和允许院校按照市场需求开办和设置物流专业及课程，为现代物流培养高级管理人才和专业人才，以满足对物流人才多样化的需求；另一方面要加强现有在职人员的培训，通过全方面、多层次的培训尽快使他们掌握物流基本知识和运作技术，成为专业人才。同时，也要积极引进国内外优秀的物流管理人才，让他们先进的物流理念和运作方式及管理规范融入到物流信息化的建设中，从而提升服务水平，实现我国物流信息化的高速发展。

（五）加强对物流业的宏观调控，并制定长远发展规划

国家应加强对物流业的宏观协调和功能整合，协调各部门之间的关系，使各个部门发挥高效的作用。应从整体战略的高度调整物流相关规划，使物流规划和不同运输方式的场站建设规划以及商贸流通行业的仓储设施规划能够有机结合，防止重复、混乱的局面发生。政府部门也应当制定物流信息化建设的长远发展规划。首先，制定有关物流信息化发展的规划方针，在整体上推动社会

的信息技术的发展，进而为物流业的快速发展营造良好的市场环境；其次，尽快出台物流信息化建设的行业建设发展规划及工作安排，通过采取相应措施加快物流业的信息化建设步伐；最后，借鉴国外物流信息化规划的经验，制定物流信息化发展规划，确立物流信息化建设目标和实施方案，指导物流信息化建设有条不紊地开展。

第三节　临沂物流信息化发展存在问题及发展对策

一、临沂物流信息化现状及存在问题

（一）少数大型物流企业信息化水平较高

临沂一些大型物流企业已经能够依托物流信息平台和互联网技术实现了精准管理、快速准确配货。如金兰物流公司的信息平台有会员 3000 多人，依托信息平台发布的实时货运信息，可迅速调配临沂各市场的车辆、货物，实现运力中心、分拨速配、专业仓储三者之间的高效对接。根据规划，未来临沂物流业将实现各信息系统与市级物流信息平台的对接，构筑起全市一体化发展的物流信息网络和统一的 GPS 监控网络，逐步消除"信息孤岛"。

"物流时代，信息为王"。在打造物流之都的进程中，临沂大型物流企业多元化、专业化和信息化发展，提供了成功的范例。充分利用 GPS 全球定位、3G 技术、RFID、互联网等多种 IT 核心技术，一改临沂市物流行业中信息化的传统产业格局。通过加快建设智能物流网络，运单的优化、协运商的选择评估、车辆的合理调度、交通运输管理系统的透明化和可视化等，临沂物流行业从传统货运、仓储、停车场业态向着物流信息中心、货运代理、物流写字楼经济的现代物流方向转变，形成"物流企业集聚、信息网络运作、外包业务集中"的新物流业态特色。

（二）中小物流企业的信息化程度低

在对临沂地区众多的大中小物流企业调查中发现，临沂地区的中小物流企业普遍信息化基础薄弱，规范管理欠缺，缺乏整体实施信息化的观念，物流信息化建设还处于起步阶段。在硬件上，许多中小型物流企业也仅是配备了一台或两台电脑，大多用于财务处理或数据存储，其他应用很少，还有一些中小型物流企业依靠电话和手工方式完成业务处理，连电脑都没有配备。

（三）信息技术和物流设备落后

信息技术和物流设备落后已成为制约临沂物流企业发展的瓶颈。目前，信

息技术在物流企业方面的应用不仅比较少，而且应用层次较低，计算机应用多局限在办公自动化和日常事务处理方面。绝大多数物流企业尚不具备运用现代信息技术处理物流信息的能力。而且在国外物流企业得到广泛实用的条码技术、RFID、GPS/GIS 和 EDI 技术在物流企业的应用也不理想。另外，多数国内物流设备也都比较陈旧，包括立体仓库、条码自动识别系统、自动导向车系统、货物自动跟踪系统在内的物流自动化设施，应用不多。与国外以机电一体化、智能化为特征的物流管理自动化相比，差距很大。

信息化知识在不断发展，一些先进的技术用在物流企业中，能够很大程度地发挥其优势，降低企业经营风险，提高企业效益。比如，车辆管理系统可以科学地调派车辆，管理车辆的各项变动；GPS 车辆定位系统可以加强自有车辆的监督管理和货物的安全到达等。根据中国仓储协会调查，绝大多数中小物流企业中，其信息系统的业务功能和系统功能还有待完善，缺乏必要的订单管理、货物跟踪、仓库管理和运输管理等物流服务系统，物流信息资源的整合能力尚未形成。企业物流系统应当体现出专业化以及科学化，特别是使用先进的信息化技术对企业的物流进行相应的管理，比如说卫星定位、条形码以及自动分拣等技术。但是，当前临沂很多企业在对物流进行管理的时候，还没有真正将信息技术应用到物流的信息化过程中，依旧处于一种人工化或者半人工化的状态。

临沂天源国际物流园是临沂首屈一指的物流园区，该物流园区董事长赵玉玺说，"临沂物流起源于民间，其走向是信息技术的应用和发展"。临沂的物流业发展似乎有点太"民间化"了，从"一把椅子、一个电话、一辆车"的活动板房到一些规模庞大的物流公司，很多商户都是摸着石头过河，走一步看一步。现在，物流业准入标准控制不严、公司之间的无序竞争和管理相对落后仍是物流业最大的问题。很多时候，同一条货运线路平均 5 家物流公司在做，热门线路甚至多达 10 余家，竞争相当激烈。为招揽生意，一些物流公司擅自降低收费标准，甚至赔本经营，结果造成恶性循环，一旦资金形成缺口，往往会采取"跑路"的方式来逃避债务。现在，临沂的运输企业还是普遍采用人工搬运和装卸方式，叉车的使用率还不普及，扫码等技术更是没有得到广泛应用，随着临沂物流业要求的提升，对效率及货物破损率的要求将逐渐提高，未来以信息化为基础的装卸设备、自动分拣系统的普及应用是趋势。

（四）信息资源管理混乱

企业物流信息资源开发是物流信息化建设的核心任务，开发物流信息资源既是物流信息化的出发点，又是物流信息化的归宿。目前，许多物流企业的物流信息化工作没有解决好运作层和运作管理层的信息采集问题，以至于系统缺乏足够信息源，因而大大影响整个企业信息资源的开发利用。另一方面，不少企业忽视信息资源规划工作，缺乏统筹规划和统一的信息标准，致使设计、生产和经营管理信息不能快捷流通，不能共享，形成许多"信息孤岛"，企业还没有享受到信息化投资应产生的效益，从而严重阻碍了物流管理信息化的进程。

（五）专业的物流信息人才紧缺

现代物流作业过程具有信息量大，环节复杂，物流信息不确定，需要专业的知识及技术经验等特点。因此，企业在实施信息化的进程中应当有专业性的人才作为保障和支撑。他们不但要掌握大量的物流专业基础知识，而且还需要熟练的操作本领和实践技术。由于我国物流业起步晚，具有理论知识、技术操作以及创新能力等的综合型物流人才十分匮乏，这已成为制约我国物流企业信息化发展的又一重要因素。另外，当前很多物流企业所聘用的人才受教育程度比较低，缺乏专业的理论知识，综合素质不高，难以推动信息化的发展进程；而学校培养的人才虽有理论知识但缺乏信息技术的处理能力、运营能力和创新能力，不能满足信息化的现实发展需求。这样就在很大程度上影响企业的物流信息化发展。

二、临沂市信息化发展对策与建议

（一）开发物流信息资源，对资源进行合理配置

物流信息化要求信息流动快速、及时准确，而物流的工作流程直接关系到信息的产生和流动过程。物流信息化的关键目标是通过重组物流流程来开发物流系统各个组成部分的物流信息资源。重组物流流程可重新配置物流系统资源，重新规划物流系统，大幅提升服务层次，进而发挥物流的积极作用。具体在进行物流流程重组时，应着重改造现有不合理、不流畅的业务部分，挖掘物流信息，完善整个物流系统。物流系统可以看作是由物流各个作业部门组成的结点，结点之间的联系就是一个物流网络，只有通过线的信息化、点的信息化，才能实现物流产业的信息化，因此物流信息化除了各个部门间的网络化、信息化之外，另外重要的就是整个物流流程的信息化。物流系统的物流结点中，不管是传统的仓库，还是现代流行的配送中心、物流中心、流通中心，流程重组是一切的重中之重。在流程重组改造实现物流结点的信息化中要注意，必须保持与整个物流系统乃至整个企业系统各种流程和信息网络的统一，如信息的格式、信息的传输等，方便与整个互联网的连接。总之，物流作业水平的提高在于物流的信息化，物流信息化必然要求进行物流流程重组，物流信息化成为物流流程重组的有效途径。

（二）推动物流信息网络化建设，构建物流信息共享平台

1. 采用新技术，搭建物流信息交流平台。建设物流信息平台的方向，是要实现革新化与标准化。扩展性标识语言的成熟发展，为物流在互联网上的信息化建设提供了较为有效的解决方案，并能够适应信息化发展的要求。这种扩展标识语言作为与因特网相关的功能较强大的数据库与编程工具的加速器，也是数据格式上比较通用的一种表示法，能够保留数据内容及结构的完整性，并将其中的商业元素从这些数据当中分离出来。通过这种方法，我们可以灵活地将自己的商业规则融入其中，为完整的解决方案提供便捷途径，同时将扩展标识语言应用到电子商务的物流过程中，能够统一在企业内部及企业间进行交易的标准，从而使物流信息系统与电子商务软件实现有机集成；通过点对点的电子商务活动进而实现商业应用与数据统计的分离。将互联网、扩展标识语言与数据库等技术手段相互融合，也就形成了面向物流信息化网络技术的完整方案。若能够将以上这些技术手段应用到物流业的信息平台建设上来，一定会对物流业的信息化建设产生巨大的推动作用。

2. 借助政府支持，积极推动物流信息化进程。相关政府部门应当制定针对物流经济信息化建设的总体行业规划，搭建并完善物流信息网络系统。第一，加快社会经济信息化发展的进程，制定有关物流信息化发展的规划方针，在整体上推动社会的现代信息技术的发展，进而为物流业高效快速发展营造良好的市场环境。第二，普及并推广物流信息网络技术，为现代物流经济的发展提供强有力的技术支撑。为此，相关部门应当尽快出台物流信息化建设的工作安排及行业建设发展规划，通过采取相应措施加快物流业的信息化建设步伐。第三，加强对以信息化为基础的物流业体系的培育和发展，不断完善信息政策法规等保障体系，来更好地为物流经济信息化建设服务。物流业的发展离不开物流信息平台的支撑，未来临沂物流业将实现各信息系统与市级物流信息平台的对接，构筑起全市一体化发展的物流信息网络和统一的 GPS 监控网络，逐步消除"信息孤岛"。

（三）加快培育物流信息化发展需求人才

建议政府积极拓宽培训与教育多方渠道，鼓励企业公司、行业协会及大专院校广泛开展培训工作，加强对物流信息技术的研究及人才培养，建立专业的物流人才培养系统，多渠道培养物流信息化高级人才。可以通过制定有关的法律法规，加强对知识产权的监督与保护，同时在政策上鼓励新技术的研究和开发。鼓励高等院校结合市场发展现状及人才需求情况开设现代物流专业课程，科学有序地对在职人员开展职业培训，积极引导企业员工、高校学者与研究机构进行技术及资本上的合作，促进物流行业产、学、研密切联系，共同推进物

流信息化专业技术人才的培养。

另外，物流人才缺乏状况将得到改善。现在，几大物流龙头企业都在依托临沂大学的教学资源以及人才资源，就地培养人才并引进大学毕业生从业，还与临沂大学建立了产、学、研合作关系，缓解了企业物流的专业高端人才匮乏问题。物流信息化建设，需要企业的经营者借助科学的技术手段以及先进的管理模式。为此，相关政府部门与企业经营者应当针对物流业的发展现状，制定合理的解决方案，以使物流经济的信息化发展水平得到提高。面对经济的全球化进程逐渐加快的形势，现代企业更加需要牢牢抓住信息技术特征，对全球的资源进行优化配置，努力培养高素质的物流人才，推动物流经济的信息化发展。

第十一章 | 临沂商城转型升级之八：物流标准化

第一节 物流标准化的意义

一、物流标准化的概念

物流标准化是指从物流系统的整体出发，制定其各子系统的设施、设备、专用工具等的技术标准，以及业务工作标准；研究各子系统技术标准和业务工作标准的配合性，按配合性要求，统一整个物流系统的标准；研究物流系统与相关其他系统的配合性，谋求物流与社会大系统的和谐统一。

物流标准化工作复杂、难度大且涉及面广。由于物流系统思想形成晚，各子系统已实现了各自的标准化，因此物流标准化系统又属于二次系统即后标准化系统，它要求更高地体现科学性、民主性和经济性。另外，物流标准化具有非常强的国际性，要求与国际物流标准化体系相一致。

物流标准化意义重大。只有实现了物流标准化，才能有效地实施物流系统的科学管理，加快物流系统建设，促进物流系统与其他系统和国际系统的衔接，有效地降低物流费用，提高物流系统的经济效益和社会效益。随着全球经济一体化进程的加快，中国物流标准化落后问题将严重制约国际贸易的发展。物流标准化工作，应当引起各有关部门的高度重视。

二、物流标准化的目的

（一）用物流标准来控制物流过程

物流管理的目的是向客户提供物流服务并让客户满意，所以制定物流标准的目的首先就是规范和控制物流服务过程。过程的规范、可见和可控是保证物流服务质量的重要手段。其次是降低服务成本，提高服务的可靠性。普遍地采用标准化技术来运作还有利于物流企业服务知识积累和专项技能的提高。

（二）用物流标准来整合物流过程中的"不标准"

物流企业是通过功能整合来为客户服务的。不仅包括对客户物流功能的整合，对众多物流服务供应商的功能整合，而且也包括对客户的不同标准的设备和设施的整合，以及对客户的不同标准的信息管理系统的整合。

在这方面比较典型的例子有，做液体化工物流的企业会专门备有各种制式、各种口径的转换接头，以便适应不同客户不同标准的设备对接的要求。实际上，集装箱运输技术的最大的魅力就在于它通过简单的包装把"不标准"的，即各种形状规格的货物，通过"归一化"的拼装箱处理，变成标准的运输单元，从而大大提高了货物运输的效率和安全性。托盘的功能也是如此。

合规性服务是物流服务的重要内容。在国际物流服务中，物流企业要对发货人的单证甚至是贸易本身进行合规性检查，看有关的报关单证是否符合海关和商检的要求，所从事的贸易是否符合所在国的出口管制政策和进口国的进口管制政策。还可能要为出口商提供贸易伙伴所在国的关税条件，贸易政策和惯例，货运基础设施条件，经济和安全环境等咨询服务，甚至要帮助客户计算货物出口后的"落地价"。显然，物流服务必须遵从有关的贸易和海关管制标准来运作，必须顺应货运基础设施条件的要求提前做出安排。

物流企业的使命就是要通过服务为客户提供物流运作的无缝连接，要用物流标准来整合物流服务过程中的各种"不标准"。目前流行的所谓"一站式"物流服务就是由牵头的物流服务供应商用流程标准来整合其他3PL和货主企业设备、系统和服务的非常典型的物流标准化安排。物流企业应该是个"逢山开路，遇水架桥"的协助者，而不是去干"削足适履"的事情。

我们还可以换一个角度来考虑这个问题，如果客户的供应链系统从产品的规格，到物流运作的设备硬件，再到物流管理的技术软件等都采用同一个标准体系，或者说在一定的产业链的范围内供应链成员企业已经通过一系列的技术安排实现了物流运作的无缝连接——把产业链变成了跨企业、跨地区边界的自动化流水线，那么，常识告诉我们，物流企业的增值服务空间将被大大地压缩，甚至有可能危及物流企业的生存。

（三）用物流标准来推进物流产业的发展

物流标准对物流产业来说实际上是行业管理的手段和市场准入的门槛，以及交流和沟通的平台。进而有利于培育物流服务市场和物流产业集中度的提高。

物流标准化对物流企业来说，实际上是服务技能的模块化和市场竞争能力的品牌化。这有利于物流企业与客户企业的接口，有利于客户服务的专业化定位，有利于对客户需求的变化作出有效的快速响应，有利于实际物流成本的核算，也有利于确立物流企业的市场形象，更有利于物流企业的市场营销和提高市场竞争力。

物流标准化对实际操作物流服务的人来说，实际上是服务技能的专业化。这有利于专业服务技能的培养，有利于提高物流作业的效率和可靠性，有利于发掘增值服务的商机，有利于提高客户服务水平，有利于保证客户服务的一致性和促进物流服务创新。物流作为"第三利润源泉"，已经成为国民经济新的增长点。在我国物流开始蓬勃发展的时期，为了规范物流市场和企业，有效地管理和引导物流市场和物流企业，促进我国物流业与国际市场接轨，推动物流业向更加健康的方向发展，建立物流标准化体系是至关重要的。物流标准化建设的推进必须始终保持正确的方向。

三、物流标准化的作用

（一）统一国内物流概念的需要

我国的物流发展借鉴了很多国外的经验，但是由于各国在物流的认识上有着众多的学派，就造成了国内人士对物流的理解存在偏差，对物流的解释也各不相同。物流的发展不单单是学术问题，更重要的是要为国民经济服务，创造更多的实际价值。所以，我们要弄清物流的概念问题，并对物流涉及的相关内容达成统一的认识，为加快我国物流的发展扫清理论上的障碍。

（二）规范物流企业的需要

随着物流经济的快速发展，目前我国市场上出现了越来越多的物流企业，其中不乏新生企业和从相关行业转行的企业，层出不穷的物流企业使物流队伍良莠不齐，很多原是单单做国内运输的企业也转而去国际运输。物流业整体水平不高，不同程度地存在着市场定位不准确、服务产品不合格、内部结构不合理、运作经营不规范等问题，影响了物流业的健康发展。所以，只有约束物流企业的服务过程或企业物流的运作过程才能保证约定的服务水平。建立与物流业相关的国家标准，对已进入物流市场和即将进入物流市场的企业进行规范化、标准化管理，是确保物流业稳步发展的需要。

（三）提高物流效率的需要

物流业是一个综合性的行业，它涉及运输、包装、仓储、装卸搬运、流通加工、配送和信息等各个方面，我国的现代物流业是在传统行业的基础上发展起来的，由于传统的物流被人为地割裂为很多阶段，而各个阶段不能很好地衔接和协调，加上信息不能共享，造成物流的效率不高，这在很多小的物流企业表现得尤为明显。物流标准化是以物流作为一个大系统，制定系统内部设施、机械设备、专用工具等各个分系统的技术标准；制定系统内各个分领域如包装、装卸、运输等方面的工作标准；以系统为出发点，研究各分系统与分领域中技术标准与工作标准的配合性，统一整个物流系统的标准；研究物流系统与相关其他系统的配合性，进一步谋求物流大系统的标准统一。所以，物流的标准化是提高物流效率的重要途径。

（四）国内物流与国际接轨的需要

全球经济一体化的浪潮，使世界各国的跨国公司开始把发展目光集中到了我国。我国加入 WTO 后，物流业首先受到来自国外的物流公司的冲击。所以，我国的物流业必须全面与国际接轨，接纳最先进的思想、运用最科学的运作和管理方法，改造和武装我们的物流企业，以提高竞争力。从我国目前的情况看，物流的标准化建设是引导我国物流企业与国际物流接轨的最佳途径。

基于以上原因，我们认为，在我国物流开始蓬勃发展的时期，为了规范物流市场和企业，有效地管理和引导物流市场和物流企业，促进我国物流业与国际市场接轨，推动物流业向更加健康的方向发展，应尽快建立一整套的物流国家标准体系。

虽然服务业在市场需求、资源配置、运营模式和产出特性等方面与制造业不同，但标准化无论是作为工业化发展过程的推动力量，还是作为工业化发展的成就，对社会经济发展的贡献非常巨大。因此，为推动我国物流行业的发展乃至我国国民经济水平的稳定增长，我们需要物流标准化！

第二节　中国物流标准化的问题及对策

一、中国物流标准化的现有基础

中国国民经济与对外贸易的发展为中国物流标准化的发展提供了良好的机遇，尤其是近几年来，国内的专业化物流公司和商业企业配送中心渐成气候，一些大型制造企业也在物流配送方面有所动作。随着物流产业基础市场的发育，我国的物流标准化工作开始启动，并取得了一系列成绩。具体表现在以下几个方面。

第一，制定了一系列物流或与物流有关的标准。据粗略统计，在我国现已制定颁布的物流或与物流有关的标准已有近千个。在包装标准方面，我国已全面制定了包装术语、包装尺寸、包装标志、运输包装件基本试验、包装技术、包装材料、包装材料试验方法、包装容器、包装容器试验方法、产品包装、运输、贮存与标志等方面的标准；在物流机械与设施方面，我国制定了起重机械、输送机械、仓储设备、装卸机械、自动化物流装置，以及托盘、集装箱等方面的标准。

从系统性的角度来看，已不仅仅是单纯制定技术标准，有关物流行业的通用标准、工作标准和管理标准也已开始制定。从标准层次性的角度来看，制定的与物流有关的标准不只有企业标准和地方标准、行业标准，也有不少的国家标准，其中有一部分标准还采用了国际标准或国外先进标准。从部门的角度来看，中国与物流关系比较密切的一些部门，如工业和信息化部、交通运输部、商务部等均制定了一系列与物流有关的标准，特别是制定了许多作为国家标准系列中比较欠缺的作业标准和管理标准。

第二，建立了与物流有关的标准化组织、机构。中国已经建立了一套以国家技术监督局为首的全国性的标准化研究管理机构体系，而这中间有许多机构和组织从事着与物流有关的标准化工作。

第三，积极参与国际物流标准化活动。中国参加了国际标准化组织 ISO 和国际电工委员会 IEC 与物流有关的各技术委员会与技术处，并明确了各自的技术归口单位。此外，还参加了国际铁路联盟 UIS 和社会主义国家铁路合作组织 OSJD 等两大国际铁路的权威机构。

第四，积极采用国际物流标准。在包装、标志、运输、贮存方面的近百个国家标准中，已采用国际标准的约占 30%；公路水路运输方面的国标中，已采用国际标准的约占 5%；在铁路方面的国标中，已采用国际标准的约占 20%；在车辆方面的国标中，已采用国际标准的约占 30%。此外，在商品条形码、企事业单位和社团代码、物流作业标志等方面也相应采用了一些国际标准。

第五，积极开展物流标准化的研究工作。在全球经济一体化的大潮中，中国物流的国际化是必然的趋势，如何实现我国物流系统与国际物流大系统顺利接轨，关键在于物流标准化。至此，物流标准化工作被提到了前所未有的高度上来，全国不少相关科研院所、高等院校的科研机构，都投入到了这项研究工作当中。

二、中国物流标准化存在的基本问题

尽管近几年来，我国的标准化工作取得了一定的进展，但由于诸多原因，目前我国的标准化状况仍不容乐观，存在着诸多问题。

（一）物流标准制定内容上存在的问题

1. 条块分割、部门分割、地区分割。物流行业涉及的领域极广，不同领域间往往各干各的，相互割裂。铁路、公路、水运、航空都各有自己的物流标准，不同工业部门的物流系统也是各自为政。想把这些标准统一起来，势必要触动各个行业的利益，由于物流及其物流管理思想在我国诞生较晚，组成物流大系统的各个分系统在没有归入物流系统之前，早已分别实现了本系统的标准化。这就必然导致了在标准制定内容上的条块分割、部门分割。同时由于在长期计划经济体制的影响下，各地区各行业各自为政，物流标准不一致，跨区域性、多式联运物流效率下降。

2. 在货物的仓储、装卸和运输等过程中缺乏基本设备的统一规范。仓储、装卸和运输是物流系统中极其重要的组成部分，其效率的高低直接影响物流速度和效率。目前，我国物流系统货物的仓储、装卸和运输等各环节因缺乏统一的规范而难以实现有效的衔接。如托盘的尺寸、卡车的大小、仓库货架的尺寸等无法配套使用。其中托盘标准存在的问题较为典型，我国的物流企业有的采用欧美标准，有的采用日韩标准，还有的干脆自己定义，由于与产品包装箱尺寸不匹配，严重影响了物流系统的运作效率。

3. 信息标准化落后。目前我国许多部门和单位都在建自己的商品信息数据库，但数据库的字段、类型和长度都不一致，形成一个个信息孤岛，严重影响了作为物流管理基础的信息交换和电子商务的运作。据估算，如果有一个可参照的标准，目前我国物流企业的信息系统开发费用可以降低80%，将各系统连通起来的成本也可以减少一半以上，从而避免大量低水平的重复开发与建设成本的浪费。

4. 采用国际标准的比例低。在长期计划经济的影响下，我国的标准包括物流相关标准在制定过程中较少考虑与国际标准的一致性。因此，目前能与国际标准接轨的物流标准所占比例很低，这必将为我国的国际贸易设下障碍。

（二）物流标准的推广、执行上存在的问题

尽管我国建立了物流标准体系，并制定了一些重要的国家标准，如《商品条码》《储运单元条码》《物流单元条码》等，但这些标准的应用推广存在着严重问题。以《储运单元条码》为例，应用正确率不足15%。这种情况严重制约了我国物流业的发展，深刻揭示了我国物流标准化管理工作落后的现状。制约物流标准化的推广、执行的因素有很多，主要包括以下几个方面。

1. 体制性障碍。如前所述，在长期计划经济体制的影响下，物流管理形成了一种条块分割、部门分割、地区分割的状态。物流系统各分系统的标准往往由不同的政府部门分别管理，且执行的是本行业内的标准，这对于整个物流系统各环节的配合和衔接十分不利。

2. 物流标准化意识淡薄。一些国有企业和相关部门还没有意识到物流这个"第三利润源泉"的作用，企业的"大而全""小而全"的经营状况十分严重，市场经济要求社会化的专业细分，但现在分离进程非常缓慢，很多企业的物流都依赖自己的仓库和车队，标准化程度极低且破损率极高，大大降低了物流速度，提高了物流成本。

3. 物流市场发育不足。物流市场发育不足也是既有标准得不到推广的一个重要原因。在市场经济中，技术标准通常是从行业自发需求中产生的。在我国，市场需求还没有形成足够的规模，国内除了宝供、海尔等几家大企业之外，很多物流企业都是从传统行业转型过来的中小企业，尽管更换了公司名称，但操作理念和规范还比较陈旧。由于标准化的普及有赖于产业自身的发育程度，在这些企业中推行物流标准化显然具有很大难度。

（三）物流标准化人才极其匮乏

由于中国的物流及物流管理的思想诞生较晚，历年来在计划经济体制的影响下，对物流重视的程度不够，导致物流人才极其缺乏。目前物流行业的从业人员，绝大部分是从相关行业转过来的，真正具有扎实的现代物流理论基础与实践经验的人少之又少。特别是对于物流标准化而言，人才匮乏现象更为严重。

三、发展中国物流标准化的对策与建议

（一）理顺和协调物流系统内各分系统管理部门之间的关系

从对物流标准化的现状分析中我们可以看出，体制障碍是制约我国物流标准化进程最大的绊脚石，部门分割是目前亟待解决的问题。由于资源管理的体制性障碍直接造成了物流标准化管理工作的落后。尽管国家标准的行政主管部门是国家质检总局，但由于物流产业跨越了行业，标准的归口管理大多数设在各个管理部门的标准化技术委员会。而这些标准要达成统一，需要进行很多协调工作，衔接难度非常大。国家质量技术监督局下的供应链过程管理与控制标准化技术委员会，主要职能之一就是开展物流标准化管理的协调工作，最大限度的实现技术标准的统一。

（二）进一步完善我国物流标准的制定工作

除了不同行业间标准化部门的统一协调之外，在标准规范的制定工作上也应有所改善。主要从以下几个方面着手。

1. 制定物流系统标准化总体规范。我国缺乏对物流标准化进行系统研究，各级政府往往集中精力和资金发展园区，而在技术支撑方面投入不够。因此，

当务之急是对我国的物流标准化进行系统的研究，并在此基础上，制定出物流系统标准化的总体规范。

2. 制定物流基础设施设备标准规范。由于集装形式是未来主导形式，因此要在包装、运输、装卸、搬运、储存等环节中，以集装系统为基点建立标准。参照 ISO600MM * 400MM 的基础模数尺寸，建立包括物流基础模数尺寸在内的各包装单元的尺寸标准、运输工具的尺寸标准、仓储设施的尺寸标准等。

3. 制定物流标识系统标准规范。实现物流过程的实体与信息的协调统一。

4. 建立物流信息服务系统。"中国电子口岸"、港航 EDI 等网络信息技术的投入应用，为物流信息标准化建设提供了一定的基础平台，应完善这个平台，并以此为基础，加紧扩大标准化数据在企业间信息交换中的应用。

5. 尽可能地以国际标准为基本参照系。在全球经济一体化和加入 WTO 的今天，我国的国际贸易必将日渐频繁。中国物流融入国际物流大系统是大势所趋，因此物流标准必须与国际标准接轨，才能扫清我国国际贸易上的一些技术上的障碍。

（三）加强物流市场的培育

标准化的普及有赖于产业自身的发育程度，没有市场基础的标准只能是空中楼阁，真正的动力必须来自市场本身。从这个意义上讲，建设物流企业和建设物流标准具有共同的目标。

（四）加强监督和政策支持

对一些由传统企业转型过来的企业以及准备进入物流行业的其他企业，政府可以在推广标准化方面予以政策支持和制约。例如采取物流企业市场准入条件来制约物流企业必须贯彻物流标准化。贯彻物流标准化的企业，政府则给予政策上的扶持等。

（五）加大宣传力度

目前，虽然我国加入 WTO 已经十多年，国际交流、国际贸易日益频繁，国际竞争日益激烈，但仍有一些传统企业，对物流及物流管理理念意识淡薄。因此有关部门应担当物流理念宣传和推广的号手，让那些漠视物流和物流管理的企业尽快转变观念，这样才能为物流标准化工作扫清思想上的障碍。

（六）重视物流标准化人才的培养

目前，我国的物流标准化人才奇缺，相关部门、科研院所和高等学校应大力加强物流标准化人才的培养和培训工作。

第三节　临沂市物流标准化发展的问题与对策

一、临沂市物流标准化现状与存在的问题

近年来，临沂市根据当地实际情况，多措并举积极推进商贸物流标准化。

一方面，制定政策，引导鼓励商贸物流企业不断加强标准化工作。制定出台《临沂市标准创新贡献奖奖励办法》，规定对参与制修订国际、国家、行业和省地方标准，以及承担国家级、省级服务标准化试点项目的企业给予表彰奖励。

另一方面，以推进物流标准化为重点，积极推进服务标准化工作。大力推进临沂商城物流标准化，帮助临沂物流企业在商品采购、运输、储存、交割等方面建立企业标准体系，引导创建标准化良好行为企业和服务标准化试点单位，鼓励有条件的单位积极申报国家级、省级服务标准化试点项目，发挥试点的示范带动和辐射效应。

与此同时，畅通流转渠道，扩大服务领域和范围。根据国内外商贸物流发展趋势，着重推广应用 1.2 米×1.0 米的"日"字底、"川"字底托盘。

综合临沂物流企业反馈，带板运输可以节省 90% 的收货时间，使破损率降低 50%，库存周转也降低 29%，降低供应链成本达 15%~20%。

同时，临沂现代物流发展中的标准化现状极不乐观，主要呈现出以下几个特点：

（一）通用物流标识标准应用推广不够理想

虽然目前国内已经建立了物流标识标准体系，并制定了一些重要的国家标准，如《商品条码》《储运单元条码》《物流单元条码》等，但这些标准在临沂的应用推广存在着严重问题。以物流中条码使用为例，现有的条码制多种多样，但国际上通用和公认的物流条码标准制只有三种。消费单元条码，主要用于零售业；储运单元条码，主要用于产品的低质大包装上；货运单元条码，主要用于运输、仓储等物流标签上，是供应链中用于标识物流单元的唯一代码。国际上通用和公认的条码总体上应用水平较低，而储运单元条码应用水平最低。纵观临沂市物流企业，在国际条码应用上还不到 10%。反映了临沂市物流企业在传统物流环节上条码应用水平相对较高，而在现代物流所涉及的加工、整理等环节上条码应用水平较低。

（二）物流器具标准不配套

由于托盘种类的非标准化和多样化以及其与各种运输装备、装卸设备标准

之间缺乏有效衔接，降低了托盘在整个物流过程中的通用性，也在一定程度上延缓了货物运输、储存、搬运等过程的机械化和自动化水平的提高，难以与国际规格接轨，增加了企业物流成本，降低了企业国际竞争力。目前，国家标准在充分考虑国际、国内流通现状的情况下推荐使用以下四种基本尺寸的托盘：800×1200 毫米、1000×1200 毫米、1140×1140 毫米、1016×1219 毫米，这是等效采用了 ISO 标准。临沂市流通中的托盘规格比较多，包括 1100×1100 毫米、1100×1200 毫米、1200×1200 毫米、1100×1250 毫米、1000×1000 毫米等等，呈现出高度离散状态，这为以后托盘标准的统一增加了成本和难度。另外，有些企业还反映，常常会出现这样的情况，"标准"的托盘与"标准"的货架竟然不相匹配。

（三）物流包装标准与物流设施标准之间缺乏有效的衔接

虽然目前国内对商品包装已有初步的国家和行业标准，但在与各种运输装备、装卸设施、仓储设施相衔接的物流单元化包装标准方面还比较欠缺，这对各种运输工具的装载率、装卸设备的荷载率、仓储设施空间利用率等方面的影响较大。物流环节的运输工具、承载设施、设备的标准和规范不统一，导致物流无效作业环节增加、物流速度降低和物流成本上升，影响了物流的效益和竞争力。

（四）各种货物运输方式之间装备标准不统一

以海运与铁路集装箱标准差异的问题为例：海运中集装箱主要以 $40 \times 8 \times 8$ 英尺和 $20 \times 8 \times 8$ 英尺两种装箱型为主，上岸后要采用铁路运输，而铁路运输有其自有的一套集装箱标准，使得海铁联运必须经过再次拆箱、装箱后才能实现，造成多次的包装成本以及储存费用，同样的问题还出现在公路、航空中。这种运输方式间装备标准的不兼容性影响了临沂市综合运输的发展、降低了物流效率、限制了成本的节约空间。此外，临沂市海铁联运的集装箱运输总量及集装箱在铁路运输总量中所占比例偏低，这对临沂市国际航运业务的拓展、港口作业效率的提高以及进出口贸易的发展产生了一定程度的影响。

（五）信息标准化开发应用效果不够理想

临沂市物流企业对信息标准化工作高度重视，信息标准化意识较强，尤其是贸易伙伴之间的电子数据交换问题受到了大多数企业的认同。然而在实际开发应用中，由于各企业之间缺乏有效的合作与协调，大多数企业是"闭门造车"，提出的多是企业级系统，从而使得数据库的字段、类型和长度都不一致，形成一个个"信息孤岛"，造成信息资源不能在彼此之间实现自动地无缝链接与处理，影响数据共享，不可避免地造成了信息系统建设上的短期行为。调查中，相当多的企业抱怨自己的数据库和关系企业的数据库不能实现共享。从而避免大量低水平重复开发与建设造成的浪费。

（六）物流标准化管理工作落后

没有充分发挥政府、行业协会和标准技术组织的作用，缺乏物流标准化技术机构，没有形成有利于临沂市物流标准化发展的政策法规环境。

二、临沂市现代物流标准化建设中存在的主要障碍

尽管国家已建立了物流标识标准体系，并制定了一些重要的国家标准，如《商品条码》《储运单元条码》《物流单元条码》等，但这些标准的应用推广存在着严重的问题。以《储运单元条码》为例，应用正确率不足15%，这些情况严重制约了我国物流业的发展。统一、规范标准的缺失已成为物流现代化和国民经济发展的一大阻碍，成为阻碍我国物流发展的一个瓶颈，直接导致我国的物流成本的居高不下，物流效率大打折扣，社会和企业为此付出了高昂的代价。应该看到，物流标准化也已经成为临沂市现代物流发展的一块软肋。总体而言，临沂市现代物流标准化建设中主要存在以下障碍。

（一）对物流标准化建设存在认识上的障碍

由于我国服务领域标准化工作起步较晚，加入 WTO 之后，随着服务贸易领域的开放加快，方才引起有关部门的重视，尤其是物流标准化工作问题更为突出，其原因就在于：首先，对标准化的理解比较陈旧。以往标准的制定主要侧重商品标准的制定，因此反映在标准的制定上，以被动地适应市场需要为主，而物流标准化的特点决定了它必须从市场发展的长远需要出发，这确实是一个观念上的转变。其次，是全社会的现代物流理念仍然淡薄，一些地方和部门还没有把推进物流标准化建设工作放在应有的位置上，热衷于园区建设，物流企业仍习惯于粗放型发展模式，对物流标准化工作未引起足够重视。最后，是对物流标准化建设的把握还不够准确。有些人觉得有没有标准无所谓，有些人认为有用，但不知道怎么用，还有的人对物流标准化方面的投资回报没有信心。比如，要采用一套硬件方面的标准，企业可能要更换所有的托盘、货架，且 5 年以后才能见到效益，或者干脆投资不起，于是对物流标准化持悲观消极的态度。

（二）标准管理的体制性障碍直接造成了物流标准化建设管理工作的落后

一是管理体制问题。尽管国家标准的行政主管部门是国家质检总局，但由于物流行业涉及的领域极广，不同领域间往往各干各的，相互割裂，缺乏具有指导意义的现代物流国家标准体系及关键标准，造成物流非标准化装备、设施、信息表示和信息交换，严重影响到物流企业的运营效率。由于受我国物流管理体制的影响，物流标准的归口管理大多数设在各个行业管理部门，铁路、公路、水运、航空都各有自己的物流标准，各行业内也形成了自己的标准，都不愿花时间，花金钱去改变现有的标准，并且要想把这些标准统一起来，势必要触动各个行业的利益，难度着实不小，但如果任由当前这种情况持续下去，等到各个行业、各个企业都形成了自己的闭环系统，再想统一阻力会更大，企业的损失也更惨重。二是政策不配套问题，缺乏对物流标准化工作的资金投入和支持力度。

（三）物流市场发育不足，物流标准化的市场基础比较薄弱

在市场经济中，技术标准通常是在行业自发需求中产生的。经过多年改革开放，虽然临沂市企业已全面实现了市场化经营，但由于临沂市现有的物流企业大部分是近几年从传统的运输企业发展而来的，尽管更换了公司名称，但操作理念和规范还比较陈旧、规模小、水平低、功能不齐备，有的仅具备仓储功能，有的仅是专业运输公司的翻版，服务手段和方式原始、单一，装备差，自动化程度低，有的甚至"人拉肩扛"，工作质量不高，服务内容有限，只能简单地提供运输（送货）和仓储服务，不能形成完整的物流供应链；而在流通加工、物流信息服务、库存成本控制，尤其在物流方案设计、信息控制，以及通关、检验、财务结算等高层次物流服务方面，更是没有全面展开。由于标准化的普及有赖于产业自身的发展程度，在这些企业中推行物流标准化显然具有很大难度。

（四）物流信息网络技术应用水平低

随着信息网络技术的发展，各类经济主体将信息技术应用于经济活动的各个环节，以实现资源的优化配置和竞争力的提高，已成为一个不可逆转的趋势。现代物流依赖现代信息网络技术，因为数据传输格式、单证以及接口的标准都必须以信息网络技术为载体。绝大多数物流服务企业尚不具备运用现代信息技术处理物流信息的能力。在拥有信息系统的物流企业中，其信息系统的业务功能和系统功能还不完善，物流信息资源的整合能力尚未形成，缺乏必要的远程通信能力和决策能力。工业、商业、交通运输企业内部物流信息管理和技术应用都比较落后，如条形码技术、全球卫星定位系统（GPS）、物资采购管理（MRP）和企业资源管理（ERP）、互联网等，在物流领域中应用水平较低，已成为制约临沂市物流信息标准化的技术瓶颈。

（五）与企业沟通不足，没有充分发挥行业协会和标准技术组织的作用，物流标准推广应用差

标准只有在行业中得到广泛应用，对行业的发展具有推动作用，才具有实际价值。当前物流企业确实需要标准，但一方面由于与企业缺乏沟通，主管部门一厢情愿起草的标准，未必符合企业的需求，没有实际用处，企业自然不会采纳；另一方面，一些企业有自己的标识系统，但不能被其他企业识别，这些企业担心一旦采用其他标准，自己的前期投入都将浪费，因而总想把自己的标准变成全国的标准，从而抵制其他标准的应用，加之现有的物流标准中强制性标准少，推荐性标准多，未能充分发挥行业协会和标准技术组织等行业自律机构的作用，在一定程度上也造成了现有物流标准推广应用程度不够理想。

（六）人才障碍

与发达国家相比，不仅是装备、技术、资金上的差距，更重要的是知识和理念上的差别。相比而言，在对现代物流认识和教育方面还非常落后，从事现代物流研究的大学和专业研究机构还很少，而开展物流标准化研究工作的人更是少之又少，高等院校在物流人才培养方面才刚刚起步，社会物流职业教育少且层次不高，难以满足发展现代物流的要求。

三、推进临沂市现代物流标准化建设的对策建议

现代物流标准化是一项系统工程，涉及运输、仓储、信息、邮政、商贸、机械等物流相关行业，而且很多内容具有较强的基础性和公益性，推动现代物流标准化进程必须发挥政府和市场"两只手"的作用，加强规划和政策支持，促进现代物流健康快速发展。为加快推进临沂市现代物流标准化工作，建议按照"政府引导、市场运作、保证重点、试点示范、逐步推广"的发展思路，大力推进现代物流标准化建设。

（一）统一领导，协调推进

一是加强对现代物流标准化的组织领导，建立健全政府对现代物流标准化的组织协调机制。建议在市政府商贸物流联席会议下设专门的标准化工作组织，由市质量技术监督局牵头，各成员单位各司其职、分工合作、统筹规划、统一协调现代物流标准化发展中的重大问题。二是发挥政府的政策引导功能，改善现代物流标准化的发展环境。积极推行国家标准的实施，将企业综合评估等级作为政策支持重要选择条件；鼓励物流企业积极参与国家、行业标准的研究和制定，并在资金上给予一定的扶持。三是尽快成立现代物流标准化技术委员会，改善物流标准化的技术环境。现代物流标准化工作综合性和专业性强，所以应尽快成立由科研机构、物流企业和行业协会的专家学者与权威人士组成的现代物流标准化技术委员会，一方面加强对现代物流标准化关键技术的研究，另一方面加强与政府相关机构和企业的沟通协调，加快形成符合临沂市实际的现代物流标准化工作格局。

（二）积极推进现代物流标准化试点工作

率先在快递、板材、汽车、医药配送、新华书店等行业开展物流标准化试

点工作，以点带面，切实提高物流企业研究应用物流标准的积极性和主动性。试点的主要内容一是以信息化为核心的重点标准示范工程。积极推广 EAN/UCC 系统在供应链系统的纵横扩展，全面采用联合国标准产品与服务分类（UNSPSC）、全球产品分类（GPC）、EPC 全球产品电子代码及其相关技术标准、基于 WebXML 标准的报文系列标准、位置码等标准，引入标准格式的网上订货、订单处理、统计对账等技术，提高企业综合竞争力。二是建立托盘循环利用体系，大力推广 1100×1100 毫米（T11）规格的标准托盘，力争在"十二五"末标准托盘的使用率达到 75% 以上，切实提高临沂市托盘应用的现代化水平；大力提倡使用不易损坏、原料可以再生的塑料和钢制托盘，力争在"十二五"末淘汰木制托盘，提高资源利用率，降低企业边际成本。政府鼓励企业采取措施更换标准托盘，并给予一定的补贴。三是引导物流企业实施 ISO9002 标准，积极探索物流搭载服务的分类、业务流程、操作、控制、评价等标准，提高管理效率和服务水平，增强企业竞争能力。

（三）加速对物流信息产业的培育

重点培育涵盖物流信息编码、采集、交换和自动识别的物流信息产业，尤其要加快以电子标签为代表的物流自动识别行业的建设。鼓励相关集成电路企业积极采用国际国内先进标准，在电子标签自主研制、形成规模经济、降低产品成本上抢占先机；鼓励在高附加值产品的物流供应链管理中推广应用电子标签。

（四）加快建设物流标准信息库

一是以国家物流标准体系为指导，编制《现代物流产业常用标准目录》，分析汇编最新的国际国内物流标准，并不断更新；二是以临沂市重点物流园区和骨干物流企业为服务对象，编制可操作性较强的物流标准化实施指南，从装备、信息、服务、安全标准等方面提供指导。在物流标准信息库建成后，逐步向全社会推广、开放，提供服务。

参考文献

1. 〔美〕伯特·罗森布罗姆：《营销渠道管理》，机械工业出版社 2003 年版。

2. 白晨星：《我国现代物流信息化存在的问题及对策分析》，《改革与战略》2010 年第 6 期。

3. 曹正、包发根：《改造传统批发商业，建设现代物流配送中心》，《商业经济文荟》2001 年第 3 期。

4. 曹靖：《中国流通产业结构优化研究》，东北财经大学出版社 2008 年版。

5. 陈柳钦：《环保物流管理新趋势》，《中国经济信息》2002 年第 15 期。

6. 陈建鑫：《企业物流管理信息化存在的问题及对策探析》，《电子商务》2013 年第 10 期。

7. 常军林、梁俊鹏：《我国物流信息管理系统的发展趋势研究》，《商场现代化》2007 年第 31 期。

8. 杜木恒：《现代物流的经济学分析》，《现代财经》2002 年第 5 期。

9. 董国庆：《浅析物联网技术在物流信息化中的应用》，《现代经济信息》2012 年第 13 期。

10. 戴定一：《物流信息化领域创新不断》，《物流技术与应用》2012 年第 3 期。

11. 何黎明：《中国物流发展报告》，中国物资出版社 2010 年版。

12. 何梅芳：《企业物流管理信息化问题及对策分析》，《中国管理信息化》2013 年第 5 期。

13. 黄荣新：《发展现代物流迎接新世纪的挑战》，《物流科技》1999 年第 3 期。

14. 海峰、程志、江琪斌：《物流产业政策体系研究》，《中国储运》2005 年第 3 期。

15. 贺彩玲、张玉静：《浅析我国物流企业物流信息化建设》，《价值工程》2011 年第 15 期。

16. 杭中茂：《在整合的基础上发展现代物流产业》，《财贸经济》2002 年第 10 期。

17. 姜斌远：《批发市场发展与现代物流整合的研究》，《集团经济研究》2007 年第 6 期。

18. 李立文：《传统批发市场发展现代物流模式探讨》，《物流技术》2007 年第 1 期。

19. 李云清、孙有望、季令：《城市现代物流系统建设的相关问题》，《上海交通大学学报》2000 年第 S1 期。

20. 李京文：《物流学及其应用》，经济科学出版社 1987 年版。

21. 李光荣：《物流信息化：我国物流业实现跨越式发展之路》，《重庆邮电学院学报（社会科学版）》2004 年第 5 期。

22. 李玉增：《临沂市商品批发市场面临的问题及发展定位》，《临沂师范学院学报》2004 年第 8 期。

23. 李飞等著：《中国零售业对外开放研究》，经济科学出版社 2009 年版。

24. 李向滨：《浅析中小物流企业如何应对物流成本的提升》，《科技信息》2011 年第 17 期。

25. 李彦来：《物流网络结构复杂性及优化设计问题研究》，北京交通大学 2011 年版。

26. 李丽：《物流市场准入法律制度研究》，山西财经大学 2010 年版。

27. 梁海东：《浅论企业物流信息系统集成的整合性对策》，《科技与企业》2013 第 12 期。

28. 刘龙政：《试论现代物流产业及其发展》，《中国经济问题》2002 年第 4 期。

29. 刘飞驰：《试论物流信息化发展中的几个瓶颈问题》，《物流科技》2006 年第 3 期。

30. 刘娜：《物联网时代下的物流信息化应用展望》，《中外企业家》2011 年第 6 期。

31. 刘春梅：《物流标准化在我国实施的对策》，《商业研究》2006 年第 5 期。

32. 罗建萍：《浅谈基于物联网下的物流信息化》，《科技创业刊》2012 年第 8 期。

33. 临沂市统计局：《临沂统计年鉴》，中国统计出版社 1993～2002 年版。

34. 马立宏、张广军：《物流热中的冷思考——谈构筑有效的区域物流发展体系》，《中国航务周刊》2002 年第 8 期。

35. 欧开培、肖怡：《中国批发市场的困境与出路》，中央编译出版社 2007 年版。

36. 潘阿虎：《现代物流与城市发展战略》，《上海城市管理职业技术学院学报》2001 年第 3 期。

37. 齐二石：《物流工程》，清华大学出版社 2009 年版。

38. 日本通运综合研究所：《物流手册》，中国物资出版社 1986 年版。

39. 邵举平：《物流管理信息系统》，清华大学出版社 2005 年版。

40. 孙恩利：《我国物流管理的信息化发展之路》，《中国集体经济（下半月）》2007 年第 3 期。

41. 沈靓、李辉：《试论物流信息化发展的现状及对策》，《时代金融》2014 年第 9 期。

42. 唐玉兰：《物流学概论》，中国人民大学出版社 2011 年版。

43. 翁适：《国际物流信息化发展趋势及策略分析》，《现代商贸工业》2009 年第 13 期。

44. 吴健：《现代物流学》，北京大学出版社 2010 年版。

45. 乌英格：《对"绿色包装"问题的思考》，《科学管理研究》1999 年第 1 期。

46. 王之泰：《现代物流学》，中国物资出版社 2003 年版。

47. 王鹏：《物联网技术及行业应用——运筹帷幄的智慧物流》，《中国数字电视》2011 年第 12 期。

48. 王友顺、刘阳：《我国物流信息化发展思考》，《华东交通大学学报》2002 年第 4 期。

49. 吴青：《我国物流信息化发展的措施》，《武汉理工大学学报（信息与管理工程版）》2004 年第 2 期。

50. 许应生：《谈现代物流与零售业的竞争优势》，《商业经济文荟》2000 年第 4 期。

51. 徐晓慧著：《流通产业政策与规制研究》，中国经济出版社 2008 年版。

52. 薛化成：《管理信息系统》，清华大学出版社 2004 年版。

53. 徐新璐：《我国物流信息化的创新发展与整合研究》，《计算机与信息化》2014 年第 1 期。

54. 佚名：《临沂市现代物流业发展状况分析》，http：//www.linyi.gov.cn/tjxx/tjxx/asp.

55. 杨春河、张文杰、孟燕萍：《现代物流产业概念内涵和外延的理论研究》，《物流技术》2005 年第 10 期。

56. 杨德坤：《论我国物流信息化发展的有效途径》，《重庆工学院学报》2005 年第 9 期。

57. 杨爱明、陶君成：《基于业态视角的零担物流发展探讨》，《物流技术》2012 年第 23 期。

58. 燕虹剑：《国际贸易》，江苏科技技术出版社 2008 年版。

59. 叶茂森、邓红英：《物流行业信息化平台建设分析》，《硅谷》2014 年第 3 期。

60. 俞爽、李云龙：《谈物流管理的信息化的发展》，《中小企业管理与科技（上旬刊)》2008 年第 6 期。

61. 赵慧娟：《我国农产品批发市场发展问题及对策研究》，《现代商业》2009 年第 9 期。

62. 朱孔山：《现代物流与区域商贸中心的发展——以临沂市为例》，《人文地理》2005 年第 2 期。

63. 朱孔山、高秀英：《论临沂市的城市性质》，《临沂师范学院学报》2001 年第 2 期。

64. 周昌林：《第三方物流组织——理论与应用》，经济管理出版社 2005 年版。

65. 赵艳：《物流市场研究：理论与实务》，中国物资出版社 2005 年版。

66. 赵淑芝、李津、曹立克：《关于我国发展物流对策的探讨》，《科学学与科学技术管理》2001 年第 11 期。

67. 张文杰：《区域经济发展与现代物流》，《中国流通经济》2002 年第 1 期。

68. 张春亮：《物流标准化现状及其对策研究》，《科技咨询导报》2007 年第 2 期。

69. 张俊杰、华宁：《浅谈物流标准化的现状及其对策》，《交通标准化》2005 年第 11 期。